刑法研究

[上巻]

野村 稔 著

成文堂

はしがき

　私は，昭和48年4月に早稲田大学法学部助手に嘱任され，その後同学部専任講師，助教授，教授を経て平成27年3月末日をもって定年退職により同大学法学学術院教授を退任することになった。そこで古稀を迎えた記念としてこれまでに執筆した随想などについては先に『刑法と人生』（平成27年3月）として刊行したが，今回刑事法に関する論稿については『刑法研究　上・下巻』として刊行することにした。

　『上巻』には刑法総論に関する論稿を，『下巻』には刑法各論及び経済刑法に関する論稿をそれぞれ収録することにした。これらの論稿はいずれも小品ながらも私にとっては思い出深い意義あるものである。

　若干付言すれば，『上巻』の第5章の「正当防衛における防衛の意思と攻撃の意思の併存」は判例評釈ながらも私の違法論の骨格をなす判断形式としての違法二元論の萌芽を示すものであり，第1章の「刑法規範の動態論」はその違法二元論を基礎づける刑法規範論について論じたものである。第10章の「行為無価値・結果無価値と未遂犯の理論」は第56回日本刑法学会大会（昭和54年10月21日，立教大学）における報告原稿（原題「未遂犯の違法性」）である。第19章の「組織的詐欺罪における正犯と幇助犯の区別について」は刑事弁護における私の正犯概念の実践の場での報告である。第29章の「私の未遂犯論」は早稲田大学総長室募金課のご厚意により早稲田講義録に掲載された最終講義である。また『下巻』には，刑法上の主要な犯罪につき私見を明らかにした論稿を収めるほか，経済刑法における重要な論点につき論じたものを収録し，後者は『経済刑法の論点』（平成14年4月，現代法律出版）を補充するものである。

　これらの論稿は長い間にわたって論説，判例評釈・解説，講演など種々の形態で執筆されたものであるが，文献の引用や法令については執筆当時のままとした。

　またこれらの論稿の収集や本書の構成，さらには注表記の統一や校正など

については，早稲田大学法学学術院教授・松澤伸氏の指導のもと，同法学学術院助手・芥川正洋氏のほか，早稲田大学大学院法学研究科修士課程・礒原理子，同法学研究科博士後期課程・松本圭史，同・岡田侑大，筑波大学人文社会系助教・木崎峻輔，愛媛大学法文学部准教授・田川靖紘，東亜大学通信制大学院総合学術研究科法学専攻非常勤講師・滝谷英幸，日本学術振興会特別研究員・竹川俊也の各氏のお世話になった。

本書の刊行については，成文堂の阿部成一社長及び編集部の篠崎雄彦氏のお世話になった。思い返せば博士学位論文である『未遂犯の研究』(昭和59年8月)は先々代社長故阿部義任氏及び体系書の『刑法総論』(平成2年5月)は先代社長・会長阿部耕一氏のお世話になった。成文堂社長3代にわたる縁に感慨深いものがある。これらの方々に衷心より謝意を申し上げる次第である。

平成27年12月24日

野　村　　稔

目　次

はしがき（ｉ）
初出一覧（ix）

基礎理論

第１章　刑法規範の動態論——刑法規範の一つのデッサン——……1
　第１節　はじめに　（1）
　第２節　刑罰法規と刑法規範　（1）
　第３節　刑法規範の動態論　（3）

故意論

第２章　打撃の錯誤と強盗殺人未遂罪の成立………………………11

第３章　事実の錯誤について
　　　　　——下村教授の錯誤論によせて——………………………19
　第１節　はじめに　（19）
　第２節　錯誤に関する学説の概観　（20）
　第３節　下村教授の錯誤論　（22）
　第４節　私見の展開　（24）

過失論

第４章　サウナ風呂の開発・製作の担当者と業務上失火罪
　　　　　——最決昭和54年11月19日刑集33巻7号728頁——………33

違法論

第5章 正当防衛における防衛の意思と攻撃の意思の併存
　　　――最決昭和50年11月28日刑集29巻10号983頁―― ……41

第6章 緊急避難 ………………………………………………………55
　第1節 正当防衛との異同 (55)
　第2節 緊急避難の法的性質と公平の基礎 (55)
　第3節 緊急避難の要件 (58)

第7章 自招危難――大判大正13年12月12日刑集3巻867頁――…61

第8章 誤想過剰防衛………………………………………………67
　第1節 問題点 (67)
　第2節 学説・判例 (67)
　第3節 総括 (70)

責任論

第9章 実行着手後における心神喪失・耗弱
　　　――責任能力による同時的コントロールの必要性――…75
　第1節 はじめに (75)
　第2節 私見の概要 (76)
　第3節 私見の再検討 (79)
　第4節 おわりに (81)

未遂犯論

第10章 行為無価値・結果無価値と未遂犯の理論 ……………83
　第1節 はじめに (83)

第 2 節　未遂犯概念の成立過程　(83)
　　第 3 節　判断形式としての違法二元論　(85)
　　第 4 節　行為自体の違法性の内容　(91)

第11章　未遂犯の処罰根拠
　　　　――実質的客観説(折衷説)の立場から――……………… 101
　　第 1 節　はじめに　(101)
　　第 2 節　行為の属性としての危険説（行為犯説）と結果としての
　　　　　　危険説（結果犯説）　(102)
　　第 3 節　終わりに――私見――　(106)

第12章　実行の着手と学説の動向 ………………………………… 111
　　第 1 節　はじめに　(111)
　　第 2 節　実行の着手を巡る学説・判例　(111)

第13章　実行の着手
　　　　――行為の属性としての危険か結果としての危険か―― 123
　　第 1 節　はじめに　(123)
　　第 2 節　判例の基本的動向　(124)
　　第 3 節　間接正犯・離隔犯の実行の着手　(125)
　　第 4 節　おわりに　(130)

第14章　禁制品輸入罪における実行の着手
　　　　――最決平成11年 9 月28日刑集53巻 7 号621頁―― ……133

第15章　覚せい剤取締法41条の覚せい剤輸入罪の既遂時期
　　　　――最決平成13年11月14日刑集55巻 6 号763頁―― ……139

第16章　間接正犯の実行の着手時期
　　　　――大判大正 7 年11月16日刑録24輯1352頁―― ……… 147

第17章　不 能 犯 …………………………………………………… 153
第 1 節　問題点　(153)
第 2 節　学説・判例　(153)
第 3 節　総　括　(158)

第18章　不能犯と事実の欠缺 ………………………………… 163
第 1 節　問題の提起　(163)
第 2 節　判例の状況　(165)
第 3 節　学説の状況　(167)
第 4 節　理論の展開　(172)

共犯論

第19章　組織的詐欺罪における正犯と幇助犯の区別について
………………………………………………………………………… 179
第 1 節　執筆の経緯　(179)
第 2 節　担当事件の経緯　(180)
第 3 節　組織的詐欺罪における正犯と幇助犯の区別は可能か　(182)
第 4 節　その基準――正犯概念――　(183)
第 5 節　まとめ　(185)

第20章　共謀共同正犯 …………………………………………… 189
第 1 節　はじめに　(189)
第 2 節　判例の動向　(190)
第 3 節　学説の動向　(194)
第 4 節　私　見　(198)
第 5 節　おわりに　(203)

第21章　予備罪の従犯について ……………………………… 209
第 1 節　はじめに　(209)
第 2 節　判例の経緯　(209)

第 3 節　学　説　(211)
　　　第 4 節　おわりに　(214)

第22章　承継的共犯
　　　　――大判昭和13年11月18日刑集17巻21号839頁―― ····· 217

第23章　共犯関係からの離脱
　　　　――最決平成元年 6 月26日刑集43巻 6 号567頁，
　　　　判時1315号145頁―― ··· 223

第24章　共同正犯と正当防衛の成否の判断方法
　　　　――最判平成 6 年12月 6 日刑集48巻 8 号509頁―― ····· 227

第25章　共犯と正当防衛 ·· 233
　　　第 1 節　はじめに　(233)
　　　第 2 節　急迫性と侵害の予期・積極的加害意思　(234)
　　　第 3 節　共犯・共同正犯の処罰根拠　(237)
　　　第 4 節　おわりに　(239)

第26章　弁護士法72条違反罪の共犯について ···················· 241

外国刑法・その他

第27章　国際人権 B 規約第 6 条と日本および中国の死刑 ···· 249
　　　第 1 節　はじめに　(249)
　　　第 2 節　わが国の国際人権 B 規約批准の経緯と日中の死刑制度の状況　(250)
　　　第 3 節　第 4 回報告書における死刑問題　(259)
　　　第 4 節　今後の課題　(261)

第28章　西原教授の犯罪論体系について ··························· 265
　　　第 1 節　はじめに　(265)
　　　第 2 節　西原教授の犯罪論体系　(266)

第3節　西原教授の犯罪論の変遷　(274)
  第4節　西原犯罪論の特徴　(278)
  第5節　おわりに　(281)

最終講義

第29章　私の未遂犯論………………………………………………287

初出一覧

基礎理論
第1章 「刑法規範の動態論——刑法規範の一つのデッサン」（研修495）3～12頁（1989年9月）

故意論
第2章 「打撃の錯誤と強盗殺人未遂罪の成立（昭和53年7月28日）」（判例タイムズ371）39～42頁（1979年1月）

第3章 「事実の錯誤について——下村教授の錯誤論によせて」（『下村康正先生古稀祝賀（刑事法学の新動向）上巻』）85～102頁（1995年6月）

過失論
第4章 「サウナ風呂の開発・政策の担当者がその構造設置につき耐火性を十分に検討・確保しなかった場合，サウナ風呂の失火について，業務上失火罪が成立するか（昭和54年11月19日）」（ジュリスト718）198頁（1980年6月）

違法論
第5章 「正当防衛における防衛の意思と攻撃の意思の併存（昭和50年11月28日）」（判例タイムズ334）94頁（1976年7月）

第6章 「緊急避難」（刑法の争点（ジュリスト増刊 新・法律学の争点シリーズ2））50～51頁（2007年10月）

第7章 「自招危難（大正13年12月12日大審一刑判）」（『刑法判例百選〔1〕——総論〈第6版〉〔別冊ジュリスト189〕』）64～65頁（2008年2月）

第8章 「誤想過剰防衛」（『刑法演習(1)——総論』）55～64頁（1987年3月）

責任論
第9章 「実行着手後における心神喪失・耗弱——責任能力による同時的コントロールの必要性」（研修587）3～10頁（1997年5月）

未遂犯論
第10章 「未遂・不能犯」（The Law School 1980年8月号）36～47頁（1980年8月）〔改題〕

第11章 「未遂犯の処罰根拠——実質的客観説（折衷説）の立場から（特集・未遂・不能犯論）」（現代刑事法2-9）29～35頁（2000年9月）

第12章 「実行の着手」（『基本問題セミナー 刑法(1)総論』）255～267頁（1992年5月）

第13章 「実行の着手——行為の属性としての危険か結果としての危険か」（別冊法

初出一覧

学教室　刑法の基本判例）52～55頁（1988年4月）〔改題〕
第14章　「禁制品輸入罪における実行の着手（平成11年9月28日最高三小決）」（『平成11年度重要判例解説〔ジュリスト臨時増刊1179〕』）148～149頁（2000年6月）
第15章　「覚せい剤取締法41条の覚せい剤輸入罪の既遂時期」（現代刑事法5-1）54～58頁（2003年1月）
第16章　「間接正犯の実行の着手時期（大正7年11月16日大審三刑判）」（『刑法判例百選〔1〕―総論〈第4版〉〔別冊ジュリスト142〕』）132～133頁（1997年4月）
第17章　「不能犯」（『刑法演習(1)―総論』）179～189頁（1987年3月）〔改題〕
第18章　「不能犯と事実の欠缺」（『刑法基本講座(4)未遂・共犯・罪数論』）3～20頁（1992年11月）

共犯論

第19章　書き下ろし
第20章　「共謀共同正犯」（『刑法理論の現代的展開　総論(2)』）219～244頁（1990年12月）
第21章　「予備罪の従犯について」（研修533）3～12頁（1992年11月）
第22章　「承継的共犯（昭和13年11月18日大審三刑判）」（『刑法判例百選〔1〕―総論〈第2版〉〔別冊ジュリスト82〕』）168～169頁（1984年3月）
第23章　「共犯関係からの離脱（平成元年6月26日）」（『判例セレクト'89（月刊法学教室113別冊付録）』）33（1990年2月）
第24章　「共同正犯と正当防衛の成否の判断方法―最高裁平成6年12月6日第3小法廷判決」（法学教室177）72～73頁（1995年6月）
第25章　「共犯と正当防衛」（研修571）17～24頁（1996年1月）
第26章　「弁護士法72条違反罪の共犯について」（研修628）3～10頁（2000年10月）

外国刑法・その他

第27章　「国際人権B規約第6条と日本および中国の死刑」（『佐藤司先生古稀祝賀（日本刑事法の理論と展望）〈上巻〉』）571～590頁（2000年8月）
第28章　「西原教授の犯罪論体系について」（『西原春夫先生古稀祝賀論文集1』）469～493頁（1998年3月）

最終講義

第29章　「私の未遂犯論」（『早稲田講義録』（早稲田大学 WASEDA サポーターズ倶楽部事務局発行）通巻63号（2015年））

基礎理論

第1章　刑法規範の動態論
―― 刑法規範の一つのデッサン ――

第1節　はじめに

　刑法の体系書の中においては，しばしば刑法規範についての叙述が見られる。そして，犯罪について体系的に叙述する際に，刑法規範が重要な機能を担って登場して来ると考えられるのであるが，必ずしもその全体像がこれまで明らかにされていないようにも思われる。そこで，本稿では刑法規範の動態論の立場より，そのデッサンを描いてみようと考える[1]。

第2節　刑罰法規と刑法規範

1　刑罰法規と刑法規範の関係

　刑罰法規は，前段に法律要件として，例えば，「人ヲ殺シタル者ハ」と殺人罪の構成要件を規定し，後段に法律効果として「死刑又ハ無期若クハ三年以上ノ懲役ニ処ス」と同罪に対する刑罰を規定する。一般に前段は行為規範として国民に向けられており，後段は裁判規範として裁判官に向けられているとされる。しかし，「人を殺すな」という行為規範は前段のみでなく，そのような規範に違反した行為を処罰するという国家の意思を示すものであり，その点で後段も関係しているのであり，前段と後段とがそれぞれ行為規範と裁判規範に対応すると考えるべきでなく，刑罰法規全体から刑法規範を抽出するべきものである。

2　刑法199条と刑法規範

　したがって，例えば，殺人罪の構成要件の背後には禁止規範のみが存在す

ると考えるのではなく，刑法199条という刑罰法規に生命を保護する刑法規範が内在していると考えるべきである。そして，その刑法規範が，生命の置かれた状況により，すなわち，①生命が危険に陥っていない場合には，まず禁止規範として機能し，最善の策として生命を侵害する行為に出ないように犯罪避止義務を課し，それが裏切られ犯罪の実行行為に出た場合には，次善の策として犯罪中止義務を課し（この義務を履行した場合が着手中止である），犯罪行為のその後の続行を放棄することを期待し，さらに，放置しておけば生命の侵害結果が発生してしまう状態が発生した場合には，命令規範として機能し，三善かつ最後の策として先行行為に基づく結果発生防止義務を課し（この義務を履行した場合が実行中止である），この状態が実害に至らないようにすることを命じるのであり，次に，②生命が危険に陥っている場合には，生命に対する危険が現実化しないように，一定の作為に出るよう命令規範として動的に機能するものと考えるべきである。

この意味で刑法199条は，禁止規範に違反する犯罪態様である作為犯と命令規範に違反する犯罪態様である（不真正）不作為犯（これに対し，刑罰法規の上で命令規範が明示されている場合を真正不作為犯と言う。例えば，刑130条には私生活の平穏を保護する刑法規範が内在しており，禁止規範と命令規範の両者が法規上明示されている）の両者を処罰していると考えられる。

3　刑法規範と責任能力の存在時期

刑法規範は，このように法益侵害に至る各段階における行為を違法と評価し，その行為に出ないよう命じ（法益保護のため一定の行為が必要な場合にはその行為をすることを命じる），これを期待するのである。したがって，各段階における違法行為について責任を問うためには，各違法行為の時に責任能力が存在しなければならない（責任能力による同時的コントロール）。責任能力者にしてはじめてこの期待に答えられるからである。この意味で原因において自由な行為については，あらかじめ同時的コントロールを放棄したと考えられる場合，すなわち，責任能力のある時に犯意と責任無能力または限定責任能力の状態に陥ることの認識が存在する場合を除いて，実行行為の時に責任能力がなければ完全な責任を問い得ないと考える。

第3節　刑法規範の動態論

1　生活利益保護の条件

　刑法規範は，これ以前に存在する社会倫理的秩序を保護しようとするものではなく，我々が独立の人格者として社会生活を営んで行く上において必要かつ重要な生活利益を保護するためのものである（刑法規範の法益保護機能）。そのために，例えば，人の生命を侵害する行為を類型化して犯罪として指定し，これに対して一定の刑罰を加えることを予告することによって，換言すれば，当該行為に対する国家の消極的な評価を内容とする規範的な評価を明らかにすることによって（刑法規範の規制的機能），これを保護しようとするのである。このことは，刑法規範の設定に際して生活利益の保護を，国民は法規範，つまり国家に委ねたことを意味するのである（生活利益保護の委託）。

　しかし，個人の人格的発展を最高の理念とする我が国の法体系においては，国民は無条件にその方法を問わずに生活利益の保護を委ねたと解するのは妥当ではない。法益保護の委託の条件は，まず，①国民が保護の必要があるとする利益を保護すること（保護必要性条項），②正当な利益を保護すること（正当利益保護条項），③利益が対立する場合には小なる利益を保護するためにより大なる利益を犠牲にしてはならないこと（過大利益犠牲禁止条項），である。次に，④国民は法規範に委ねたのでは充分な保護が期待できないか，あるいは実現できないと考えられる場合には，個人としての立場で例外的に自ら生活利益の保護を行うことを留保していたと考えられる（個人保護留保条項）。

2　刑法規範と違法・適法の判断

　構成要件に該当しつつしかし違法性が阻却されることを認める場合，違法性は刑法規範に違反することであるから，構成要件に該当する行為は刑法規範に違反することになり，違法性阻却事由のある行為は刑法規範に違反していないということになる。そこで違法性，刑法規範，構成要件との関係，すなわち違法性阻却の論理構造につき色々な見解が主張されているが，これは事実上の問題に過ぎないと考える。

構成要件は刑法規範が関心を寄せる行為の類型であり，事実として法益を侵害しまたは危殆化する行為の類型である。したがって，構成要件それ自体は論理的には刑法的価値評価からは独立しているものであり，構成要件該当行為の違法・適法を判断するのは刑法規範そのものである。ただ，法益は通常は保護された状態にあり，したがって，刑法規範はその普通の形態においては禁止・命令規範として顕現するのであるから，それに違反し，そのことのゆえに違法と判断される行為の類型，すなわち構成要件に該当する行為は違法と判断されることになる。この意味で事実上は構成要件該当性が肯定される場合には，違法と判断されることになるのであるが，それはあくまでも事実上の事柄であり，論理的なそれではない。したがって，違法性の阻却というのも事実上の外形的な関係に過ぎない。

(1) **禁止・命令規範と許容規範**

刑法規範は，このような条件の下で法益保護の目的・観点から，法益の置かれた状況に応じて多相的かつ動的に機能して，あるいは禁止・命令規範として，あるいは許容規範として顕現する（雷鳥の羽が季節に応じてその夏羽と冬羽の色が変わるのに似ている）。

前者の禁止・命令規範は，特定の利益を直接的に保護する規範であって，その保護すべき利益に応じて個別的内容を持つことから，それぞれの構成要件を規定する刑罰法規の背後に予定されているものである。これに対して，後者の許容規範は，刑法規範の動態論からすれば個別的な法益を保護する刑法規範ごとに規定されるのが理論的であるが，個別的な利益について規定されている例外（例えば，名誉毀損罪における事実証明の規定）を除いて，原則としてあらゆる利益に共通するので，正当化事由の中に類型的に規定されている。したがって，生命を保護する刑法規範は，殺人罪を規定する刑罰法規と，例えば，正当防衛を規定する条文から構成される。前者は生命を保護する刑法規範の禁止・命令規範としての規範相を，後者はその許容規範としての規範相を規定するものである。

(2) **刑法規範の諸相と法益の状況**

①法益が危険にさらされていない場合には，禁止規範として法益を危殆化する行為に出ることを禁止し，②法益が危険にさらされている場合には，命

令規範として法益を保護するために特定の行為（作為）に出ることを命じ，または許容規範としてその危険を避けるために避難行為をすることを，それがたとえ第三者の利益を侵害する場合においても消極的に許容し（緊急避難），③法益が違法な侵害行為により危険にさらされているか，またさらされた場合には，許容規範として防衛行為・自力救済行為をすることを消極的に許容し（正当防衛・自力救済），④社会全体の利益のために，あるいは特定の個別的利益のために積極的にある行為を有価値と判断し，積極的にこれを許容することがある（法令による行為，許された危険の行為，または正当業務行為などの社会的相当行為）。

(3) 刑法規範の諸相と行為の価値・無価値判断

　刑法規範の二相の内，一方の禁止・命令規範は行為の無価値判断を行い，これに対して，他方の許容規範は行為の価値判断を中核とすることに，それぞれの要点がある。そして許容規範は，個人保護留保条項にしたがって行われた行為を消極的・追認的に有価値と判断してこれを許容する場合（消極的許容規範）と社会全体の利益のためあるいは特定の個別的利益のために積極的にある行為を有価値と判断してこれを許容する場合がある（積極的許容規範）。

(4) 刑法規範の諸相と判断形式としての違法二元論

　人間の行為の評価は，行為自体の価値・無価値と行為のもたらした結果の価値・無価値とから行われるべきであり，刑法規範の諸相もこのような行為評価の二元性を前提にすべきものである。

　①　刑法規範（禁止・命令規範）と違法判断　　（ⅰ）刑法規範は犯罪行為が行われるに際し，行為規範，制裁規範，裁判規範として動的に機能する。

　(a) まず，刑法規範は，行為規範（行為規範は法益保護のため一般人からみて法益侵害の危険を感じるような行為を禁止し，またその危険がある場合にはその危険を排除するよう命令し，相対的・目的的機能を持つもので，事前の判断に服する）として評価機能が働き，行為を無価値と評価したときには，次いで決定機能が働き，そのような行為に出ないよう命じるのである。

　(b) 次に，結果が発生したときは，刑法規範はもはや行為規範としては機能せず，制裁規範（制裁規範は規範の自己保存本能から違法の最終的確定機能とともに規範の回復・確認機能という絶対的機能を持ち，事後の判断に服する）としてその

評価機能が働き，結果の無価値（違法性）を判断するとともに，行為自体の無価値（違法性）とを合わせて，行為全体の無価値の評価（違法性）を確定するのである。

この場合に，制裁規範は行為自体の違法性と結果の違法性との結合要素として行為と結果との間に折衷的相当因果関係を必要とすると考えられる（ちなみに，評価の対象としての広義の行為を画する要素としては条件関係で足りると考える）。刑法規範は，行為から社会通念上相当な経過により発生する結果のみを回避するよう命じることができ（実際には結果と相当因果関係に立つ行為をコントロールすることにより間接的に），またこのような偶然的でない結果のみを違法判断に取り込むことが可能であるからである。

また制裁規範は，両者の違法性に齟齬が存在する場合には，実現意思の向けられた客体との関係では（客体の錯誤），両者の違法性の補充関係を認めるが，それ以外の客体との関係では（方法の錯誤），これを否定する。つまり客体の錯誤の場合，行為の違法性と結果の違法性との量的な補充関係を認めることにより，軽い甲罪を犯す意思で重い乙罪を犯した場合には，甲罪の行為の違法性に対応する限度で乙罪の結果の違法性を切り取り補充して，軽い甲罪の既遂を肯定し（重い乙罪の過失犯を処罰する場合にはその過失犯が併せて成立），逆に重い甲罪を犯す意思で軽い乙罪を犯した場合には，重い甲罪の未遂（この場合には甲罪の行為の違法性に対応して補充すべき結果の違法性はない）が成立する（軽い乙罪の過失犯を処罰する場合にはその過失犯が併せて成立）。

（c）最後に，刑法規範は，制裁規範によって最終的に確定された違法評価を基礎として，裁判官に科刑を命じ，それを正当化する裁判規範として機能するのである。制裁規範が最終的に違法評価を確定し，これを宣言することにより，規範の回復・確認を行うことは，いわば刑法規範に加えられた作用に対する自律的な反作用としての，法共同体構成員一般に対する規範的な応報である。この規範的応報（反作用）は，背後に社会倫理的応報を持ち，しかも，害悪の付加（利益の剥奪）を手段として伴うことの可能性を留保しているのである。そして，さらにこの規範的応報を当該行為者に向けて非難するのが責任である。裁判規範は，この責任を前提として，裁判官をして行為者に責任に応じた刑罰を科し，また予防，とりわけ特別予防の見地から害悪の

付加を加えないでもよい場合には，刑罰を加えないこともできるのである。

（ⅱ）そして，行為自体の違法性は，行為自体の持つある性質に着眼して法的な無価値判断が下されるものであるから，これを判断するにはその行為の意味を認識しなければならず，必然的に意思をも判断資料に加えなければならないのである（犯罪実現意思としての故意も主観的違法要素である）。したがって，その判断構造の要点は事前の判断たることにあり，行為時に存在する主観的・客観的事情を基礎とした判断である。これに反して，結果の違法性の判断は発生した結果について法的無価値判断を下すものであるから，事後の判断たることに要点があり，客観的事情に基づく事後的な判断である。

（ⅲ）次に，刑法規範は，社会生活上重要な利益保護のために存在すると解するべきであるから，一般人の観点より行為が法益侵害の危険性を持っていると判断される場合にはじめて違法と判断すべきである。そして，その危険性の判断にあたっては，犯罪の故意のみならず，その具体的な形態での所為計画も判断材料となるのであって（実行の着手に関する折衷説），主観的事情を考慮する際には，行為時に客観的に存在する事情については，一般人は認識できないが行為者がとくに知っていた事情は考慮するべきであり，また客観的に存在しない事情については，行為者が存在すると考えた場合でも一般人の立場からみて存在するのが合理的と考えられるものに限って考慮するべきである（この理に基づき，違法性の判断においては具体的危険説に立って死体に対する殺人未遂罪を認める余地があり〈広島高判昭和36年7月10日高刑集14巻5号310頁参照〉，適法性の判断においては誤想防衛の場合に適法性が肯定される場合がある）。

②　刑法規範（許容規範）と適法性判断　　刑法規範（許容規範）も前述した禁止・命令規範と同じく動的に機能する。行為時に行為に価値あると判断した場合には当該行為を許容し，さらに結果発生時においては結果の価値を判断して行為自体の適法性と結果の適法性とを合わせて行為全体の適法性を肯定するのである。

結果の適法性の判断は純客観的・事後的な判断であることから，その事由は行為後の客観的な事情（例えば，許容規範が正当防衛の場合，客観的・事後的に正当防衛の結果が生じていること）の中に求められる。行為自体の適法性の判断は，行為時に立脚した事前の判断であって，行為の客観的部分のみならず，

行為者の主観的意図をも考慮した判断であるので、その事由は行為時に存在する客観的事情のみならず、主観的事情（例えば、正当防衛の場合、防衛行為をなし得る行為状況である急迫不正の侵害の存在の認識という意味での防衛の意思）の中に求められるべきである。

(5) 許容規範による適法性の判断の態様

①判断形式としての違法二元論によれば、許容規範による判断は前述したように禁止・命令規範による場合と同じく行為自体の適法性と結果の適法性の判断を行うことになるが、いまこれを甲が乙を殺害する場合を例にとって説明することにしよう。単に甲が乙を殺害しようとする場合であれば、生命を保護する刑法規範は、この場合禁止規範として顕現し、禁止規範に反する（甲の行為が殺人罪の構成要件に該当する）ものとして違法と判断する。

これに対して、乙が甲を殺害しようとしていたので、甲が前述の個人保護留保条項に基づき自己の生命を守るため防衛行為を行って乙を殺害した場合には、生命を保護する刑法規範は許容規範として顕現し、甲の行為は許容規範に適合する（正当防衛の要件を充足する）ものとして適法性が肯定される。

②さらに、具体的に正当防衛を例にして考察しよう。

（ⅰ）行為自体・結果の適法性が肯定される場合——正当防衛　急迫不正の侵害に対して、この侵害の事実を

認識しつつ自己または他人の権利を防衛するため相当な防衛行為をした場合には、行為自体の適法性が肯定され、さらに結果の適法性も肯定される結果、行為全体が発生した結果を含めてその適法性が肯定されるのである。刑法36条はこのような防衛の意思のある通常の事態について、行為と結果とを含む広い意味の行為を「已ムコトヲ得サルニ出テタル行為」としてその適法性を肯定し、不可罰とする場合を規定したものである。

（ⅱ）結果の適法性が肯定される場合——偶然防衛　急迫不正の侵害の存在を認識せずに侵害行為を行ったところ、偶然にも侵害行為の相手方も侵害行為を行おうとしていたので結果としては正当防衛になったという、偶然防衛の場合には、防衛の意思が欠けているので行為自体の適法性は肯定されないが、結果は正当防衛となっているのであるから結果の適法性は肯定されるので、未遂罪処罰規定がある限りこれを準用して未遂罪として処罰される。

（ⅲ）行為自体の適法性が肯定される場合——正当化的誤想防衛　これに反して，急迫不正の侵害が存在しないのにこれが存在するものと誤信して相当な防衛行為を行った場合，すなわち誤想防衛の場合に，行為者は存在すると考えていたけれども客観的には存在しない急迫不正の侵害が，一般人の立場からみて存在するのが合理的だと考えられるとき，換言すればその誤信につき客観的過失がないときには，その侵害は行為自体の適法性の判断においては存在するものと考えられるのであり，したがって行為自体の適法性は肯定されるが，ただ客観的には侵害がなかったのであるから結果は正当防衛となっていないので結果の適法性は肯定されず，逆に結果の違法性が認められ，いわば違法状態が存在するに過ぎないのであり，この場合には犯罪は成立しない。

（ⅳ）行為自体・結果の適法性が肯定されない場合——誤想防衛（狭義）　これに対し，急迫不正の侵害の存在の誤信について客観的過失が存在する場合には，結果の適法性の判断においてはもとより行為自体の適法性の判断においてもこの侵害は存在しないのであり，したがって，行為自体の適法性も結果の適法性も共に肯定されず，正当防衛として適法性は肯定されない。すなわち，この場合は本来自己の行った防衛行為は違法なもので許されないのにかかわらず，侵害を誤信した結果，正当防衛として許されると考えて行為に出たものであり，違法性の錯誤であって，違法性を意識することが不可能な状況にあった場合にのみ，責任が阻却されると解すべきである。

(1) 紙数の制約とデッサンを描くものであるので，文献の引用や他説への言及を省略することをあらかじめお断りしておかなければならない。

故意論

第2章　打撃の錯誤と強盗殺人未遂罪の成立

【事案の概要】

　本件（最判昭和53年7月28日刑集32巻5号1068頁）の事案は，原判決の認定する事実として本判決が要約するところによると，「被告人は，警ら中の巡査甲からけん銃を強取しようと決意して同巡査を追尾し，東京都新宿区西新宿1丁目4番7号先附近の歩道上に至った際，たまたま周囲に人影が見えなくなったとみて，同巡査を殺害するかも知れないことを認識し，かつ，あえてこれを認容し，建設用びょう打銃を改造しびょう1本を装てんした手製装薬銃1丁を構えて同巡査の背後約1メートルに接近し，同巡査の右肩部附近をねらい，ハンマーで右手製装薬銃の撃針後部をたたいて右びょうを発射させたが，同巡査に右側胸部貫通銃創を負わせたにとどまり，かつ，同巡査のけん銃を強取することができず，更に，同巡査の身体を貫通した右びょうをたまたま同巡査の約30メートル前方の道路反対側の歩道上を通行中の乙の背部に命中させ，同人に腹部貫通銃創を負わせた，」というものである。

　これに対し，検察官は甲，乙に対しては殺意があったとして両名に対する強盗殺人未遂罪をもって起訴したが，第一審判決[1]（東京地判昭和50年6月5日高刑集30集1号165頁）は，甲乙いずれに対しても殺意を否定した上で，甲に対しては暴行の故意がみとめられるから強盗傷人罪が成立するとし，乙に対しては暴行の故意すらみとめられないが，強盗の「犯行の具体的状況の下において通常致死傷の結果が発生することがありうる者につき少なくとも強盗の手段である暴行・脅迫行為から直接に発生した致死傷の結果についても，その結果発生につき過失がみとめられる限り本条（刑法240条前段）の適用がある」として同じく強盗傷人罪の成立をみとめた（傍論ながら方法の錯誤論により乙にも暴行の故意がみとめられるとした）。

　原判決（東京高判昭和52年3月8日高刑集30巻1号150頁）は，これと異なり，甲

に対しては未必の殺意をみとめ，強盗殺人未遂罪が成立するとしたが，乙に対しては，第一審判決同様，暴行の故意すらみとめられないがその傷害につき過失がみとめられる以上刑法240条の適用があり，かつ甲に対して強盗殺人未遂罪が成立するのであるから「乙に対する傷害の結果についても強盗殺人未遂罪が成立する」とした。これに対し，被告人側が，「原判決が乙に対する傷害の結果につき被告人の過失を認定したのみで，何らの理由も示さず故意犯である強盗殺人未遂罪の成立を認めた」ことを理由として上告したところ，本判決は，次の如く判示して，これを棄却した。

【判　旨】
「刑法240条後段，243条に定める強盗殺人未遂の罪は強盗犯人が強盗の機会に人を殺害しようとして遂げなかった場合に成立するものであることは，当裁判所の判例とするところであり（最高裁昭和31年（あ）第4203号同32年8月1日第一小法廷判決・刑集11巻8号2065頁。なお，大審院大正11年（れ）第1253号同年12月22日判決・刑集1巻12号815頁，同昭和4年（れ）第382号同年5月16日判決・刑集8巻5号251頁参照），これによれば，乙に対する傷害の結果について強盗殺人未遂罪が成立するとするには被告人に殺意があることを要することは，所論指摘のとおりである。

しかしながら，犯罪の故意があるとするには，罪となるべき事実の認識を必要とするものであるが，犯人が認識した罪となるべき事実と現実に発生した事実とが必ずしも具体的に一致することを要するものではなく，両者が法定の範囲内において一致することをもって足りるものと解すべきである（大審院昭和6年（れ）第607号同年7月8日判決・刑集10巻7号312頁，最高裁昭和24年（れ）第3030号同25年7月11日第三小法廷判決・刑集4巻7号1261頁参照）から，人を殺す意思のもとに殺害行為に出た以上，犯人の認識しなかった人に対しその結果が発生した場合にも，右の結果について殺人の故意があるものというべきである。

これを本件についてみると，……被告人が人を殺害する意思のもとに手製装薬銃を発射して殺害行為に出た結果，被告人の意図した巡査甲に右側胸部貫通銃創を負わせたが殺害するに至らなかったのであるから，同巡査に対す

る殺人未遂罪が成立し，同時に，被告人の予期しなかった通行人乙に対し腹部貫通銃創の結果が発生し，かつ，右殺害行為と乙の傷害の結果との間に因果関係が認められるから，同人に対する殺人未遂罪もまた成立し（大審院昭和8年（れ）第831号同年8月30日判決・刑集12巻16号1445頁参照），しかも，被告人の右殺人未遂の所為は同巡査に対する強盗の手段として行われたものであるから，強盗との結合犯として，被告人の甲に対する所為についてはもちろんのこと，乙に対する所為についても強盗殺人未遂罪が成立するというべきである。したがって，原判決が右各所為につき刑法240条後段，243条を適用した点に誤りはない。」

【解　説】
1　はじめに

　事実の錯誤には，種々の態様があるが，本件で問題となったのは具体的事実の錯誤における方法の錯誤（打撃の錯誤）である。本件では，被告人は強盗殺人の目的で巡査甲に発砲したところ，弾が甲の体を貫通し，遠方にいた通行人乙に当り，甲乙両名に傷害を負わせたものであり，甲に対しては強盗殺人未遂罪の成立することは明らかであるが，予定外の結果である乙の傷害は，いわゆる強盗の機会において生じたものであることにつき争いはないので，乙に対しても殺意を肯定できればこれに対する強盗殺人未遂罪の成立をみとめることができる。この点につき，本判決は，乙に対しては暴行の未必的故意すらみとめられないとしながらも，予定外の併発結果である乙の傷害との関係では方法の錯誤であるとの前提に立って，法定的符合説を適用し，乙に対しても殺意をみとめた。このような予定外の過剰結果が併発した場合の処理につき近時議論の多いところであるが，本判決がこの点に関し後述する法定的符合説のうち拡張説を採ることを明示した点に先例としての意義がある。

2　併発結果と法定的符合説の適用

　(1)　さて，方法の錯誤，例えば甲を殺害しようとして発砲したところ，甲には命中せず傍の乙に当ってこれを死亡させた場合（設例I）については，

具体的符合説と法定的符合説では結論を異にする。前者によれば，「その人」を狙って結果として「あの人」を殺害したのであるから，表象と事実が具体的に符合せず，乙の死については故意が阻却されるので，甲に対する殺人未遂罪と乙に対する過失致死罪の観念的競合とされる[2]のに対し，後者によれば，表象と事実は法定の範囲内で一致することで足り，甲に対する殺意は人を殺す意思を介して乙に対する殺意に転用しうるので，乙に対する殺人既遂罪が成立するとされる。判例は，客体の錯誤についても（大判昭和6年7月8日刑集10巻312頁），次いで，方法の錯誤についても刑事総連合部判決（大判大正6年12月14日刑録23輯1362頁）をもって法定的符合説を採用し，最高裁もこの立場に立っており（最判昭和25年7月11日刑集4巻7号1261頁），学説も同様である[3]。

　この法定的符合説の内部においてもっとも問題となるのは，法定的符合，すなわち法的同質性の意味が論者によって必ずしも一致しておらず不明確であること，これに関連して成立する犯罪名と罪数の不確かさである[4]といってよいであろう。後者の点はすでに具体的符合説論者より設例Ⅰにおいて，甲死亡，乙死亡の場合（設例Ⅱ），甲傷害，乙死亡の場合（設例Ⅲ）などを如何に処理するのかその適用が不明確であると指摘されていたところであった[5]。さらにこのように結果が併発した場合のみならず，方法の錯誤の典型とされる設例Ⅰにおいても，単純に乙に対する殺人既遂罪の成立を論じるのみで[6]，甲に対する殺人未遂罪の成否の点は明らかでない[7]。

　(2)　ところで，結果が併発した場合，まず設例Ⅱについて大判昭和8年8月30日刑集12巻1445頁は甲乙両者に対する殺人既遂罪の成立をみとめたが，この事案においては乙に対して未必の殺意がみとめられなくもない事情があり，かつ乙に対して殺人既遂罪の責任をみとめたことにつき明確な理由が示されていなかったところ，新潟地長岡支判昭和37年9月24日下刑集4巻9＝10号882頁は，乙に対して未必の殺意すらないことを認定して，「同一の構成要件的評価を受ける事実を表象している以上，その範囲内で具体的な事実についての錯誤があっても犯意を阻却するものではなく，客体の数に関する錯誤においては単に構成要件的評価の回数に差異が現われるだけで，犯意の内容として重要な意味を持つ規範的評価は同一構成要件の範囲内である限り変

第2章　打撃の錯誤と強盗殺人未遂罪の成立　15

りはないものと考えられる。」と明確にその理由を示した。これは故意の複数評価を肯定し，併発した結果に対しても，意図した客体に対する故意を拡張してみとめるものである（拡張説という）。本判決はこれらの判例を踏襲して上告審の判例としてはじめてこの拡張説を肯定したものである。

(3)　このように拡張説によると予期しない結果が併発した場合には，因果関係があるかぎり，その結果すべてについて故意犯の責任を負うことになってしまう。ことに因果関係につき条件説をとる場合には著しく過大な責任をみとめる結果となる[8]。この点を明確に指摘されたのは宮本博士であった。博士は抽象的符合説に立ちつつも，前掲大判昭和8年8月30日を評釈されて，「結果の個数に関して，事実は単に一個の結果に対してのみ予見があったに過ぎない場合に，予見そのものを内容から抽象して，全体の結果に対して予見があったものとして，その責任を論ずることは，これまさしく過度に犯人に責を負はしめるものといはなければならない。何となれば責任の内容は質によっても規定されるが，量によっても亦規定される。而して質の問題に関して刑法第38条2項（略）の制限がある以上は，その精神は亦量の問題についても尊重されなければならぬからである。」[9]とされた。そこで，故意の不当なる拡張を回避するために，故意の個数を考慮し，故意の複数評価をみとめない考え方，つまりある結果に対して故意犯の成立をみとめるならばそれで故意は消却されてもはや他の併発結果に対しては故意をみとめることができないとするものが唱えられるにいたった（消却説という）。

まさに広島地呉支判昭和45年11月17日刑裁月報2巻11号1238頁は，拳銃を用いて甲を射殺した際，たまたまその弾丸が被害者の身体を貫通して通行人乙に命中し負傷させた事案につき，乙に対して未必の殺意すらみとめられない本件においては，甲を殺害することにより目的をとげているのであるから認識と現実との間の不一致は存在しないのであって，乙に対する傷害は過剰結果であり方法の錯誤をもって論ずることは許されないとして，この消却説を採用したものである[10]。学説にも近時この立場に立つものが多い。この中で，第一の見解は，意図した客体に何らかの結果が生じた以上，そこで故意は消却され，予定外の併発結果には故意はもはやみとめられず，過失犯の成否が問題になるにすぎないとするものである[11]。これによれば設例Ⅰの

場合を除いて具体的符合説と結論が同じになる。したがって，設例Ⅲの場合には殺人既遂罪の責任を問えなくなってしまう。そこで，第二の見解によれば，甲乙に発生した結果を比較し，それに軽重があるときは重い結果の生じた客体につき，同等の結果である場合には意図した客体にについて故意が消却されてしまい，他の併発結果については過失犯の成否が問題となるにすぎないとする[12]。これらの見解によれば，本件事案では甲に強盗殺人未遂罪，乙に強盗傷人罪（刑法240条前段の傷害は第一審判決と同じく過失傷害で足りるとして）の成立をみとめることになるであろう。

（4）これらの見解（とくに第二のそれ）は，殺意をもって人の死を惹起した以上殺人罪の既遂の責任を肯定すべきであるとする当罰性の要求を充足すると同時に故意の複数評価による不当な責任の拡大を制約し，具体的妥当性を追求しようとするものであり，傾聴に価いするが，それだけに理論構成が技巧的であり，意図した客体につき過失犯を論ずる[13]ことにみられるように不自然の感がなくはないし[14]，故意犯の成立を，したがって故意の消却を論じる客体が，ある場合には意図した客体であったり，ある場合には結果の併発した客体であったりしてその実質的理由が必ずしも明白でない[15]，併発結果が複数の場合いずれの結果を基準とするのか不明であり[16]，そもそも法定的符合説の立場では「故意の個数」をみとめることはできない[17]と批判されることになるのである[18]。

3　おわりに

このように本判決が採用する拡張説には学説の異論もあり，多難な前途が予想されるところであるが，なお未解決な問題が残っているといわざるをえない。

第一に，拡張説からは設例Ⅰにおいて甲に対する殺人未遂罪が肯定されるが，消却説からすればこれは否定されるであろう。したがって，拡張説に立つ本判決と単純に（乙に対する）殺人既遂罪のみをみとめた前掲大判大正15年7月3日や甲に対する殺人未遂罪の訴因を明確に否定した前掲東京高判昭和30年4月19日の両判決との関係が問題となろう。

第二に，拡張説に立っても併発結果との間に相当因果関係を必要とすると

して不当な責任の拡大を防止するのも一方法であることは前述の如くであるが，条件説を基調とする判例において事実の錯誤の場合の因果関係につきどのような判断がなされるか興味あるところである。

　第三に，強盗致死傷罪における致死傷の結果は判例によれば，強盗の機会に生じたものであればよいとされているが，この致死傷の結果が単に過失によるもので足りるかは一個の問題であり，この点明確な判例がなかったところである[19]が，第一審判決は，前述したように一定の限度で肯定的に解した。本判決ではこの点は争点とならず，学説的興味という点からは残念ながら上告審の判断が明示されないままおわってしまった。

　これらの点につき最高裁の判断が期待されるところである[20]。

(1) この判決につき，木村栄作「強盗の発射した弾丸代用物が相手方の体を貫通して通行人にも命中した場合」警察学論集28巻12号（1975）164頁，山本和昭「強盗の目的でAに暴行を加えA及び予想外のBを傷害した場合とBに対する強盗傷人罪の成否」研修330号（1975）55頁，判例研究会・警察時報31巻1号（1976）117頁参照。
(2) 勝本勘三郎『刑法要論総則』（1913）212頁，大場茂馬『刑法総論下巻』（1917）745～746頁，大判大正5年8月11日刑録22輯1313頁。
(3) 滝川幸辰『犯罪論序説』（1947）171頁以下，小野清一郎『新訂刑法講義総論』（第13版，1954）159頁，団藤重光『刑法綱要（総論）』（増補版，1972）219頁，福田平『新版刑法総論』（1965）89頁，大塚仁『刑法概説（総論）』（増補版，1975）154頁など。
(4) 青柳文雄「事実の錯誤について」法学研究33巻5号（1960）9～10頁，正田満三郎・法曹時報22巻2号（1970）211頁。
(5) 岡田庄作『錯誤論』（1924）71頁以下，岡田庄作『刑法原論〔総論〕』（1917）174頁以下，飯塚敏夫『刑法論攷』（1934）65頁以下，85頁以下。
(6) 大判大正15年7月3日刑集5巻395頁，小野・前掲注（3）159～160頁，団藤・前掲注（3）220頁註（23），滝川・前掲注（3）176～177頁。
(7) 平野龍一・法学セミナー130号（1966）25頁，同『刑法総論』（1972）Ⅰ176頁，木村・前掲注（1）168頁，判例タイムズ366号（1978）コメント166頁参照。明確に否定するものに東京高判昭和30年4月19日高刑集8巻4号505頁，肯定するものに，本判決の第一審判決（なお，宇都宮地判昭和40年12月9日下刑集7巻12号2189頁も同旨）がある。
(8) 相当因果関係によって制約しようとするものに，高松高判昭和31年2月21日裁特3巻19号897頁，東京地判昭和49年11月7日判タ319号295頁がある。なお，平野・判例演習刑法総論（1969）119頁，荘子邦雄・刑法講座3巻（1963）112頁，大野真義・阪大法学101号（1977）16頁以下参照。ちなみに，中野次雄『刑法総論講義案第一分冊』（第3版，1976）108～109頁は，量刑上責任の量は予見の範囲に止めるべきであるとされる。
(9) 宮本英脩・法学論議33巻2号（1935）361～362頁。
(10) 東京高判昭和25年10月30日判特14号3頁は反対である。
(11) 木村栄作『刑法判例研究Ⅲ』（1975）140～141頁参照。抽象的符合説からこれを主張するものに，下村康正・警察研究48巻2号（1977）11頁。
(12) 大塚仁『演習刑法総論』51～52頁，正田・前掲注（4）12頁以下，大野・前掲注（8）

25頁以下，福田・前掲注（3）90頁註（5）。抽象的符合説からこれを主張するものに，植松正『再訂刑法概論Ⅰ』(1974) 275頁。
(13) 大塚・前掲注（12）51〜52頁。
(14) 前田雅英『刑法学2』(1978) 92頁。
(15) 町野朔・刑法判例百選Ⅰ (1978) 124頁。
(16) 山本・前掲注（1）73頁，下村・前掲注（11） 8〜9頁。
(17) 町野・前掲注（15）124頁。
(18) 近時方法の錯誤につき具体的符合説を採る見解が有力となってきた。平場安治『刑法総論講義』(1956) 102頁，中義勝・関西大学法学論集14巻4＝5＝6号 (1965) 578頁，荘子・前掲注（8）110〜114頁，平野・前掲注（7）25頁，木村・前掲注（1）169頁，同・前掲注（11）143頁，町野・前掲注（15）124頁など。
(19) 最高裁判所調査官室編『最高裁判所判例解説刑事篇昭和33年度』(1959) 242頁〔寺尾正二〕参照。
(20) なお，本判決ついては，すでに，平本喜禄「強盗殺人の目的でＡに暴行を加えＡ及び予想外のＢを傷害した場合とＢに対する強盗殺人未遂罪の成否」法律のひろば31巻11号(1978) 37頁，下村康正「故意と最近の二判例」警察研究49巻10号 (1978) 3頁に研究がある。あわせて参照されたい。

【付記】 脱稿後，平出禾「事実の錯誤考—殺人罪の場合—」研修366号 (1978) 3頁以下に接した。あわせて参照されたい。

第3章　事実の錯誤について
――下村教授の錯誤論によせて――

第1節　はじめに

　事実の錯誤とは，一般的には，行為者が主観的に認識した犯罪事実と客観的に発生した犯罪事実とが食い違う場合をいうとされ，これについては，故意を責任要素と考える見解はもとより，これを違法要素と考える見解によっても，その食い違いがどの程度であれば，発生した結果について故意が認められるかが問題とされている。そして，周知のようにこれについては具体的符合説，法定的符合説および抽象的符合説が主張されている[1]。このような状況の中で，下村教授は，斉藤金作教授[2]や西原春夫教授（旧説[3]）と同じく抽象的符合説の中の草野教授の所説を継承されている。そして，併発事実を伴う錯誤の場合には一故意犯説を採用されている[4]。

　筆者は，これらの先達の見解に学びつつ，刑法の研究に従事してきたのであるが，今仮に早稲田刑法学という呼称が許されるとすれば，その多くの特徴の一つである事実の錯誤に関する草野説について検討を重ねて来た。しかし，現在のところいまだこの見解に左祖できず，具体的・違法性補充説の名の下に自己なりの一応の見解を示さざるをえなかった[5]。すなわち，故意は主観的違法要素であり，しかも故意は特定の法益客体に対する犯罪事実（法益侵害・危殆化）の実現意思と理解し，故意は行為自体の違法性の量的類型性を示す主観的要素であると考える立場から[6]，事実の錯誤は単に発生した結果につき故意を認めることができるかどうかの問題ではなく，刑法規範（制裁規範）による事後的な違法性の確定の問題であると考える。行為規範による事前の判断により確定された行為自体の違法性と制裁規範により事後的に判断された結果の違法性との間に食い違いが生じている場合で，しかも，行為自体の違法性と結果の違法性との間に折衷的相当因果関係が肯定さ

れる場合に，制裁規範が両者の量的な補充関係を認めるかどうかを事後的に判断するのである。そして，故意を犯罪事実の実現意思と把握する見地より，客体の錯誤と方法の錯誤の構造上の差異により両者を分け，後者については具体的符合説の見解と同様であるが，前者については行為自体の違法性と結果の違法性の片面的補充関係を認めることから，①軽い甲罪を犯す目的で重き乙罪を実現した場合には，軽い甲罪の既遂と重き乙罪の過失犯の観念的競合を認め，抽象的符合説の中の牧野教授の見解と結論的に同一であった。これに対して，②重き乙罪を犯す目的で軽い甲罪を実現した場合は，重き乙罪の未遂と軽い甲罪の過失犯の観念的競合を認めていた[7]。

そこで，下村康正教授の古稀を祝する機会に，教授の錯誤論を中心として諸学説を検討しつつ，私見を再考してみようと考える。

第2節　錯誤に関する学説の概観

1　まず，具体的符合説であるが，これは認識事実と発生事実との間に具体的な一致がある場合，すなわち，当初攻撃目標としたのと同じ客体に結果が発生している場合（客体の錯誤）には，発生した事実につき故意は阻却されないが，具体的事実に関する方法の錯誤の場合には発生した事実につき故意は認められない。例えば，甲は，乙を殺害しようとしてピストルを発射したところ，手元が狂い丙に命中させて，丙を殺害した場合には，甲に対する殺人未遂罪と乙に対する過失致死罪の観念的競合となる[8]。

しかし，具体的符合説が，このように方法の錯誤には故意の符合を認めずに，客体の錯誤の場合にこれを認めるのは，故意を犯罪事実の実現意思と解する私見の立場からは，妥当であるが，ただ，客体の錯誤について故意の符合を認めるとしても，それを具体的事実に関する場合のみに限定するのは狭すぎると考える。

次に，法定的符合説であるが，これは具体的符合説によれば方法の錯誤の場合に故意を認めないので，結局殺人の意思で現に人を殺害しているのに，殺人既遂罪が肯定されないのは妥当ではないとの立場から[9]，具体的事実の錯誤の場合には，客体の錯誤の場合のみならず，方法の錯誤の場合にも認

識事実と発生事実の間に法定的（構成要件的）な一致がある場合には，発生した事実につき故意は阻却されないとする[10]。すなわち，甲を殺害しようとする意思は，「人を殺す意思」として，乙を殺害する意思ともいえるからであるとされる。もっとも，法定的符合説によれば，器物を損壊しようとして誤って人を死に致した場合には過失致死罪が成立するのみで，かえって器物を損壊した場合より軽く処罰されざるをえず，処罰の均衡上不都合となり，さらにまた，未遂も過失も処罰しない場合には不可罰となってしまうと抽象的符合説から批判されている[11]。法定的符合説が，客体の錯誤と方法の錯誤とを区別しないのは，故意の実現意思の側面を抽象化するので，妥当ではなく，また客体の錯誤の場合に故意の内容を法定の限度で抽象化するのは不十分であると考える。

2　次に，抽象的符合説であるが，これには一般に牧野説，宮本説および草野説があるとされている[12]。

　まず，牧野説であるが，これは，その主観主義刑法理論の立場より，①軽い甲罪を犯す意思で，重い乙罪を実現した場合には，軽い甲罪の既遂犯と重い乙罪の過失犯を認め，両者を観念的競合とし，逆に②重い乙罪を犯す意思で，軽い甲罪を実現した場合には，重い乙罪の未遂犯と軽い甲罪の既遂犯とを認め，これらを合一して重い方の刑で処断すべきものとされる[13]。これは，①の場合に実際には未遂であるにもかかわらず，軽いとはいえ甲罪の既遂犯を肯定し，②の場合には，軽いとはいえ甲罪の故意がないのにもかかわらず，甲罪の既遂犯を認めるところに特徴がある。

　次に，宮本説であるが，これは可罰的符合説ともいわれ，牧野説以上に故意を抽象化し，可罰的な意思で可罰的な結果を惹起させたことを理由として常に実現した事実につき故意犯の成立を肯定する。すなわち，甲罪を犯す意思で，乙罪を実現した場合には，甲罪の未遂犯と乙罪についての過失犯の観念的競合を認め，さらに乙罪の故意の既遂犯を論じ，前者と後者の間に法条競合としての択一関係を認めて，刑法38条2項の範囲で処断すべきであるとされる[14]。

　これらの所説は，法定的符合説が基準とする法定の限度を超えて故意の抽

象化を認め，または，結果が発生していないのに，あるいは故意がないのに少なくとも軽い犯罪の既遂を肯定しようとするものであるが，これに対しては，故意の抽象化を法定の限度（構成要件の枠）を超えて認めるのは妥当でなく，また軽い犯罪とはいえ結果が発生していないのに既遂犯を認めるのは妥当ではない，との批判があるのは周知の事実である[15]。

そこで，これらの批判を避けて刑の不均衡を考慮しようとするのが，第三の草野説である。草野説は，故意それ自体は抽象化することなく，①軽い甲罪を犯す意思で，重い乙罪を実現した場合には，軽い甲罪の未遂犯と，重い乙罪について過失犯の定めがあるときは，重い乙罪の過失犯との観念的競合として，この場合軽い甲罪に未遂処罰規定がない場合にも，甲罪の未遂犯を認めて処断すべきとし，逆に②重い乙罪を犯す意思で，軽い甲罪を実現した場合には，重い乙罪の未遂犯と，軽い甲罪につき過失犯を処罰する定めがあるときには軽い甲罪の過失犯との観念的競合として，この場合重い乙罪につき未遂処罰の規定がないときにも，重い乙罪の未遂犯を認め，ただその責任を軽い甲罪の故意犯の法定刑の限度にとどめるべきであるとされる。そして，未遂処罰規定がないにもかかわらずその処罰を肯定する理由として，刑法44条の趣旨は，まったく無害の未遂を処罰するには明文の規定を必要とすることであるとされる[16]。

これは前述したように故意の抽象化を認めないので厳密には抽象的符合説とはいえないが，認識した犯罪事実につき未遂処罰規定がないのにもかかわらず，その処罰を認める点に特色があるが，またこれが周知のごとく罪刑法定主義に反するとも批判されているのである[17]。

第3節　下村教授の錯誤論

1　まず，このような学説の状況にあって，下村教授は，具体的符合説は，刑法の規定が例えば「人」というようにその個別性を問わないのであるから，刑法の解釈論として採用出来ず，また法定的符合説はこの点の欠陥を補正しているけれども，厳格な意味で理解された罪刑法定主義を害するものであって，例えば未遂も過失も処罰していない場合には不処罰にせざるをえ

ず，刑の均衡を著しく欠くことになり，その意味で法定的符合説も採用出来ないとされる。それで，残った抽象的符合説のうちで，牧野説や宮本説が現実に結果が発生していないのに既遂を認めるのは，既遂・未遂の区別を打ち破り，罪刑法定主義に反するものであり，それに反して，草野説には，いささか難解の謗りを受けるかもしれないが，刑法44条を前述したように巧みに解釈し，とにかく，あくまで意図した結果が発生していないのであるから，しかも，その刑の限度を既遂にもっていこうとする苦心があり，このような解釈こそ法的安定性を維持しつつ，合目的性の要請をも考慮するという刑法解釈の本筋が全うされているとして，錯誤論一般については草野説を採用される[18]。

2　次いで，いわゆる併発事実を伴う錯誤の場合，すなわち，方法の錯誤において，行為者が認識していた客体に結果が発生した外に，認識していなかった別の客体に結果が発生した（後者の結果は複数のこともある）場合，例えば，甲を殺害しようとしたところ，甲を殺害した外，乙をも殺害した場合の処理については争いがある。この場合には，具体的符合説によれば，甲に対する殺人既遂罪，乙に対する過失致死罪が肯定されるので問題ないが，法定的符合説は，行為者が認識していなかった別の客体に結果が発生した場合においても，法定の限度で発生した結果につき故意を認めるので，この場合に行為者には，甲，乙に対する殺人罪が成立することになる。そうすると，行為者は，甲一人を殺害しようとしていたのにもかかわらず，甲，乙二人の殺害の責任を負うことになってしまうので，責任主義に反する結果ともなる。そこで，とりわけ法定的符合説においては，この場合の処理について，見解の対立があり，故意の個数を認めずに，複数の故意犯の成立を肯定する立場[19]と故意の個数を認めて，一つの故意犯の成立を肯定する立場[20]とがある[21]。

この点につき，下村教授は，法定的符合説によるこの問題の処理につき詳細な検討を加えられ，錯誤理論は故意の理論の消極面，例外の場面であり，故意論の欠陥なり不足なりを補正し補完するところに錯誤論の意味があり，錯誤の理論をあやつるの余り故意論本来の姿をそこない，故意論をして錯誤

論に隷属させることがあってはならないのであって,「錯誤というのは,一個の故意と一個の結果事実との間の斜線的乃至技巧的結び付きの場面であり,従って,その間に直線的な現実的結果の発生があってはならないのであって,もし直線的・本来的に現実的な結果の発生があれば,刑の均衡論よりも,まず,故意の本質論に立ちもどって問題を解決するように努力しなければならない」とされる[22]。そして,前例で行為者が認識していた客体甲に,「何等の現実的結果が発生していない場合はとにかく,傷害という事実が発生してしまった以上,そこに故意犯の成立を認めることが妥当であり,従って,併発事実については過失犯成立の余地しかないのであって,もはや錯誤論の範囲に属さないものである」とされる[23]。したがって,例えば,甲が,乙を殺害しようとして,ピストルを発射したところ,手元が狂い,弾丸が,①甲に当たらず,乙に当たり,乙が死亡した場合には,乙に対する殺人既遂罪のみの成立を認められるが[24],②甲に当たり,甲を負傷させ,さらに乙にも当たり,乙が死亡した場合には,甲に対する殺人未遂罪と乙に対する過失致死罪の観念的競合となるとされる[25]。③甲,乙両者に当たり,甲が死亡し,乙も死亡した場合には,錯誤の問題は生ぜず,甲に対する殺人既遂罪と乙に対する過失致死罪の観念的競合となるとされる。

この所説が前者①の場合に行為者が認識していなかった別の客体に犯罪の成立を肯定する点は,犯罪の実現意思の方向性を抽象化するものであり,具体的符合説による結論とは異なる。

第4節　私見の展開

1　筆者は前述したように,故意を犯罪事実の実現意思と解し,しかも故意のみならず,客体と方法に関する具体的形態である所為計画までも行為の要素として,すなわち主観的違法要素として,行為の法益侵害の危険性の有無を考える。これによれば,行為ないし実行行為の危険性は,所為計画のなかにおいて具体的に攻撃目標とされた[26]（実現意思の向けられた）客体についてはこれを肯定できるが,実現意思の向けられていない客体については危険性は肯定されない。この点で客体の錯誤の場合と方法の錯誤の場合とでは基

本的に法益侵害の危険性の点で異なるのである[27]。

　ところで，故意が違法性の要素，しかも行為自体の違法性の要素であり，したがって，殺人罪も過失致死罪も結果の違法性は同じであるが，行為自体の違法性が殺人罪の場合と過失致死罪の場合で異なるのである。殺人という犯罪の実現意思の向けられていた客体に結果が発生した場合には殺人罪の行為自体の違法性と結果の違法性を結合し，殺人罪の既遂の違法性を認めることになんら問題がない。しかし，結果が犯罪の実現意思の向けられていない客体に発生した場合には行為自体の違法性と結果の違法性とを結合することはできない。ただ，犯罪の実現意思の向けられていた当の客体に結果が発生した場合には，実現意思の内容である犯罪と発生した結果とが異なる場合でも，行為者が行った行為およびそれにより実現された結果について，それぞれ，行為規範が事前の判断により行為自体の違法性を判断し，また制裁規範が事後的判断により結果の違法性の判断を行い，さらに事後的に制裁規範が行為自体の違法性と結果の違法性との結合を肯定できるかどうか，すなわち既遂の違法性を認めることが出来るかまたは単に未遂の違法性を認めるにとどまるかが問題となる。したがって，事実の錯誤の問題は，認識した（当初の故意）犯罪事実と発生した犯罪事実が食い違う場合に，発生した犯罪事実に当初の故意を当てはめて発生した犯罪事実の故意犯を肯定できるかどうかの問題ではなく，事実の錯誤は犯罪論の体系においては事後的な違法性の確定の問題であると考える。すなわち，行為の違法性・事前の違法性と結果の違法性・事後の違法性との量的な補充関係，すなわち，違法性の事後的評価・確定の問題として理解されることになる。したがって，方法の錯誤の場合においては，行為自体の違法性と発生した結果の違法性とを結び付けることができないのに対して，客体の錯誤の場合には，行為自体の違法性と結果の違法性が対応する限度で，事後的に相互に量的に抽象化して，補充関係を肯定し，既遂の違法性を肯定できると考える。

　2　行為の違法性・事前の違法性と実現意思の向けられた客体に発生した結果の違法性・事後の違法性との量的な補充関係を認めることにより，軽い犯罪甲を犯す意思で，重い犯罪乙を犯してしまった場合には，甲罪の行為の

違法性⁽²⁸⁾に対応する限度で乙罪の結果の違法性を補充して軽い犯罪である甲の既遂の違法性を肯定し（重い犯罪の過失犯を処罰する場合には，その過失犯が併せて成立），逆に重い犯罪の乙を犯す意思で，軽い犯罪である甲を犯してしまった場合には，この場合には乙罪の行為の違法性⁽²⁹⁾に対応して補充すべき結果の違法性はないので，未遂処罰規定がある場合には重い乙罪の未遂が成立し，さらに，重い乙罪の行為自体には，軽い甲罪の客観的危険が現実に内包されていたのであるから，軽い甲罪の行為自体の違法性を肯定できるのであり，これと発生した軽い甲罪の結果の違法性とを結び付けることにより，軽い甲罪の既遂の違法性を認めることができると考える⁽³⁰⁾。

3 したがって，方法の錯誤の場合には，具体的符合説と同一の帰結となり，いわゆる併発事実の錯誤の場合にも，一故意犯説の主張に見るごとく複雑な処理をすることなく妥当な結論になる。これに対して，客体の錯誤の場合における処理は，故意自体は行為の要素として事実的なものであり，これを抽象化するものではなく，したがって，刑罰法規に記述された利益を侵害・危殆化する行為の類型である構成要件に該当する事実も抽象化することはできない。例えば，甲を殺害しようと思ってピストルを発射したところ，それは乙であり，乙を殺害したという場合には，罪となるべき事実としては，甲に対する殺害行為を行って（この場合人を殺害する行為は客観的にも存在するから不能犯の問題は起こらない），乙を殺害したという結果を認定した上で，その行為と結果に対する違法評価を行い，殺人の既遂の違法性を肯定し，右認定事実に対して，殺人既遂罪の適用を認めるのである。また，飼い犬と思ってそれに向けてピストルを発射したところ，実は犬と思ったのは人であり，その結果人を殺害したという場合には，動物傷害の行為を行って，人を死に致したという結果を認定した上で（この場合動物傷害の行為には客観的に殺人の危険が内在しているから，具体的危険説の立場にたっても一般人も犬であると考える状況がなくてもよい），その行為と結果に対する評価である違法性を量的に抽象化して，その補充関係を認めることから，動物傷害罪の既遂の違法性を肯定し，右の認定事実に対して動物傷害罪の既遂（と過失致死罪）の適用を認めることになるのである。

第3章　事実の錯誤について　27

4　それでは最後に幾つかの事例につき私見の適用をみてみよう。まず，最近判例に現れた抽象的事実の錯誤の事例であるが，麻薬を覚せい剤と誤信してこれを携帯して本邦内に持ち込み，税関長の許可を受けずにこれを密輸入したという事案につき，最高裁はまず，覚せい剤輸入罪（覚せい剤取締法41条2項，1項1号，13条）を犯す意思で麻薬輸入罪（麻薬取締法64条2項，1項，12条1項）の罪を実現した点については，両罪は，異なった構成要件により規定されているけれども，ともに国民の健康に対する犯罪であって罪質が等しく，その対象が麻薬か覚せい剤かの違いがあるのみでしかも麻薬と覚せい剤には類似性があり，構成要件的行為の外形も同じであり，さらに法定刑も同一であることを理由として，生じた結果である麻薬密輸入罪の成立を認めた。次いで，輸入制限物件である覚せい剤を税関長の許可を受けないで密輸入する意思（関税法111条1項の罪を犯す意思）で，輸入禁制品である麻薬を輸入した（関税法109条1項の罪を実現した）点につき，両罪はともに通関手続を履行しないで輸入制限物件または輸入禁制品であるとの違いはあるものの，類似する貨物の密輸入を処罰の対象とする限度でその犯罪構成要件は重なり合っていると解するのが相当であり，その重なり合う限度で軽い覚せい剤無許可輸入罪の成立を肯定した[31]。

思うに，後段の所為の擬律は妥当であるが，前段の所為については，行為自体の違法性は覚せい剤輸入罪のそれであり，結果の違法性は麻薬輸入罪のそれであるところ，両罪の法定刑，したがって違法性は等しいと考えられるので，前者の行為自体の違法性に後者の結果の違法性を結合させて，覚せい剤輸入罪の既遂の違法性を肯定すべきであるので，私見によれば覚せい剤輸入罪の成立を肯定すべきであったと考える。

次に，覚せい剤を麻薬と思い所持した事案につき，最高裁は，覚せい剤所持罪の方が麻薬所持罪より重いところ，軽い麻薬所持罪の成立を肯定し，さらに覚せい剤所持罪の成立は認めずに，覚せい剤の没収を肯定した[32]。この場合には行為自体の違法性は麻薬所持罪のそれであり，結果の違法性は覚せい剤所持罪のそれであるところ，前者の行為自体の違法性に対応する限度で後者の結果の違法性を切り取りこれを補充して，麻薬所持罪の既遂の違法性を肯定できるので，判例が麻薬所持罪の既遂を認めたのは妥当であると考

える。また，覚せい剤所持罪という結果・事後の違法性は単なる自然現象としての違法事態ではなく，人間の行為によってもたらされたものであるので，それにつき犯罪の成立を認めることはできないが，保安処分的色彩の濃厚な附加刑としての没収は覚せい剤所持罪という結果・事後の違法性に基づき，可能であると考えるので，覚せい剤所持罪の成立を認めずに覚せい剤の没収を認めたのは妥当である。

さらに，承諾殺人罪と殺人罪は，法益を侵害・危殆化する行為の類型としての構成要件は同じであるが，前者には違法性減少事由が規定されている。したがって，①承諾がないのにあると考えた場合には，違法性減少事由の錯誤の場合として処理し，承諾の誤信につき客観的過失がない場合には承諾があったものとして違法性が減少し，承諾殺人罪が成立する。他方で，客観的過失がある場合には殺人罪が成立し，違法性の錯誤の一類型として承諾の誤信につき相当の理由がある場合には責任の減少が認められ，刑の減軽を認めるべきである（もっとも，処断刑は承諾殺人罪の法定刑を超えることはできない）。これに対して，②承諾があることを知らずに殺人を行ったところ客観的には承諾があった場合には，行為自体の違法性は殺人罪のそれであるが，結果の違法性は客観的に承諾があったのであるから，承諾殺人罪の違法性であって殺人罪の結果の違法性は成立していないのであるから，偶然防衛の場合と同じように[33]殺人罪の未遂が成立すると考える。

最後に，併発事実の錯誤の事例であるが，例えば，警察官を殺害して拳銃を強奪しようとしてこれに対して改造銃を発射したところ，警察官を傷害し，さらに通行人にも傷害を加えたという事案につき，最高裁は，警察官と通行人に対してそれぞれ強盗殺人罪の未遂の成立を認め，数故意犯説に立つ旨明らかにした[34]。私見によれば，通行人に対しては殺人の故意は認められず，その傷害の結果につき過失があれば，強盗の機会に生じたものとして，通行人に対しては強盗致傷罪の成立を肯定すべきであると考える[35]。

（１）　学説の詳細については，例えば，佐久間修『刑法における事実の錯誤』（1987）76頁以下，大塚仁外編『大コンメンタール刑法第２巻』（1989）570頁以下〔佐久間修〕，斎藤信治「事実の錯誤」芝原邦爾外編『刑法理論の現代的展開Ⅱ』（1990）１頁以下，など参照。
（２）　斉藤金作『刑法総論』（改訂版，1955）194頁。

第 3 章 事実の錯誤について　29

（3）　西原春夫『刑法総論』（1968）141頁以下。その後，教授は，構成要件の同一性のない場合においても，罪質の同一または（法益の符合）の範囲内で故意の抽象化を認める，罪質（法益）符合説に改説された。例えば，窃盗の故意で占有離脱物横領罪を行った場合には後者の成立を肯定し，また一般人の判断において罪質の同一の範囲内にあると考えられるような場合には故意の抽象化を肯定できるとして，死体遺棄の目的で単純遺棄を行った事例についても，後者の故意の成立を認められる（同『刑法総論』（1977）198～9頁）。
（4）　下村康正『犯罪論の基本的思想』（1960）157頁以下，同『事実の錯誤における抽象的符合説』『刑法総論の現代的諸問題』（1979）111頁以下，同「併発事実と錯誤理論—とくに，法定的符合説をめぐって」同書121頁以下，同「故意と最近の二判例」同書132頁以下。
（5）　野村稔『刑法総論』（1990）195頁以下参照。
（6）　故意の側面の中で犯罪の実現意思の部分は法益侵害の危険の有無に，具体的な犯罪事実の表象の点は罪となるべき事実の認定に，具体的な犯罪事実の表象を法定の限度で抽象化したものは違法性の量的類型性にそれぞれ係わると考える。なお，筆者の見解を抽象的符合説に位置づけるものに，井田良「構成要件該当事実の錯誤」阿部純二外編『刑法基本講座第 2 巻』（1994）257頁注53。
（7）　この場合，重き甲罪の未遂についてはその未遂処罰規定がなければ不可罰である。また，行為自体の違法性と結果の違法性との片面的補充関係を認めることから，軽い乙罪の既遂犯を認めない点は牧野教授の所説と異なる。
（8）　例えば，「その人」を殺そうと思って，「その人」を殺した場合には故意は阻却されず，「あの人」を殺した場合には故意が阻却されるとされる（平野龍一『刑法総論Ⅰ』（1972）175頁）。なお，勝本勘三郎『刑法要論総則』（1913）210頁以下参照。したがって，今日では一般的に，具体的事実に関する客体の錯誤につき故意を肯定し，これ以外の錯誤の場合には故意は阻却されるとする。その意味で，今日の具体的符合説は具体的法定符合説といわれる（平野「具体的法定符合説」『犯罪論の諸問題・上』（1981）70頁参照）。
（9）　団藤重光『刑法綱要総論』（第 3 版，1990）303頁，304頁注36。なお，大塚仁『刑法概説（総論）』（改訂増補版，1992）189頁注 5，190頁注 9。
（10）　例えば，団藤・前掲注（9）298-9 頁，福田平『全訂刑法総論』（1984）115-6 頁。大塚・前掲注（9）189-90，194-5 頁，など通説である。ちなみに，法定的符合説は，本来は，認識事実と発生事実との間に法定的（構成要件的）な一致がある場合に，発生した事実につき故意の成立を肯定するのであり，したがって，抽象的事実の錯誤の場合には故意の成立は認められない。しかし，例外的に，抽象的事実の錯誤の場合にも，その二個の構成要件が重なり合うときには，その重なり合う限度で軽い犯罪につき故意を認めるとされる（団藤・前掲注（9）299頁，大塚・前掲注（9）195頁，福田・前掲書115頁）。そして，その重なり合いについては，その異なった構成要件の質的意味を考慮し，保護法益の共通性と構成要件的行為の共通性が存在する場合には構成要件の重なり合いを認めて，その限度で故意を認めることができるとされる（大塚・前掲注（9）195-6 頁。同旨，団藤・前掲注（9）302頁注33，福田・前掲書115頁）。例えば，占有離脱物横領罪を犯す意思で，結果として窃盗罪を実現した場合，両罪の構成要件は異なるけれども，共に他人の財物を取得する犯罪であるという点で罪質を同じくし，また不法に他人の財物を自己の占有下に置く点では構成要件の重なり合いが認められるから，発生した結果につき故意を認め，占有離脱物横領罪の成立を肯定する。ちなみに，私見によれば，この場合には，占有離脱物横領罪が成立し，またはその逆に窃盗罪を犯す意思で，結果として占有離脱物横領罪を実現した場合には，窃盗未遂罪と占有離脱物横領罪が成立すると考える。
（11）　例えば，草野豹一郎『刑法要論』（1956）94頁以下。植松正『刑法概論Ⅰ総論』（再訂版，1974）286頁以下。そこで，このことが法定的符合説の中に法定の限度を超えて故意の符合を肯定しようとする法益符合説ないし罪質符合説などの見解が主張されている理由でもある。

30

(12) 以下に考察する牧野説，宮本説および草野説のほか，合一評価説が主張されている。これは結果の抽象化を排除して故意の抽象化を行い，観念的競合を排除して合一的評価により，一個の重い罪だけで処罰することとし，事実に適切な処断刑を算出して刑の不均衡を解消しようとするものであるとされる。すなわち，①軽い甲罪を犯す意思で，重い乙罪を実現した場合には，軽い甲罪（実際には未遂であるにもかかわらず）の既遂犯と重い乙罪（本来は過失であるにもかかわらず）の既遂犯を認め，両者を合一して評価して重きに従い，重い乙罪の既遂犯の成立を認め，刑38条2項により処断刑は軽い甲罪の既遂犯の刑により処断し，逆に②重い乙罪を犯す意思で，軽い甲罪を実現した場合には，重い乙罪の未遂犯と（甲罪の故意がないのにもかかわらず）軽い甲罪の既遂犯とを認め，これらを合一して重い方の刑で処断すべきものとされる（植松・前掲注（11）276頁以下，日高義博「抽象的事実の錯誤」植松正外『現代刑法論争Ｉ』（1983）194-8頁，同『刑法における錯誤論の新展開』（1991）236-45頁）。そして，この見解は刑の不均衡が生じる場合にのみ錯誤論を適用するとされる。例えば，器物損壊の意思で人を死に致した場合に，重過失が認められれば，重過失致死罪は器物損壊罪よりも刑が重いので刑の不均衡がなく錯誤論は適用されないとされる。ちなみに，この見解は牧野説に近似するものであるが，後述の牧野説とは，①の場合に，実現した重い乙罪の既遂犯を認める点が異なる。

(13) 牧野英一『日本刑法上巻』（重訂版，1937）231-2頁以下。江家教授は，①の場合，犯罪事実の符合とは，認識事実と発生事実との可罰的価値の符合にほかならないのであり，認識事実と発生事実とが刑罰の軽重において一致する限り，犯罪の種類が何であるかを問わず，その一致する範囲内で常に認識事実の既遂犯が成立するとして，牧野教授と結論を同じくされる（江家義男『刑法（総論）』（1952）178頁以下）。

(14) 宮本英脩『刑法大綱』（1935）143-4頁，163頁以下。

(15) 団藤・前掲注（9）306頁，大塚・前掲注（9）197頁，西原・前掲注（3）『刑法総論』（1977）198頁，など。この結論は客体の錯誤については妥当すると考えるが，方法の錯誤にも適用されるなら妥当とはいえない。

(16) 草野・前掲注（11）93頁以下，同旨，斉藤・前掲注（2）193-4頁，下村・前掲注（4）『犯罪論の基本的思想』157頁以下，同前掲注（4）「事実の錯誤における抽象的符合説」118頁以下。江家教授は，この②の場合につき同一の結論を採られる（江家・前掲注（13）180頁）。

(17) 江家教授は，草野説は，「錯誤論としては法定的符合説をとりながら，未遂犯の処罰について特殊な理論構成をしたものにほかならない。」とされる（江家・前掲注（13）179頁）。なお，未遂犯の処罰に関する特殊な理論構成が罪刑法定主義に反するとの批判に対する弁明につき，富田敬一「抽象的符合説の再評価」法学新報81巻2号（1974）165頁以下。

(18) 下村・前掲注（4）『犯罪論の基本的思想』162-4頁，同・前掲注（4）「併発事実と錯誤理論」128頁以下，同・前掲注（4）「故意と最近の2判例」137頁以下。

(19) これにも，複数の故意犯の成立をそのまま肯定する立場（団藤・前掲注（9）304頁注36，大谷実『刑法講義総論』（第4版，1994）210頁以下，同「事実の錯誤と故意の個数」法学セミナー329号（1982）36頁〈故意の個数と故意犯の個数とは不一致でもよいとする〉，前田雅英『刑法講義総論』（第2版，1994）379頁，最判昭和53年7月28日刑集32巻5号1068頁，など）に，複数の故意犯の成立を認めるが，責任の量を一つの故意犯の限度にとどめる立場（中野次雄『刑法総論概要』（第3版，1992）123頁。もっとも，中野教授は抽象的符合説を採られる〈中野・前掲書121-2頁〉）とがある。

(20) これは，結局，構成要件的故意は，責任と無関係ではない以上，意思責任の限度の問題として，故意の個数を考えることができるとするものであるが，具体的法定符合説がこの立場に立つ外，法定的符合説の立場からも（例えば，大塚・前掲注（9）190-191頁，福田・前掲注（10）114頁，西原・前掲注（15）193頁注1，など）主張されている。

(21) その詳細は，例えば，井田・前掲注（6）235-8頁，斎藤・前掲注（1）15頁以下，佐久間・前掲注（1）『刑法における事実の錯誤』106頁以下など，参照。
(22) 下村・前掲注（4）「併発事実と錯誤理論」130頁。
(23) 下村・前掲注（4）「併発事実と錯誤理論」129頁。この場合，何らかの実害が発生した以上故意は完全に燃焼し切ってしまっていて残るかけらはないと解すべきであるとされる。
　ちなみに，下村教授は，錯誤論一般については本文で述べたように草野説によられるが，併発事実を伴う錯誤の場合には草野説と異なる。草野教授は，数故意犯説に立脚されていると考えられるからである（草野豹一郎「方法の錯誤と結果の過剰」『刑事判例研究第3巻』(1937) 70-1頁）。なお，同じく抽象的符合説に立たれる宮本教授は，「結果の個数に関して，事実は単に一個の結果に対してのみ予見があったに過ぎない場合に，予見その者を内容から抽象して，全体の結果に対して予見があったものとして，その責任を論ずることは，これはまさしく過当に犯人に責を負はしめるものといはなければならない。何となれば責任の内容は質によっても規定されるが，量によっても亦規定される。而して質の問題に関して刑法38条第2項の制限がある以上は，その精神は亦量の問題についても尊重されなければならないからである。」とし，本文で述べた③の事例（甲,乙両者に当たり,甲が死亡し,乙も死亡した場合）のような「変態の場合に打撃の錯誤の理論を準用して，過失的結果に対して故意ありと考ふべき」ではなく，甲に対する殺人既遂と乙に対する過失致死との想像的併合とされるのは（宮本英脩「打撃の錯誤と結果の過剰」法学論叢33巻2号 (1935) 361-4頁），一故意犯説に立たれるものと考えられる（なお，宮本・前掲注(14) 168頁参照）。また牧野教授は，故意を抽象化する立場から故意の個数の点も超越して考えられ，甲,乙両者に殺人罪の既遂を肯定するが，徴表主義の観点から包括一罪とされる（牧野「方法の錯誤」『刑法研究第1巻』(1919) 244-8頁）。
(24) ちなみに，数故意犯説の立場によれば，甲に対する殺人未遂罪と乙に対する殺人既遂罪の観念的競合となる（団藤・前掲注（9）304頁注36）。
(25) ちなみに，この場合，数故意犯説の立場によれば，甲に対する殺人未遂罪と乙に対する殺人既遂罪の観念的競合となり，一故意犯説の立場によれば，本文で述べた下村教授の見解の外，（イ）甲に対する過失傷害罪と乙に対する殺人既遂罪の観念的競合となるとする見解（大塚・前掲注（9）191頁），（ロ）乙に対する殺人既遂罪のみが成立し，甲に対する殺人未遂はこれに吸収されるとする見解（福田・前掲注（10）114頁）がある。
(26) 実現意思の向けられた客体とは別個の客体に結果が発生した場合が方法の錯誤であるが，実現意思の向けられた客体かどうかは次のように考える。まず，行為者が視覚的に客体を認識し当該客体に犯罪実現意思を向けていた場合にはその客体にまさに犯罪実現意思が向けられていたのであり，次に，そうではなく行為者が甲または乙というように名前その他の特徴をもって客体を特定していた場合には，まさにその客体に犯罪実現意思が向けられていたのであり，最後に，たんに行為者が特定の日時・場所に存在するにいたる客体に犯罪実現意思を向けていたと考えられる場合もある。
　問題となるのは共犯の場合である（野村・前掲注（5）212頁以下参照）。例えば，教唆者甲はA殺害を乙に教唆したところ，被教唆者乙はAと思い殺害行為を行ったが実はBであった場合，被教唆者乙にとっては客体の錯誤であるが，甲にとっては方法の錯誤である。この場合甲の殺人という犯罪実現意思はAに向けられていたのであり，しかし，実現したのはBの死亡という結果であるからである。すなわち，被教唆者乙は実際にはBである人をAと思い，Aを殺害するために殺害行為を行ったが，教唆者甲からみればA殺害という犯罪を実現するためにまさにA殺害に向けられた乙の行為を利用し，実際には犯罪実現意思の向けられていないBの死亡という結果が発生したのであるから，Aに対する殺人罪の未遂が成立する。したがって，甲にはAに対する殺人未遂の教唆が成立すると考える。
(27) 実行の着手について，折衷説を採用する私見の立場からは，本文に述べたように，所為

計画により実行行為の方向性を考えて，犯罪実現意思が向けられている客体に結果が発生した場合（客体の錯誤）と異なった客体に結果が発生している場合（方法の錯誤）とを区別するので，具体的抽象的符合説に帰結するが，実質的客観説では，特定の故意をもって当該犯罪を実現する実質的危険な行為を行ったことを実行の着手と理解し，その危険性の判断は客観的に行われ，故意そのものは考慮すべきでないとされており，したがって犯罪実現意思の方向性も考慮されず，客体の錯誤と方法の錯誤との区別は問題にならず，この意味で，錯誤論においては法定的符合説に帰結する。

(28) ちなみに，この場合軽い甲罪の行為自体の違法性には，重い乙罪の客観的危険が現実に内包されているので，具体的危険説によっても不能犯の問題は起こらず，軽い甲罪の行為自体の違法性は肯定される。

なお，法定刑は犯罪行為に対する違法性・責任を反映するものである。責任は違法行為を行ったこと対する非難であり，しかも法定刑に反映されている責任は，一般人が違法行為を行った場合に加えられる責任非難であるから，その程度は，結局は原則的に違法性の程度・違法非難の程度に比例するものである。その意味で重い犯罪と軽い犯罪とは，違法性の程度，すなわち法定刑の重さにより区別される。

(29) ちなみに，この場合重い乙罪の行為自体には乙罪の客観的危険は現実には内包されていないので不能犯が問題となり，重い乙罪の行為自体の違法性が認められるためには，一般人にとっても意図した攻撃客体が乙罪の客体であると考えられる場合であることが必要である。

(30) したがって，例えば，①草むらの中にいる他人の飼い犬を殺害する意思でピストルを発射したところ，実はそれは犬ではなく人であり，この人を殺害してしまった場合，動物傷害罪の行為自体の違法性に，発生した生命の侵害に認められる結果無価値から量的に動物傷害罪の結果無価値に相当する部分を切り取り，これを動物傷害罪の行為自体の違法性に補充して，動物傷害罪の既遂を肯定するべきであると考える。結論的に動物傷害罪の既遂と過失致死罪の成立を認めるべきであると考える。②これとは逆に，草むらの中にいる人を殺害する意思でピストルを発射したところ，実はそれは人ではなく他人の犬であり，この犬を殺害してしまった場合には，具体的危険説の立場からは，一般人も草むらの中にいるのが人であると考えられる場合には，殺人罪の行為自体の違法性が肯定され，この違法性から，発生した動物の傷害に認められる結果の違法性に相当する行為自体の違法性の部分を切り取り，これを現実に生じた動物傷害罪の結果の違法性に補充して，動物傷害罪の既遂の違法性を肯定するべきであると考える。結論的に殺人罪の未遂と動物傷害罪の既遂との観念的競合であると考える。この点で動物傷害罪の既遂を認めていなかった筆者の見解（野村・前掲注（5）211頁）を改める。したがって，客体の錯誤の場合には牧野説と同一の結論に達する。

(31) 最決昭和54年3月27日刑集33巻2号140頁。
(32) 最決昭和61年6月9日刑集40巻4号269頁。
(33) 野村・前掲注（5）226頁注5参照。
(34) 最判昭和53年7月28日刑集32巻5号1068頁。
(35) 野村・前掲注（5）214頁。

過失論

第4章　サウナ風呂の開発・製作の担当者と業務上失火罪
——最決昭和54年11月19日刑集33巻7号728頁——

【事実の概要】
　本件の事案は，一審判決（東京地判昭和49年6月25日）が認定した罪となるべき事実によると，被告人Tは，木材の販売製材の人工乾燥，各種木工製作販売，および組立式サウナ風呂の製造販売を営むA社の専務取締役として同社の業務全般を掌理していたもの，被告人Yは同社の社員として右組立式サウナ風呂の研究開発および製作等の業務に従事していたものであり，かねてから相被告人M，S，Kが役員をしていた組立式サウナ風呂の製造販売を営むB社とA社において，共同して組立式サウナ風呂の研究開発および製作を行って来たが，さらに右両者が共同のうえ，従来製作販売して来たサウナ風呂の製品A型サウナおよびB型サウナより小型で，床面積を0.7坪とし，その本体をベニヤ板，ハイラック，ハードボード材で組み立て，その内部に木製ベンチ，電熱炉等を設置する構造の組立式C型サウナ風呂を製作することとなったが，右サウナ風呂は電熱炉により室内温度を摂氏約80度ないし100度とし，その湿度を約30パーセント以下として使用するものであり，電熱炉等の熱源を前記木製ベンチ下部に設置すると，長期間にわたる電熱炉の加熱により右木製ベンチが漸次炭化して無焔着火する危険が予想されたから，このようなサウナ風呂の製作販売にあたる者としては電熱炉等の熱源を木製ベンチの下部など危険な箇所に設置することを避け，止むなくこれを同所に設置する場合は，あらかじめその構造の耐火性につき十分な試験研究を行い，その結果に基づき使用電熱炉等の熱容量や電熱炉等と木製ベンチの間隔などにつきその安全性を確保するとともに，右木製部分などの主要部分を完全な耐火構造にするなどの措置を講じ，もって火災発生などの危険を未然に防止すべき業務上の注意義務があるのに，前掲両会社の被告人らにおいて

は不注意にもこれを怠り，漫然木製ベンチ下部に電熱炉を放置することとし，さらに，その構造の耐火性につき適切な試験研究を行わず，その火災発生の危険性につきほとんど考慮を払うことなく，ただわずかにその電熱炉の周辺にあたる木製ベンチの内側に厚さ5ミリメートルの石綿板をはりつけただけで，そのベンチの木わくの部分には石綿板もはりつけず木部を露出したままとし，電熱炉には従来製作していた一坪用のA型サウナ風呂と同じ4キロワットの熱容量を有する電熱炉を使用することとしながら，ベンチの高さを右A型サウナ風呂より約20センチメートル低い63センチメートルとし，ために電熱炉とその上部の木製ベンチとの間隔がわずかに約7.5センチメートルと極めて狭いものとなるような構造で製作販売することを協議決定し，これに基づいて，その頃……前記A社において，被告人Tの指示により被告人Yがその製造責任者として右構造を有するC型サウナ風呂約10台を製作し，被告人F（Uサウナを営むC社の代表取締役）から注文を受けたB社において，被告人Sが同社従業員に指示して，右C型サウナ風呂中の1台のC型サウナ風呂を，同社が別途に製作させた4キロワットの熱容量を有する電熱炉と組み合わせて，Uサウナに設置させ，同所において前記C社にこれを使用させた過失により（なおさらに，被告人Sの右サウナ風呂設置後の過失と被告人Fの過失とが競合しているとされ，又，T，Yのサウナ風呂設置後の過失は否定されている），右Uサウナ内のC型サウナ風呂の木製ベンチを電熱炉の長期加熱により漸次炭化させたうえ，昭和43年3月13日午後零時40分すぎころ，右木製ベンチを無焔着火するに至らしめて火を失し，よってKらの現在するUサウナの店舗を焼燬し，その際同店舗に顧客として居合わせた右Kらを，その頃同所で右火災に起因する一酸化炭素中毒により死亡させたものである，というのである。

　これに対し，一審判決は，業務上失火罪および業務上過失致死罪（の観念的競合）をもって問擬し，被告人T，Yをそれぞれ禁錮1年（執行猶予2年），同6月（同1年）に処したが，原判決（東京高判昭和53年3月28日）は，一審判決が本件火災発生の因果関係について被告人らの予見可能性の内容を「長期間にわたる電熱炉の加熱により右木製ベンチが漸次炭化して無焔着火する危険が予想されたから」とする部分は事実誤認であるとの控訴趣意をみとめて

破棄自判し，これを「長期間にわたる電熱炉の加熱により右木製ベンチ部分に火災が発生しうる危険が予想されるから」と改めて，その他は原判示罪となるべき事実をそのまま引用し，量刑を若干軽減した。さらに被告人らは上告趣意において，原判決が被告人らの業務を業務上失火罪にいう「業務」に該るとした判断は，後掲昭和33年7月25日最高裁判決と相反する判断をしたものであることなどを主張して上告したところ，上告審は，引用の判例は事案を異にし本件に適切でなく，その他の主張は単なる事実誤認の主張であって適法な上告理由に該らないとして，次の如く判示して，決定でこれを棄却した。

【決定要旨】
「なお，原判決の確定した事実によると，本件組立式サウナ風呂は，長期間使用するときは，電熱炉の加熱により木製ベンチ部分に火災が発生する危険があるのであり，被告人らは，その開発及び製作の担当者として，その構造につき耐火性を検討，確保して火災を未然に防止する措置をとる業務上の注意義務があるというべきであるから，被告人らが原判決の認定する経過で火を失した場合には，業務上失火罪に該当するものと解するのが相当である。」

【解　説】
1　刑法117条ノ2前段に規定する業務上失火罪は，失火罪（刑法116条）の加重規定として，昭和16年法61号により新設されたものである[1]。この業務上失火罪が成立するためには業務上必要なる注意を怠ることが要件とされているのであるが，本件決定は，木製ベンチ部分の下部に電熱炉を据える方式の本件組立式サウナ風呂は長期間使用するときは，電熱炉の加熱により木製ベンチ部分に火災が発生する危険があるから，その開発・製作にあたる者には，その構造につき耐火性を検討・確保して火災を未然に防止する措置をとる業務上の注意義務がみとめられるとして，同罪の成立をみとめたものである。この点に本件決定は事例判例としての意義がある。

本件上告審ではまず業務上「過失」の内容について原判決が本件火災発生

の因果関係に関する予見可能性につき，長期低温加熱による無焔着火というメカニズムは専門的であり，木材関係の仕事に従事する被告人らにとってはこれを予想することは不可能であるが，長期間にわたる電熱炉の加熱により木製ベンチ部分に火災が発生しうる危険があるという因果経過の基本的部分については予見可能とした点が上告趣意によって問題とされたが，本件決定はこれにつきとくに何ら言及することなく，原判決の認定する事実をそのままみとめているところからすると，この点に関する原判決の考え方を肯定しているものといってよいであろう。因果経過については，その具体的理論的な詳細を予想しえなくても，火災発生を回避するための措置を講ずることを可能ならしめる程度の一般的基本的部分の予見が可能であれば足りるものと解すべきであるから，けだし妥当というべきである。次に，サウナ風呂の開発・製作を担当する被告人らの業務が業務上失火罪の業務に該ると判断した点は，上告審ではじめて争われたものである。以下この点につき若干考察することにしよう。

2　ところで，業務上過失における業務の意義については，これまでとくに業務上過失致死傷罪について論じられてきた。すなわち，業務とは，「本来人が社会生活上の地位に基づき反覆継続して行う行為であって，……かつその行為は他人の生命身体等に危害を加える虞あるものであることを必要とするけれども，行為者の目的がこれによって収入を得るにあるとその他の欲望を充たすにあるとは問わないと解すべきである。」(最判昭和33年4月18日刑集12巻6号1090頁)とされ，そこでは，①社会生活上の地位に基づくこと，②事務の反覆継続性および③事務の危険性が要点であり，しかも判例においては①の要件が軽視される傾向があり，業務の意義の重点はむしろ②，③の要件に移っていると指摘され[2]，さらに進んで①の要件は不要とさえいわれている[3]。これに反し，業務上失火罪の業務についてはむしろ，日常生活上火気を使用する主婦や喫煙者を除外するために，①の要件を重視せざるをえないとされる[4]。またさらに，刑法117条ノ2と116条との文理解釈からすると，結局業務上失火罪の業務は火災の原因となった火気を直接取り扱う事務に限られるとも考えられる[5]。しかしこのように限定的に解釈したの

では事案の解決として必ずしも妥当でない場合が考えられる。結局これについては，業務上過失の刑を加重する理由を念頭におきながら考察することが重要なのである[6]。

3 さて，業務の意義を前述のように火災の原因となった火気を直接取り扱う事務に限定すべきかにつき，判例についてみるに，かつて下級審の間に争いがあり，後掲名古屋高判昭和29年5月31日は傍論ながらこれを肯定した[7]のに対し，仙台高判昭和27年2月26日判特22号102頁はこれを否定していたが，最高裁は，後掲昭和33年の国鉄京都駅火災事件判決（本件上告趣意の引用する判例）において，刑法117条ノ2前段にいう「業務」は当該火災の原因となった火気を直接取り扱うことを業務の内容の全部又は一部としているもののみに限定することなく，火災等の発見防止等の任務にあたる夜警の如きもなお包含するものと解するを相当とする，旨判示して，後者の見解を支持したのであった。この結果，その後の判例においては，業務の範囲は火災の原因となった火気を直接取り扱う事務（例えば，公衆浴場経営者につき，後掲最判昭和34・12・25）に限定されることなく，高圧ガス販売業者がプロパンガス容器およびその付属設備の設置方法に過失があった場合に，火気発生の危険の多い物質や関係器具を取り扱うことを業務内容とするものとして（後掲最決昭和42・10・12），またディーゼルエンジン自動車の排気管は運転中著しく高温となりこれに可燃物が接触すると火災発生の危険を伴うものであるから日頃これを管理する運転者に対し（後掲最決昭和46・12・20），それぞれ業務上失火罪の成立がみとめられている[8]。かくて，判例上，①火災の原因となった火気を直接取り扱う事務以外に，②火気発生の蓋然性の高い物質・器具等を取り扱う事務および③火気の取扱いとは関係はないが火災の発見・防止を内容とする事務とに分類される[9]。しかし注意すべきことは，②の類型に属する事案を検討すると，いずれも火気発生の蓋然性の高い物質・器具等を，その蓋然性のある状態の下で現に取り扱っている場合であることである。つまり火気の発生との関係が直接的なのである。しかるに本件サウナ風呂は木製キャビネットの下に加熱用の電熱炉を据えつける構造のものであり，長期加熱により右キャビネット部分に火災の発生する危険のあるもので

あったが，被告人らはこれを開発・製作する担当者であって，その危険のある状態のままで取り扱うものでなく，また一審判決も明示するようにサウナ風呂設置後の保守・監理の立場にもなかったものであり，被告人らの事務と火気の発生とが間接的であって[10]，この点において前記②の類型に属する二つの最高裁判例と同列に論じることのできないものがあるといえよう。本件判旨を②の類型と関連づけて理解するにしても，その当否は別として，前記二つの最高裁判例より業務の範囲を拡大したものであるといわざるをえない。まさにこの点に本件決定の事例判例としての意義があるといえよう[11]。

4 ところで，いまここで業務上過失一般につき論ずる余裕はないが，業務の意義を考察するについては，まずもって過失が違法要素であると同時に，過失犯の違法性の強弱は，過失行為自体の違法性と発生した結果の違法性とに分けて論ずるのが便宜であろう。そして，前者は注意義務違反の評価の重大性によって，後者は発生した実害の重大性によって，それぞれ判断されるべきである。さて人間が行う事務は多種多様であるが，とりわけ社会生活上関連性を有するもので，本来危険性が予測される事務については，社会はその予測される危険が実現されないように特別に配慮することを前提にしてこれを適法とするものであり，また危険が予測される事務を行う者には通常一定の資格または免許などが必要とされるように，危険事務につき高度な知識経験をもつことが必要とされ期待されているのであり，さらにこれらの事務を反覆継続する過程において危険事務に習熟し豊富な知識経験をもつにいたるものでありまたそうあるべきものである。したがって，危険事務に従事する者はそこから生ずる可能性のある結果につきより広範囲に予見できるものであり，その発生の可能性のある結果を回避するための措置をより的確に，そして容易にとることができるものでありまたそのように期待できるのであるから，これに反して結果が発生した場合には注意義務違反に対する評価が重大である。つまり過失行為自体の違法性が強いと考えられるのであり，またこれに加えて危険事務を反覆継続することから発生する結果は一般に重大であると考えられるので，結果の違法性も強いとも考えられる。かくて，業務上過失は通常の過失にくらべて違法性が強いという点で刑が加重さ

れているのである。このような観点からすると，業務上失火罪の業務とは，社会生活上類型化された無視できない程度に火災発生の危険性を伴う事務を反覆継続すること，と言うことができよう。しかるときは，判例上，業務の意味につき前述した①の要件が軽視される傾向にあるとの指摘は正しいものであり，この社会生活上の地位というのは，「継続して行なわれる事務の社会的類型」[12]と解すべきものであり，かかる点より喫煙行為や主婦の家事が除外されるのである。事務の危険性の程度は社会生活上無視できないものであり，したがって危険が実現されないよう特に配慮すべき事務であるから，日常の家庭生活上用いられる火気より質的に火災発生の危険性の高いものに限られることになる[13]。火災発生の危険性を伴う事務とは前述した判例のみとめる三つのそれである。②の類型の場合には，業務上失火罪を重く処罰する理由からして，火気発生の危険性のある物質・器具を直接その危険のある状態の下で取り扱うものに限らないと解すべきであろう。またこの事務は反覆継続されることを要すると解すべきであるから，これを欠く場合は重大な過失をもって論ずることになる。

5　以上のことを念頭におきつつ，本件判旨をみてみよう。本件被告人らは下請けとして注文に応じてサウナ風呂の木工キャビネットを単に製作したにすぎないのではなく，これまで相被告人M，KらとAB両社の共同研究開発によりサウナ風呂の試作および実験を重ね，その結果A型，B型を作製し，さらに本件で問題となったC型サウナ風呂を作製したのであり，右の本件火災発生の危険性のあるサウナ風呂に対してはサウナ風呂の共同研究開発製作者としてこの火災発生を未然に防止するためにとくに配慮すべき義務がみとめられ，かつそのための知識経験を持つことが期待できたと考えられるので，本件判旨が業務上失火罪の成立をみとめたのは妥当であったといえよう。もっとも，本件ではC型より大きいA型に用いる電熱炉と同じ熱容量のものを用いながら，C型の木製ベンチはA型のそれよりも低くするなど著しい注意義務違反があったといえるので，業務上過失がみとめられなくても重大な過失をみとめることのできる事案であったと考えられる。

（1）　大竹武七郎『改正刑法要義』（1941）177頁以下参照。
（2）　最高裁判所調査官室編『最高裁判例解説刑事篇昭和33年度』（1959）249頁〔三井明〕。
（3）　植松正『刑法概論Ⅱ〔各論〕』（再訂版，1975）272頁，団藤重光『刑法綱要〔各論〕』（増補版，1972）348頁注（4），阿部純二「判批」『交通事故判例百選』（第2版，1975）173頁。
（4）　団藤重光編『注釈刑法（3）』（1965）193頁〔藤木英雄〕，福田平＝大塚仁編『演習刑法各論』（1983）83頁〔福田〕。
（5）　S・H・E「業務上失火罪の『業務』の意義」時の法令304号（1959）36頁。
（6）　西原春夫『犯罪各論』（1974）18頁。
（7）　同旨，大竹・前掲注（1）122頁。
（8）　下級審の判例につき，鬼塚賢太郎「判解」『最高裁判所判例解説刑事篇昭和42年度』（1973）268頁，稲田輝明「サウナ風呂の開発・製作の担当者がその構造につき耐火性を検討・確保しなかった場合と業務上失火罪の成否」ジュリスト713号（1980）12頁参照。
（9）　鬼塚・前掲注（8）268頁，稲田・前掲注（8）12頁。学説も一般にこれを肯定している。例えば，福田・前掲注（4）83頁以下，大塚仁『刑法概説〔各論〕』（増補版，1979）304頁，団藤・前掲注（3）178-9頁，中義勝『刑法各論』（1975）210頁など。
（10）　稲田・前掲注（8）12頁。
（11）　稲田・前掲注（8）12頁。
（12）　柏木千秋『刑法各論』（再版，1965）348頁。
（13）　藤木・前掲注（4）194頁，青柳文雄『刑法通論Ⅱ〔各論〕』（1963）173頁注（1）は洗濯屋のアイロン掛りを除外される。

〈その他の参考文献〉
　秋山哲治「刑法における業務の意義」総合法学2巻6号（1959）24頁以下，井上正治「業務過失における業務の意義」法政研究25巻2-4合併号（1959）375頁以下，藤木英雄『過失犯の理論』（1969）115頁以下，船山泰範「過失の性質・種類」『刑法判例研究3責任』（1980）167頁以下など。関連判例につき，名古屋高判昭和29年5月31日判特33号85頁について，井上正治「過失犯の判例と批判—15—」警察研究29巻6号（1958）30頁注（9），最判昭和33年7月25日刑集12巻13号2746頁について，最高裁判所調査官室編『最高裁判所判例解説刑事篇昭和33年度』（1959）549頁以下〔田原義衞〕，同「京都駅失火事件の上告審判決—夜警の刑事責任—」ジュリスト163号（1958）28頁以下，秋山哲治「夜警の業務が刑法第117条の2の業務に該当するか」同志社法学52号（1959）30頁以下，最判昭和34年12月25日刑集13巻13号3333頁について，最高裁判所調査官室編『最高裁判所判例解説刑事篇昭和34年度』（1960）461頁〔竜岡資久〕以下，鬼塚賢太郎「高圧ガス販売業者のガス器具設置方法における不備から生じた火災が業務上の失火にあたるとされた事例」ジュリスト387号（1967）91頁，内田文昭「業務上失火罪が成立する一事例」警察研究40巻6号（1969）131頁以下，最決昭和46年12月20日刑集25巻9号1086頁について，最高裁判所調査官室編『最高裁判所判例解説刑事篇昭和46年度』（1972）276頁以下〔田崎文夫〕，木村栄作「自動車運転者の失火と業務上失火罪」警察学論集25巻5号（1972）120頁以下，松本一郎「ディーゼル・エンジン自動車の運転者の失火と業務上失火罪の成否（最決昭和46年12月20日）」警察研究44巻6号（1973）123頁以下，花井哲也「ディーゼル・エンジン自動車の運転者の失火と業務上失火罪の成否」千葉敬愛経済大学研究論集8号（1974）121頁以下参照。

違法論

第5章　正当防衛における防衛の意思と攻撃の意思の併存
――最決昭和50年11月28日刑集29巻10号983頁――

【事　実】
　本件の事案は，本件判決が引用する原判決の認定した罪となるべき事実によると，被告人は友人Sと乗用車で走行中，友人と人違いして声をかけたことからTら3人組に因縁をつけられ，そのあげく酒肴を強要され馳走した後，Sの運転する車でTらをM方付近まで送り届けたところ，下車するや，Tらは，「一せいに右Sに飛びかかり，無抵抗の同人に対し，顔面，腹部等を殴る，蹴るの暴行を執拗に加えたため，被告人は，このまま放置しておけば，右Sの生命が危いと思い，同人を助け出そうとして，同所から約130メートル離れた自宅に駆け戻り，実弟所有の散弾銃に実包4発を装てんし，安全装置をはずしたうえ，予備実包一発をワイシャツの胸ポケットに入れ，銃を抱えて再び前記M方前付近に駆け戻った。しかしながら，SもTらも見当たらなかったため，Sは既にどこかにら致されたものと考え，同所付近を探索中，同所から約30メートル離れたK町1番地付近路上において，Tの妻を認めたので，Sの所在を聞き出そうとして同女の腕を引っ張ったところ，同女が叫び声をあげ，これを聞いて駆けつけたTが「このやろう。殺してやる。」などといって被告人を追いかけてきた。そこで，被告人は，「近寄るな。」などと叫びながら西方へ約11.2メートル逃げたが，同所2番地付近路上で，Tに追いつかれそうに感じ，Tが死亡するかも知れないことを認識しながら，あえて，右散弾銃を腰付近に構え，振り向きざま，約5.2メートルに接近したTに向けて1発発砲し，散弾を同人の左股部付近に命中させ」，Tに重症を負わせたというのである。
　これに対し，一審判決は過剰防衛であるとしたが，原判決は，「被告人が銃を発射する直前にTから『殺してやる』といわれ，追いかけられたこと

が，その局面に限ると，Tの被告人に対する急迫不正の侵害の如く見えるけれども，本件被告人の行為を，被告人が銃を持ち出してから発砲するまで，全体的に考察し，当時の客観的状況を併せ考えると，それが権利防衛のためにしたものであるとは，到底認められない」と判示し，その根拠として，「(1)被告人は，Tらから酒肴の強要を受けたり，帰りの車の中でいやがらせをされたりしたうえ，友人のSが前記M方付近で一方的に乱暴をされたため，これを目撃した時点において，憤激するとともに，Sを助け出そうとして，Tらに対し対抗的攻撃の意思を生じたものであり，Tに追いかけられた時点において，同人の攻撃に対する防禦を目的として急に反撃の意思を生じたものではないと認められること，(2)右M方付近は人家の密集したところであり，時刻もさほど遅くはなかったから，被告人は，Sに対するTらの行動を見て，大声で騒いだり，近隣の家に飛び込んで救助を求めたり，警察に急報するなど，他に手段，方法をとることができたのであり，とりわけ，帰宅の際は警察に連絡することも容易であったのに，これらの措置に出ることなく銃を自宅から持ち出していること，(3)被告人が自宅へ駆け戻った直後，Sは独力でTらの手から逃れて近隣のA方へ逃げ込んでおり，被告人が銃を携行してM方付近へきたときには，事態は平静になっていたにもかかわらず，被告人は，Tの妻の腕をつかんで引っ張るなどの暴行を加えたあげく，その叫び声を聞いて駆けつけ，素手で立ち向ってきたTに対し，銃を発射していること，(4)被告人は，殺傷力の極めて強い4連発散弾銃を，散弾4発を装てんしたうえ，予備散弾をも所持し，かつ，安全装置をはずして携行していること」の事実を指摘し，一審判決を破棄した。

これを不服として被告人が上告におよんだところ，本件判決は，上告趣意の判断に先立って，原判決を職権をもって調査し，原判決が，「他人の生命を救うために被告人が銃を持ち出すなどの行為に出たものと認定しながら，侵害者に対する攻撃の意思があったことを理由として，これを正当防衛のための行為にあたらないと判断し」たのは，刑法36条の解釈を誤ったものであるとして，防衛の意思につき，判旨に掲げるような判示をして，原判決を破棄して原審に差し戻した。

【判　旨】

「急迫不正の侵害に対し自己又は他人の権利を防衛するためにした行為と認められる限り，その行為は，同時に侵害者に対する攻撃的な意思に出たものであっても，正当防衛のためにした行為にあたると判断するのが，相当である。すなわち，防衛に名を借りて侵害者に対し積極的に攻撃を加える行為は，防衛の意思を欠く結果，正当防衛のための行為と認めることはできないが，防衛の意思と攻撃の意思が併存している場合の行為は，防衛の意思を欠くものではないので，これを正当防衛のための行為と評価することができるからである。」

なお，本件判決においては，原判決が急迫不正の侵害の事実を認定したものかどうかについて見解が分れ，多数意見（4名）はこれを肯定したが，反対意見（1名）はこれを否定した。裁判官江里口清雄の補足意見はこの点に関するものであって，先に引用した原判決中の「被告人に対する急迫不正の侵害の如く見えるけれども」の文言は，措辞適切を欠いて必ずしも明確でないが，これに続く部分を併せ判読すれば，急迫不正の侵害の存在を認定したように受けとれるとする。しかし，「右Tの行為を，被告人に対する急迫不正の侵害であると断ずることには，ちゅうちょを感ずる」のであり，「本件を全体的に考察するとき，私は被告人の行為が正当防衛ひいては過剰防衛にあたらないとする原審の結論に賛意を覚えるものである。」とする。さらに，裁判官天野武一の反対意見は，原判決が判文の内容に解釈の余地を残したことを免れないにしても，本件事案に即してその文意を実質的に検討すると，(1)友人Sに対する関係における急迫不正の侵害はすでに去っていること，(2)前に引用した原判決の判示部分によれば，「原判決は，被告人の発砲行為が急迫不正の侵害に対して行われたものではなく，したがって，やむことを得ないでしたものではない，と判断している」こと，(3)したがって，被告人の本件行為には正当防衛の観念を容れる余地はなく，また過剰防衛の成立しえないこともいうまでもないことであること，というのがその趣旨であり，それゆえに，原判決としては，急迫不正の侵害を欠く場合であることを一層明確に判示しさえすれば必要にして十分であったのであり，この結論は記録に徴し原判決の主文とともに肯認するに足るから，本件上告は理由がな

く，これを棄却すべきであるとする。

ちなみに，判旨に示された防衛の意思に関する見解は全員一致の意見によるものである。

【評　釈】

本件被告人の発砲行為は防衛の意思を欠くものではなく，防衛行為にあたるとする本件判決の結論には賛成するが，判旨に示された防衛の意思に関する解釈には疑問がある。

なお，原判決が急迫不正の侵害の存在を認定したものであるかどうかにつき見解が分れたが，これを肯定した多数意見それ自体も，本件においては急迫不正の侵害の事実の存否に何ら言及せず，いわんやこれを認定するものではないので，評釈にあたっては，この点は割愛させていただくことにして，全員一致で示された判旨についてのみ述べることにする。

1　違法性の判断に際して，その基準は客観的なものであるとしても，その判断資料につきどの程度まで行為者の主観的・心理的要素をみとめるかは困難な問題である。本件判決で問題となった「防衛の意思」もその一つの場面である。刑法36条は正当防衛行為として違法性が阻却されるためには，「急迫不正の侵害」の存在と，反撃行為が，「已むことを得なかった」ことのほかに，「自己又は他人の権利を防衛する為め」行われたことを要件としている。これは客観的に防衛の結果が生じていることで足りるとするものか，さらに主観的に防衛の意思を必要とするものであろうか。この点，判例には，傍論ながら，防衛の意思を必要とする旨明示する大審院判決[1]（昭和11年12月7日刑集15巻1561頁）があり，また明示こそしないが全体の趣旨から必要説に立ったとされる[2]最高裁決定（昭和33年2月24日刑集12巻2号297頁）があるが，最近，最高裁としてはじめて防衛の意思を明示的に必要とする旨判示するにいたった（最判昭和46年11月16日刑集25巻8号996頁[3]）。これらはいずれも，急迫不正の侵害に対して憤激や逆上して反撃行為を行った事案に関するものであるが，昭和46年の最高裁判決は，「刑法36条の防衛行為は，防衛の意思をもってなされることが必要であるが，相手の加害行為に対し憤激または逆

上して反撃を加えたからといって，ただちに防衛の意思を欠くものと解すべきではな」く，「かねてから被告人がGに対し憎悪の念をもち攻撃を受けたのに乗じ積極的な加害行為に出たなどの特別な事情が認められないかぎり，被告人の反撃行為は防衛の意思をもってなされたものと認めるのが相当である。」と判示した。これは，防衛の意思を動機・意図の次元で把握し，第一に，防衛の意思と他の動機・意図とが併存する場合でも防衛の意思が否定されないこと，第二に，口実防衛（後述）にあたるような特別な事情のある場合，すなわち，右二者の優劣を比較して，例えば，「全体として防衛を主要な意識内容とするものであったと認められ」（東京地判昭和42年7月27日下刑集9巻7号919頁）ないような場合は[4]防衛の意思は否定される，とするように思われる。

これに対し，本件判決の事案のように，防衛の意思と攻撃の意思とが併存する場合については，下級審の判例であるが，正当防衛行為はもともと急迫不正の侵害に対する反撃であるから，攻撃意図の存在は防衛意思の存在を否定するものではないとの前提に立つ判決[5]，被告人が積極的に相手方に攻撃を加える意図を有しなかったことを理由に防衛の意思を肯定する判決[6]，および，「正当防衛における防衛行為は，主観的に防衛の意思をもってなされることを必要とすることは勿論であるが，原判決が説示するように，専ら防衛の意思のみに出たことを要するものではなく，他に攻撃意思が併存していても，それが防衛意思に比して主たるものでない限り正当防衛行為というに妨げないと解するを相当とする」判決[7]がある。本件判決は，防衛の意思と攻撃の意思とが併存する場合の行為は防衛の意思を欠くものではないが，防衛行為に名を藉りて侵害者に対し積極的に攻撃を加える場合の行為はこれを欠き，正当防衛行為とはいえないとするものであって，前述の下級審判例の趣旨を肯定するものであり，また前記の最高裁判決の射程範囲内にあるといえよう。ただ，本件判決は防衛の意思と攻撃の意思とが併存する場合につき，最高裁としては新判断であり，この点に新判例としての意義がある。

2 ところで，その内容については後述するとして，防衛の意思の要否については，有力に不要説[8]が唱えられているが，必要説[9]が一般的である。

具体的には，急迫不正の侵害の事実を何ら認識することなく侵害行為を行ったところ偶然にも客観的には正当防衛の結果が発生していた場合（偶然防衛という）および，急迫不正の侵害に対する防衛の機会を利用して相手を積極的に攻撃したような場合[10]に両説の適用上の差異がでてくる。

さて，不要説は，違法性を客観的に判断すべきであるとして，主観的違法要素をみとめることに対して消極的立場から主張されるが，前述の偶然防衛および口実防衛の場合にも正当防衛として違法性が阻却されることをみとめる[11]。しかし，「少なくとも何ら急迫不正の侵害の事実を認識することなくそれと無関係に犯罪を行った者を偶然に正当防衛の結果が客観的に発生していたとの理由で処罰しないというのでは，刑法がたんに裁判規範たるに止まらず行為規範であることから考えても具体的妥当性があるとはいえず，かような結論は我々の法感情にも反する。元来，刑法が正当防衛に違法性の阻却をみとめているのは，「一方において刑法が正当な利益を保護するという任務を持ち，他方において正当防衛が不正な利益に対する自己保存を意味するからで」[12]あり，正当防衛として違法性が阻却されるためには，「正当な利益が理由なく侵害されそうになっているということと，その正当な利益の自己保存の結果として不正な利益が侵害されたことがともに必要であり」[13]，したがって，偶然防衛が，正当防衛として違法性が阻却されないという結論が正しいとすれば，その場合には，侵害者の行為と反撃者のそれとは，「不正対正」の関係ではないとしなければならない。そのためにはやはり主観的要素すなわち防衛の意思の有無によらなければならないであろう」[14]。かくて，防衛の意思を主観的違法要素としてみとめることによって，偶然防衛は正当防衛とはならないとする結論が導かれるのである[15]。

なお，不要説の中にも，右の偶然防衛の場合，未遂をみとめる考え方がある。「行為の違法性を，行為自体に対する違法性と結果に対する関係における違法性とに分けて考えるならば，防衛の意思がなくてした行為であっても，結果において正当防衛という事実に該当する場合がありうるのであるから，防衛の意思は必要でないと解すべきである。但し，行為者に防衛の意思がなく，犯罪実行の意思があるときは，その点において行為は違法性を有し，ただ結果に対する関係が正当防衛として違法性が阻却されるに過ぎな

い」とする故江家教授の所説[16]や「『違法な結果』は発生していないのであるから、行為者が違法な結果を発生させようと思ったとしても、（状況によって）未遂の成立を認めうるだけだと思われる。」とする平野教授の所説[17]である。これらの説が前提とするように、違法性を行為自体に対する違法性と結果に対する関係における違法性または行為無価値と結果無価値とに分けて考えるのは正しいとしても、不要説に立ちながら、防衛の意思がなくても客観的に防衛の結果が生じていれば結果について正当防衛の成立をみとめ、未遂の処罰を肯定するのは疑問である。なぜなら、「不要説からすれば、本来的に結果に対する関係における違法性（または結果無価値）のみの有無によって、刑法36条の正当防衛の成否を決定するものであって、結果的に正当防衛の事態が生じていれば、同条によって、行為と結果とを含む行為の全体が正当防衛行為として違法性が阻却され、不処罰とされるべきだからである」[18]。この不要説が未遂の処罰をみとめるのは——その結論自体は妥当であると考えるが——論理一貫しないというべきであろう。やはり、この場合、論理を一貫させるならば、不要説からは偶然防衛は正当防衛として不処罰としなければならないであろう。しかし、前述したように偶然防衛を不処罰とするかような結論は採用しがたい。したがって、この点からも、必要説を妥当とすべきである。

3 さて、前段で必要説に立って、防衛の意思が主観的違法要素であることをみとめたが、それがどのような性格をもった主観的違法要素であるかは、その内容と密接に関係するところである[19]。

第一に、「防衛の意思を動機・意図の次元で把握するものである。この立場にあっては、防衛の意思は、いわゆる超過的内心傾向として主観的違法要素とされ、通貨偽造罪の『行使の目的』と性質を同じくするものと解される」[20]。前述した上告審および下級審の諸判例のほか、学説も一般的にこの立場に属している[21]。もちろん、この立場にあっても、正当防衛がなされる実情[22]を考慮して、必ずしも明確な・積極的なものを要求しているわけではない。例えば、「急迫不正の侵害に『対応する意識』を『防衛意思』と称することは許されてよいであろう」とするもの[23]、「自己が急迫不正の侵

害にさらされていることを認識し，かつ，その侵害を排除するために加害者に立ちむかう旨を意識している」ことであるとするもの[24]，および「急迫不正の侵害を意識しつつ，これを避けようとする単純な心理状態」とするもの[25]が，これである。いずれにしても，この立場にあっては，防衛の意思と他の動機・意図との併存をみとめ[26]，その場合に，複合的な動機・意図を比較衡量して，例えば，緩厳の差はあるにせよ，「防衛の意思が主たるものであるとき」[27]，「防衛の意思を圧服する様な行為者の内面的心理＝動機」[28]によらないとき，または，「他の目的が防衛目的を完全にその背後に押しやらない」[29]ときは，防衛の意思を否定しないが，そうでない場合（前述の口実防衛のような場合がこれである）には，これを否定し，防衛行為の成立をみとめない[30]。しかし，このように動機・意図まで考慮して，あまつさえそれを比較衡量した上で行為の違法性を判断するのは妥当とはいえない[31]。なぜなら違法性の有無の判断を行為者の心情に依存させることになり，その結果，倫理的評価への境界を踏み越え[32]，心情刑法に陥る危険があるからである。心情刑法は法治国家的理由から否定されなければならない[33]。

　第二に，「防衛の意思を正当防衛の客観的要件の認識として把握するものである。」この立場によると，防衛の意思は構成要件事実の故意と同じ性格をもつものとして主観的違法要素とされる[34]。例えば，動機・意図と把握する残滓があるとはいえ，前述の藤木，荘子および大塚教授の所説にかかる防衛の意思は実質的にはこの立場に属するものであり[35]，また，正当防衛をなしうる事態の認識 (Kennt-nis der Notwehrlage)」，「正当防衛をなしうる状況の認識 (Kenntnis der Notwehrsituation)」などと論じられているのもこの立場に属する。防衛の意思をこのように解すると，急迫不正の侵害の事実の認識があるかぎり，行為者が「もっぱらあるいはまったく優越的に」他の動機・意図から反撃行為を行っても，防衛行為たることを失わず，違法性が阻却されることになる[36]。ただこの場合正当防衛とならないことが多いのは，通常反撃行為が過剰になったり，挑発行為などがあって「急迫」不正の侵害といえないような場合であろう[37]。

　かくて，防衛の意思とは，正当防衛をなしうる事態の認識であって，故意

と同性質の主観的違法要素と解すべきである。

　4　以上に考察したように，防衛の意思が正当防衛をなしうる事態の認識であるとすると，偶然防衛は，急迫不正の侵害の事実を認識せずに反撃行為を行ったが，客観的には正当防衛の結果が生じていた場合であるから，正当防衛として，刑法36条により違法性は阻却されない。この場合は，「法益の侵害が客観的には生じていないとの理由で未遂罪の責任を負うのではな」[38]く，既遂罪の責任をみとめるのが一般的である[39]。これらは，違法性は全体的に考察しなければならず[40]，かりに行為無価値と結果無価値とを一般的に分けうるとしても，正当防衛は行為と結果とを含むところの広い意味での行為が刑法36条の「已むことを得ざるに出でた行為」として違法性を阻却されるのであって，防衛行為に関するかぎり違法性を行為無価値と結果無価値とに区別して論ずることは妥当でないとする立場[41]また，人的不法論を徹底する立場から[42]主張されている。しかし，違法性を結果無価値のみに見る考え方が妥当でないのと同じく，人的不法論を徹底して行為無価値のみに違法の実体を見ようとする見解も妥当とはいえない。また，論者自身肯定するように[43]，違法性においては，行為自体の違法性（行為無価値）と結果に対する関係における違法性（結果無価値）とを分けることは可能であって，「刑法36条は，防衛の意思がある通常の事態について，行為と結果とを含む広い意味の行為を，『已むことを得ざるに出でた行為』としてその違法性を阻却し（この場合は，行為無価値と結果無価値が共に欠落する），不処罰とする場合を規定したまでのことである。」したがって，この点においても論者の立場は妥当とはいえない。偶然防衛の場合に既遂罪の責任をみとめる論者は，この場合，行為者は客観的には法秩序に合致しているのであって，たんに主観的な不法意思を有するにすぎないということを看過しているのである[44]。したがって，この場合，「構成要件該当の結果は発生しているが，その結果は法秩序に合致しているがゆえに結果無価値を欠くのであって，これはあたかも，未遂の場合に構成要件該当の結果が発生しないがゆえに結果無価値を欠くことに対応するものである[45]。この場合には，未遂規定が準用されるべきである」[46]。

5　以上を念頭におきつつ本件判旨をみてみよう。本件判旨は，要するに，「急迫不正の侵害に対し自己又は他人の権利を防衛するためにした行為と認められる限り」同時に攻撃の意思が併存していても防衛の意思を欠くことにならず，防衛行為の成立を妨げないが，「防衛に名を借りて侵害者に対し積極的に攻撃を加える行為は，防衛の意思を欠く結果，正当防衛のための行為と認めることはできない」とするものである。これは前述したように，防衛の意思を動機・意図の次元で把握するものであり，防衛の意思と攻撃の意思との優劣を判断し，「主としてまたは専ら」後者であった場合は前者を欠くとするもののように思われる。しかし，このように考えることが妥当でないことは前述したとおりである。急迫不正の侵害の事実を認識し反撃行為に出た以上，たとえ防衛に名を藉りて侵害者に対し積極的な攻撃を加える行為であってもなお防衛行為たるを妨げないと解すべきである。この場合正当防衛とならないとするべき場合があるとしたら，前述したように，防衛意思を欠くためではなく，多くの場合，反撃行為が過剰になったり，「急迫」不正の侵害といえないがためである。この意味で，判旨には賛成しがたい。しかし，判旨のような立場に立って本件事案を考えてみると，原判決が防衛行為とはみとめられないとして掲げる前述の諸事情のうち，(1)と(4)はTに対する攻撃の意思の有無に，(2)は被告人の行為が「已むことを得」なかったといえるかどうかに，および(3)は友人Sの所在を聞き出すためのものであり，Tの行為が「急迫不正の侵害」にあたるかどうか，あたるとした場合，被告人の行為が過剰にわたっていないかどうかに，それぞれ関係するに過ぎない事情であると思われるので，本件事案の場合，防衛の意思を肯定し，防衛行為の成立をみとめた本件判決の判断は肯定できる。もちろん，この結論は本稿の立場からも当然肯定しうるものである。

ちなみに付言すると，本件判決においては，原判決が急迫不正の侵害の事実を認定したものかどうかにつき見解が分れたことで理解されるとおり，右の点についての原判決の判示は適切を欠くといわなければならないのであり，差戻し後の控訴審においては，急迫不正の侵害の事実の有無についてさらに審理を尽くし，これを肯定した場合には，本件判決が判示するところに従って，防衛行為の成立をみとめ，正当防衛ないし過剰防衛の成立を肯定

し，またこれを否定した場合はなお誤想防衛の問題を論ずるべきであろう。本判決に示された事実のみでは断定しがたいが，本件は過剰防衛にあたる事案ではなかったかと思われる。

(1) この判決およびこれをめぐる論争につき，滝川幸辰「正当防衛と防衛意志」『刑事法判決批評2巻』(1937) 23頁以下，安平政吉「正当防衛に於ける『防衛の意思』」日本法学3巻6号 (1937) 62頁以下，草野豹一郎「刑法第36条と防衛意思」『刑事判例研究4巻』(1939) 26頁以下，同「正当防衛と防衛意思」『刑事判例研究5巻』(1940) 248頁以下，牧野英一「正当防衛と防衛意思」『刑法研究第7巻』(1939) 374頁以下，木村亀二「正当防衛における防衛の意思」『刑法活きている判例』(1962) 49頁以下，平野龍一「刑法における防衛の意思」平野龍一＝福田平＝大塚仁編『判例演習・刑法総論』(1974) 93頁以下，大塚仁「正当防衛と防衛の意思」『刑法論集(1)』(1976) 159頁以下など参照。

(2) 最高裁判所調査官室編『最高裁判所判例解説・刑事篇昭和33年度』(1955) 79頁〔田原義衛〕，秋山哲治「正当防衛における防衛の意思」『刑法判例百選』(新版，1970) 38頁。

(3) この判決につき，最高裁判所調査官室編『最高裁判所判例解説・刑事篇昭和46年度』(1972) 242頁〔鬼塚賢太郎〕，S・H・E「正当防衛成立の要件としての『急迫性』と『防衛意思』についての最高裁判例」時の法令782号 (1972) 55頁以下，青木義利「急迫の意義と防衛の意思」捜査研究21巻12号 (1972) 28頁以下，荘子邦雄「正当防衛における『急迫』の意義と防衛意思の存否」ジュリスト535号 (1973) 111頁以下，臼井滋夫「過剰防衛の成否」長島敦＝臼井滋夫『刑法判例研究Ⅲ』(1975) 97頁以下など参照。

(4) ちなみに，事実認定の面では，かような場合にあたるとするためには，判例のいわゆる「特別事情」の立証を必要とする。なお，鬼塚・前掲注(3) 260-1頁参照。

(5) 大阪高判昭和42年3月30日判時492号95頁，この判決の評釈として，田村達美「殺人につき過剰防衛を認めた事例」捜査研究17巻6号 (1968) 40頁以下。

(6) 仙台高判昭和42年12月4日下刑集9巻12号1475頁，なお，札幌高判昭和40年4月13日札幌高検速報55号12頁も同旨。

(7) 大阪高判昭和40年5月8日大阪高検速報昭和40年4号の8，なお，大阪高判昭和40年5月29日下刑集7巻5号805頁は同一刑事部の判決で全く同旨である。

(8) 例えば，滝川・前掲注(1) 29-30頁，同「刑法における構成要件の機能」刑法雑誌1巻2号 (1950) 167頁以下，牧野英一『日本刑法総論』(1937) 366頁，小野清一郎『新訂刑法講義総論』(1948) 123頁，なお，同「正当防衛における違法性と責任」愛知学院大学論叢法学研究3巻2号 (1961) 16頁参照，江家義男『刑法〔総論〕』(1952) 102頁，中山研一『刑法総論の基本問題Ⅰ』(1971) 63頁，香川達夫「防衛意思」研修294号 (1972) 4頁，植松正『再訂刑法概論Ⅰ総論』(1974) 167頁，平野龍一『刑法総論Ⅱ』(1975) 241-3頁，v. Hippel, Deutsches Strafrecht Ⅱ, 1930, S. 210; R. Schmitt, Subjektive Rechtfertigungselemente bei Fahrlässigkeitsdelikten? JuS, 1963, S. 65 など)。

(9) 例えば，泉二新熊『増訂刑法大要』(1939) 126-7頁，草野・前掲注(1) 4巻30-1頁，草野・前掲注(1) 5巻250頁，荘子邦雄「正当防衛」『総合判例研究叢書刑法(1)』(1956) 180-1頁，同『刑法総論』(1969) 376頁，木村亀二「正当防衛と防衛の意思」日本刑法学会編『刑法演習：問題と解説．総論』(1955) 56頁，同『刑法総論』(1959) 261頁，小暮得雄「正当防衛」日本刑法学会編『刑法講座2巻』(1963) 142頁，青柳文雄『刑法通論Ⅰ総論』(1965) 98, 204頁，西原春夫『刑法総論』(1968) 48-9頁，大塚仁『注解刑法』(1971) 216頁，団藤重光編『注釈刑法(2)のⅠ』(1968) 236-8頁〔藤木英雄〕，同『刑法講義総論』(1975) 165-6頁，福田平『新版刑法総論』(1976) 117頁，Baldus, Leipziger

Kommentar, 9. Aufl., 1970, § 53 Anm. 16; Baumman, Strafrecht, A. T., 7. Aufl., 1975, S. 312; Dreher, Strafgesetz-buch, 35. Aufl., 1975, S. 187; Jescheck, Lehrbuch des Strafrechts, A. T., 2. Aufl., 1972, S. 255; Maurach, Deutsches Strafrecht, A. T., 4. Aufl., 1971. S. 313; Mezger-Blei, Strafrecht Ⅰ A. T., 15. Aufl., 1973, S. 134; Schönke-Schröder, Strafgesetzbuch, 17. Aufl., 1974, S. 488, 18. Aufl., 1976, S. 445; Welzel, Deutsches Strafrecht, 11. Aufl., 1969, S. 86 など。

(10)　口実防衛という。なお、末弘巌太郎＝田中耕太郎編『法律学辞典第3巻』（1936）1511頁〔草野豹一郎〕、滝川幸辰『犯罪論序説』（1947）194頁にいうのとはことなる。
(11)　植松・前掲注（8）67頁。
(12)　西原・前掲注（9）47頁。
(13)　西原・前掲注（9）49頁。
(14)　西原・前掲注（9）48頁、臼井・前掲注（3）109頁、大塚・前掲注（9）216頁、荘子・前掲注（9）「正当防衛」181頁、団藤重光『刑法綱要総論』（増補版、1975）165頁。
(15)　しかし、故意犯において防衛の意思を欠いても客観的に正当防衛の結果が発生していれば、結果無価値が欠けるとする本稿の前述の立場からすれば、過失犯の場合、正当防衛として不処罰となるためには、客観的な正当防衛状態の存在をもって足りるであろう（例えば、江家義男『刑法講義総則篇』（1954）137-8頁、平野・前掲注（8）243頁、Schönke-Schröder, 17. Aufl., S. 457, 18. Aufl., S. 446; Stratenwerth, Strafrecht, A. T. Ⅰ, 1970, S. 296; and. Jescheck, a. a. O. S. 445 f.; noch vgl. Himmelreich, Notwehr und unbewuBte Fahrlässigkeit, 1971, S. S. 52-69）。なぜなら、この場合過失犯の可罰性を規定する結果無価値を欠くことになり、残余の行為無価値（不注意な態度）それ自体は処罰されない（ちなみに、そもそも過失犯には未遂は成立しない。この点につき、野村稔「未遂犯の可罰性の基準」早稲田法学会誌26巻（1976）40頁以下参照）からである。
(16)　江家・前掲注（8）102頁、なお93頁。
(17)　平野・前掲注（8）243頁。
(18)　木村・前掲注（9）「正当防衛と防衛の意思」55-6頁、大塚・前掲注（1）164頁。
(19)　香川・前掲注（8）7頁以下参照。
(20)　青柳・前掲注（9）109頁注（4）、香川・前掲注（8）7-8頁、平野・前掲注（8）243頁参照。
(21)　例えば、青柳・前掲注（9）204頁は、「防衛意思は急迫不正の侵害の認識という意味においても、また防衛の動機という意味においても必要である」とする。さらに、木村・前掲注（9）261頁、小暮・前掲注（9）142頁など。なお、平野・前掲注（8）242頁は、もはや学説でも判例でも、この意味における防衛の意思はことばの上だけで要求されているといってよいであろうとする。しかし、賛成しかねる。ドイツの学説としては、例えば、「防禦行為は侵害の防禦を目的としてなされた行為である。防禦者は現在の侵害を認識しかつ防衛の意思をもっていなければならない」（Welzel, a. a. O. S. 86）とするものや、Schönke-Schröder, 17. Aufl., S. 488; Jescheck, a. a. O. S. 245; Schmid-häuser, Strafrecht, A. T., 1970, S. 278. など。
(22)　青木・前掲注（3）35頁参照。
(23)　荘子・前掲注（9）「正当防衛」180頁。
(24)　藤木・前掲注（9）注釈刑法237頁。
(25)　大塚・前掲注（9）216頁。
(26)　泉二・前掲注（9）127頁、木村・前掲注（9）261頁、小暮・前掲注（9）142頁、藤木・前掲注（9）注釈刑法237頁、荘子・前掲注（9）「正当防衛」180頁、大嶋一泰「挑発行為と正当防衛(1)」福岡大学法学論叢17巻4号（1973）2頁、Dreher, a. a. O. S. 187; Jescheck, a. a. O. S. 245; Schmidhäuser, a. a. O. S. 278; Schönke-Schröder, 17. Aufl., S. 488; Welzel a. a. O.S. 86; RG 54, 196〔199〕; BGH 3, 194〔198〕, 5, 245〔247〕; BGH Dallinger MDR,

第 5 章　正当防衛における防衛の意思と攻撃の意思の併存　　*53*

1969, 15, 1972, 16 など。
(27)　Jescheck, a. a. O. S. 255, なお，植松・前掲注（8）168頁，平野・前掲注（1）93頁参照。
(28)　津田重憲「過剰防衛の基礎構造」専修大学大学院紀要経済と法7号（1976）82頁。
(29)　zit. nach MDR, 1972, S16.
(30)　例えば，前掲昭和46年の最高裁判決，鬼塚・前掲注（3）260頁，大塚・前掲注（9）216頁，藤木・前掲注（9）刑法講義総論165-6頁など。
(31)　平野・前掲注（8）242頁，植松・前掲注（8）167頁。
(32)　Stratenwerth, a. a. O. S. 144; Schönke-Schröder, 18. Aufl. S. 445.
(33)　Rudolphi, Inhalt und Funktion des Handlungsunwertes im Rahmen der personalen Unrechtslehre, in Maurach-Festschrift, 1972, S. 58.
(34)　青柳・前掲注（9）98頁注（4），香川・前掲注（8）8頁，平野・前掲注（8）243頁参照。
(35)　所一彦「正当防衛における防衛の意思」ジュリスト300号（1964）285頁，平野・前掲注（8）242頁参照。
(36)　Schönke-Schröder, 18. Aufl., S. 445. なお，前述の藤木，荘子および大塚教授はかような結論を否定する（藤木・前掲注（9）刑法講義総論165頁，荘子・前掲注（3）「正当防衛における『急迫』の意義と防衛意思の存否」113頁，大塚・前掲注（9）216頁）が，例えば，荘子教授のいうところの「対応の意識」は，急迫不正の侵害の事実を認識して反撃行為を行った以上，他にいかなる内容・程度の動機・意図があっても欠落するとはいえないのではなかろうか。この点前述するように，第一の立場の残滓があるというべきであろう。
(37)　なお，挑発行為のあった場合の問題につき，大嶋・前掲注（26）参照。
(38)　青柳・前掲注（9）109頁注（4）。
(39)　木村・前掲注（9）「正当防衛と防衛の意思」55頁，大塚・前掲注（1）164頁，Dreher, a. a. O. S. 187; Foth, Neuere Kontroversen um den Begriff des Wahnverbrechens, JR, 1965, 369; Maurach, a. a. O. S. 305; Schmidhäuser, a. a. O. S. 278; Welzel, a. a. O. S. 92; BGH 2, 111〔114〕（但し緊急避難に関する）。
(40)　青柳・前掲注（9）109頁注（4），大塚・前掲注（1）164頁，木村・前掲注（9）55-6頁。
(41)　木村・前掲注（9）55-6頁。
(42)　vgl. Jescheck, a. a. O. S. 255.
(43)　木村・前掲注（9）55頁，大塚・前掲注（1）164頁。
(44)　Schönke-Schröder, 17. Aufl., S. 328, noch S. 457.
(45)　Jescheck, a. a. O. S. 246; Schönke-Schröder, 17. Aufl., S. 457; 18. Aufl., S. 394.
(46)　Jescheck, a. a. O. S. 246; Schönke-Schröder, 18. Aufl., S. 394; Wessels, Strafrecht, A. T., 5. Aufl., 1975, S. 54; noch, Baldus, a. a. O. § 53 Anm. 17; Kohlrausch-Lange, Strafgesetzbuch 43. Aufl., 1961, S. 149; Nowakowski, Zur Lehre von der Rechtswidrigkeit, ZStW, Bd. 63, S. 319; Rudolphi, a. a. O. S. 58; Schaffstein, Putative Rechtfertigungs-gründe und finale Handlungslehre, MDR, 1951, S. 199; Schöncke-Schröder, 17. Aufl., S. 328, 457, 488; v. Weber, Der Irrtum über einen Rechtfertigungsgrund, JZ, 1951, S. 263. なお，近時，平野教授は不要説からこの結論をみとめられる。

【付記】　脱稿後，山本和昭「正当防衛における防衛の意思と攻撃の意思の併存」研修335号（1976）57頁以下に接した。
　山本検事は，「本件判決は，右参考判例Ⅱ（本文引用の昭和46年最高裁判決──筆者注）の考え方の延長線上にあるものと理解できる。すなわち，攻撃の意思が併存していてもただちに防衛の意思を否定する『特別な事情』に当たらないと判断したといえるからである。」(63頁)と

し，さらに語をついで，「本件判決が防衛の意思と攻撃の意思とが併存する場合にも正当防衛のための行為と評価できるとしているのは，正しい解決としても，防衛の意思と攻撃の意思との軽重を比較検討していないのは，物足りない感がする。しかし，判決理由で『急迫不正の侵害に対し自己又は他人の権利を防衛した行為と認められる限り』攻撃の意思が併存しても，正当防衛行為にあたるとしているのであって，それは，『防衛の意思が主たる意味をもつ場合に限り』という趣旨を示したものと解することができる。結論としては，右のような限定を加えたうえで判示に賛成である。」(64頁)とする。あわせて参照されたい。

第6章　緊急避難

第1節　正当防衛との異同

　緊急避難は，正当防衛と並んで，自己または他人の法益に対する侵害の危険が切迫しているという緊急状況下において法による救済を求めるいとまがない場合個人自らが留保していた保護策を講じる権利（個人保護留保条項）を行使し，それらの法益を保全する行為であることにおいては共通である。しかし，正当防衛においては，その法益保全行為が急迫不正の侵害に対する反撃（防衛）行為という点で「不正」対「正」の関係にあるが，緊急避難においては，その法益保全行為が現在の危難を避けるために当該危難と無関係の第三者に対する避難行為，すなわち，その危難を第三者に転嫁するという点で「正」対「正」の関係にあることにより，その避難行為を行う際には過大な利益を犠牲にしてはならないという制限（過大利益犠牲禁止条項）があることに，両者の差異がある。このような正当防衛行為と緊急避難行為との基本的な違いが，後者については，①法益均衡の原則が要求され，また，②前者に比較して，補充性の原則が厳格に理解される理由であり，また，③正当防衛が違法性阻却事由である点で異論はないが，緊急避難については責任阻却事由であるとの異論がある。

第2節　緊急避難の法的性質と公平の基礎

1　緊急避難の法的性質

　緊急避難行為は処罰されない。刑法規範が当該避難行為を消極的に許容する趣旨であると考える（違法性阻却事由）。したがって，緊急避難行為にたいしては，緊急避難をすることは肯定できるが，正当防衛は認められない。緊

急避難を違法性阻却事由と解する（通説）ほかに，責任阻却事由説および二分説が主張されている。

(1) 責任阻却事由説

責任阻却事由説は，緊急避難は危難と無関係の第三者に危難（損害）を転嫁するものであり，ただ緊急状況下の行為として避難行為をしないこと（適法行為）の期待可能性がないことにより責任が阻却されるとするものである[1]。

これに対して，違法性阻却事由説からは，①緊急避難は，避難行為者とは無関係の他人の法益に対する現在の危難に対しても認められていること，②緊急避難の要件の中に法益の均衡の原則が規定されていること，および③責任阻却事由説によると避難行為は違法であるので，避難行為の相手方の第三者は正当防衛で対抗できることになり，そうであれば結果的に厳格な法益均衡性を要求されていない正当防衛者に比べて緊急避難者が不利になること，また④共犯の成立に関する制限従属形式説によると避難行為に共犯の成立が認められることになるなどと批判されている。

責任阻却事由説の論者が言うように，結果無価値論的観点に立って，緊急避難は，発生した結果から見れば，当該第三者にとっては違法な侵害であり，したがって，緊急避難は違法であって，ただ緊急の状況下での行為として適法行為の期待可能性がないことにより責任が阻却されざるを得ないが，行為無価値論的観点に立ってこれを見れば，行為それ自体は，現在の危難を認識して法益の均衡と補充性の原則のもとに行われるものであり，少なくとも消極的に許容された行為と考えるべきであり，転嫁された第三者の法益侵害は，許容された行為から発生したものとして許容されるべきであると考える。

(2) 二分説

違法性阻却事由と解する立場からもその優越的利益保護の原則からは必ずしも違法性阻却の説明が容易でない。法益の同等な場合には，法的なコントロールの及ばない放任行為であると説明する見解[2]，このことから法益の間に優劣の違いがある場合には違法性が阻却され，法益が同等な場合には責任が阻却されるとする見解[3]，「生命」対「生命」，「身体」対「身体」の場

合は責任阻却事由であるが，それ以外の場合は違法性阻却事由であるとする見解[4]，保全法益の主体は危難に遭遇しているが被害法益の主体は危難から免れている場合には保全法益が被害法益に対して著しく優越している場合に限って正当化を認め，それ以外の場合は法益同価値でも正当化を肯定する見解[5]など多様な二分説が主張されている。

2 緊急避難の公平の基礎

　緊急避難は，危難が切迫している緊急状況下において，当該危難から免れるために行った法益侵害行為について刑法規範がこれを消極的に許容するものであることは前述したとおりである。法の成立前は，危難は言わば自己に降りかかった運命として甘受するか，あるいは自己の責任と負担において回避すべきものであるが，自己保存の本能より危難を避けるために危難とは無関係な第三者の法益を侵害することもありうる。その場合，当該第三者はいわれのない負担を被ることになり，これを理由として当該第三者がまた別の法益侵害行為を行ったり，あるいは当該第三者が泣き寝入りをすることになる。そこで，人々は，自制と協調の精神を基礎とする相互扶助共同体を作り，それを基として，不正の侵害はもとより，不測の危難が生じた場合にはこれらからの救済を法の手に委ねることにしたものである。しかし法の手に委ねていたのでは適宜に救済されない場合は，自己保存の本能より自ら実力を行使して不正の侵害（正当防衛）はもとより，不測の危難から身を守ること（緊急避難）を留保したのである（個人保護留保条項）。この留保は法共同体の構成員すべてが行使可能なものであり，巨視的に見れば法共同体の構成員すべてがたとえば緊急避難をなしうるのであるから不公平とは言えないのであるが，個別的に緊急避難を見れば，危難になんら責めを負うべき理由のない者の負担の上に危難を免れるという利益を取得しているのは，不公平であるとの謗りもありえよう。しかし，この避難者は，違法でなく，刑罰から解放されるにしても，危難になんら責めを負うべき理由のない者の負担（費用）の上に危難を免れるという利益を取得したものであるので，相互扶助共同体の理念および費用負担と利益取得の公平な配分からすると，利益侵害を受けた者はその費用（損害）を危難から免れた者（避難者）に請求できるのであ

り，つまり緊急避難は刑法上は違法でないが，民法上は違法であり，損害賠償請求が可能であると考えられるので，緊急避難を個別的に見ても不公平ではないと考える[6]。

そして，このことは，危難を免れるための加害行為が危難の源に向けられた場合（防御的緊急避難）であると，危難とは無関係の者に向けられた場合（攻撃的緊急避難）であるとを問わずに妥当する。けだし，いずれの場合も共に危難につき何ら責められるべき理由のない者の利益が侵害されるものであるからこれを区別する必要がないからである。また保全法益の主体は危難に遭遇しているが，被害法益の主体は危難から免れている場合には保全法益が被害法益に対して著しく優越している場合に限って正当化を認める見解は立法論としては傾聴に値するが，このように限定する必要はなく，過大利益が犠牲になっていなければ，法はこれをやむを得ないものとして消極的に許容するのである。

第3節　緊急避難の要件

緊急避難の客観的要件としては，①現在の危難，②避難行為，③避難結果が，主観的要件としては，避難の意思が必要である。

1　客観的要件

(1)現在の危難は，避難行為が行われる行為の状況であり，自己または他人の生命，身体，自由または財産に対する現在の危難に限らず，これらと同等の性的自由（貞操），名誉に対する危難も含まれる。違法判断の対象となる事実の存否については，不能犯に関する具体的危険説の趣旨に従って判断すべきであると考えるので，現在の危難は客観的に存在しない場合でも避難行為当時避難行為者のみならず一般人も存在すると考えることに合理的根拠があるときは，現在の危難が存在するものとして緊急避難の成否を論じることができるものと考える（違法阻却的誤想避難）。この場合は緊急避難行為自体は緊急避難となるので違法性が阻却され，適法行為から違法事態が発生したものであるから不可罰となる。なお，緊急避難は，個人の自己保存本能に基づく

ものと考えるべきであるから，国家的法益や社会法益に対する危難にはこれを認めるべきではないと考える。

(2)避難行為は，危難と無関係の第三者に向けられた危難の転嫁行為であるが，危難の源に向けられる場合も含む。いずれの場合も，避難行為当時において「やむを得ずにした」ものと判断されるものでなければならない（補充性の原則）。

(3)避難結果は，事後的に見て，侵害法益が保全法益を超えていないことが必要である（法益均衡の原則）。侵害法益が保全法益と同等の場合まで避難行為は許される。自律的な人格の発展に最高の価値を置くと考えられる憲法的な法秩序の原理に基づき具体的に社会通念に従って判断されるべきである。補充制の原則または法益均衡の原則を充足しない場合は過剰避難として違法性が減少すると同時に責任が減少するので，刑が任意的に減免される（刑法37条1項ただし書）。なお，他人の物より生じた現在の危難を避けるためにその物を毀損した場合は，前述のように民法の規定との整合性から，物の毀損行為は「やむを得ない」場合に限るべきであり，この場合の「やむを得ない」とは，補充性の原則または法益均衡の原則ほど厳格でなく，正当防衛の場合と同趣旨であると考える。

2 主観的要件

避難の意思は，避難行為の行われる行為の状況としての「現在の危難」が存在することの認識である（避難の故意）。いわゆる偶然避難の場合は偶然防衛の場合と同じく，緊急避難行為自体は避難の意思を欠く結果，違法性が阻却されず違法行為であるが，避難結果が生じたが，結果無価値が欠けるので，未遂処罰規定があるときにはこれが準用されると考える。

3 緊急避難の適用除外例

業務上特別な義務のある者には緊急避難の規定は適用されない（刑37条2項）。警察官のように携る業務の性質上一定の危険に身を晒すことが要求されている者には，その必要な限度で自己の法益を守るための緊急避難が認められない趣旨である。

（1） 瀧川幸辰『犯罪論序説』（改訂版，1947）148頁以下，植松正『再訂刑法概論Ⅰ総論』（1974）208頁以下，日高義博「緊急避難の本質」植松正ほか『現代刑法論争Ⅰ』（1983）150頁。
（2） 宮本英脩『刑法大綱』（1935）101頁，江家義男『刑法総論』（1952）107頁。
（3） 佐伯千仭『刑法講義総論』（4訂版，1981）206～207頁。
（4） 木村亀二『刑法総論』（1959）270頁。
（5） 井田良「緊急避難の理論」現代刑事法2巻4号102頁以下。
（6） これに対して、他人の不法行為から自己の権利を守るために第三者に加害行為を行った場合は、加害者は、何ら責めを負うべき理由がない被害者の損害〔費用〕負担の上に自己の権利を守ったという利益を享受しているのであり、不法行為者、被害者および加害者との間で最終的かつ公平な費用負担者を求めると、それは不法行為者のみとなると考えられるので、加害者は損害賠償の責任を負わず〔民720条1項〕、被害者が不法行為者に損害賠償の請求ができるのである〔同項ただし書〕。なお、他人の物より生じた急迫の危難を避けるためにその物を毀損した場合も、民法720条1項の規定が準用され、損害賠償の責任はないとされている〔同条2項〕。この場合、物の所有者が損害を負担することにより、加害者が危難を免れるという利益を得ているが、物の所有者は危難の発生につき何ら責めを負うべき事由がないのであるから、物を所有していることから所有者が何かの利益を得ていることを考慮しても、費用と利益の公平な負担を考えると、他人の物から生じた急迫の危難を避けるための行為は「止むを得」ない場合に限るべきである〔四宮和夫『不法行為』（1987）369頁〕。1項の規定を準用するということにこの趣旨が含まれていると考える。なお、物が侵害客体の場合には法益の衡量は不要であるとする見解は妥当ではない。

〈参考文献〉
森下忠『緊急避難の研究』（1960），同『緊急避難の比較法的考察』（1962），高橋敏雄「緊急避難の本質に関する一考察」同『違法性の研究』（1963）111頁以下，阿部純二「緊急避難」日本刑法学会編『刑法講座(2)』（1963）146頁以下，同「緊急避難」阿部純二ほか編『刑法基本講座(3)』（1994）90頁以下，松原芳博「緊急避難論」法学教室269号（2003）94頁以下。

第7章　自招危難
──大判大正13年12月12日刑集3巻867頁──

【事実の概要】

　本件の事案は，本判決が記載する原判決の事実判示によれば，被告人は，自動車運転者であるところ，大正13年3月19日午後9時30分頃自動車を操縦して名古屋市H町通り（道幅10間ほどでその中央に複線の電車軌道があり，その軌道の東に約3間，西に約5間の人車道がある）の東側（左側）を南に向かって疾走中，H町1丁目において数間前方に同一方向に向かって並列して歩いている3人の通行者があり，警笛を鳴らしても容易に道を空けず，さらにその前方数間の所において同一側の電車軌道上を高さ数尺の貨物を積載して北進（対向）して来る荷車があり，これに加えてなお同一側の前方に北に向かって進行してくる自動車があって，同じ側をそのまま前進することができない状況であったため，進路の方向を右前方（西南）に転じ荷車の西側を擦れ違って通過しようとするに当たり夜間であり殊に荷車の背後は貨車に妨げられて洞見（見通し）することができなかったので，その後方等よりいつ人その他のものが出現するかを予め知ることができないのであるから，これと擦れ違う際にはいったん急停車をし障害なく通過することができるかどうかを確かめまたは臨機急停車をなすことができる用意をして徐行する等危害を予防するについて最も周到なる注意を払い進行すべきにかかわらず，その業務上必要な注意を怠り荷車の背後等に十分の意を用いることなく漫然時速8哩（約31.2km）ほどの急速力で擦れ違おうとした際，突然荷車の背後よりM（当16年）が現れ道路を西に横切ろうとしたので急遽これを避けようとして進路をさらに右方に転換したため電車軌道面を北に向かって通行していたMの祖母（当62年）に自動車を衝突せしめ同人に肋骨折肝臓破裂等の創傷を負わせて即日死亡するに至らせた，というものである。

　原判決は，緊急避難は，正当防衛と異なり，「第三者ノ法益ヲ犠牲ニシテ自己又ハ他人ノ法益ヲ救フ場合ナレハ刑法ニ直接ノ規定ナキモ公平ノ観念上

危難カ緊急避難ヲ為ス本人ノ故意又ハ過失ニ因リテ生シタルモノニ非ラサルコトヲ必要ト解スルヲ相当トス」と判示した上で，本件においては被告人が過失に基づき自己の運転する自動車をMに衝突させんとして同人の生命身体を侵害する虞れある状態（危難）を惹起し，しかもこれを避けようとしてさらに本件事故を生ぜしめたものであり，この危難は被告人の過失により生じたものであると認定し，緊急避難の成立を否定した。そこで，弁護人が，「緊急避難ノ場合ニ於ケル危難ハ現在ノモノタレハ足リ其ノ避難行為者ノ過失ニ基キ生シタルモノナルト否トヲ問ハサルモノ」であり，したがって原判決が前記危難が被告人の過失により生じたものであるとして緊急避難を認めなかったのは法律の解釈を誤った違法があるとして上告した。

【判　旨】
上告棄却
「刑法第37条ニ於テ緊急避難トシテ刑罰ノ責任ヲ科セサル行為ヲ規定シタルハ公平正義ノ観念ニ立脚シ他人ノ正当ナル利益ヲ侵害シテ尚自己ノ利益ヲ保ツコトヲ得セシメントスルニ在レハ同条ハ其ノ危難ハ行為者カ其ノ有責行為ニ因リ自ラ招キタルモノニシテ社会ノ通念ニ照シ已ムヲ得サルモノトシテ其ノ避難行為ヲ是認スル能ハサル場合ニ之ヲ適用スルコトヲ得サルモノト解スヘキニ依リ原判決ノ判断ハ正当ナルノミナラス上告論旨第1，2点ニ対シ説明シタル如ク被告人カMノ祖母ト出会シ避譲ノ処置ヲ執ラサリシ事実ヲ過失ト認メタル趣旨ナルコトヲ看取シ得ラルルヲ以テ他ニ避クヘキ方法アルニ拘ラスMノ祖母ト衝突シタルモノニ係リ已ムヲ得スシテ衝突シタルモノニ非サルニ依リ論旨ハ理由ナシ」

【解　説】
1　本判決は，自動車運転者である被告人が，業務上必要な注意を怠り荷車の背後などに注意を払うことなく漫然と荷車と擦れ違う際に，その荷車の背後から突然飛び出して来た少年を急遽避けようとして，歩行中の同人の祖母に衝突して死亡させた事案につき，緊急避難の規定は「其ノ危難ハ行為者カ其ノ有責行為ニ因リ自ラ招キタルモノニシテ社会ノ通念ニ照シ已ムヲ得サ

第 7 章　自招危難　　63

ルモノトシテ其ノ避難行為ヲ是認スル能ハサル場合ニ之ヲ適用スルコトヲ得サルモノト解スヘキ」と判示し，本件事案では緊急避難の成立を否定したものの，自招危難のうち社会通念に照らしやむを得ないものとしてその避難行為を是認することができる場合に緊急避難の成立の余地を認めたものである。これは，自己の有責な行為（故意または過失）により惹起された危難，すなわち自招危難に対して緊急避難を肯定すべきかどうかの問題に関するリーディング・ケースであり，緊急避難の要件を総合的に権利濫用，期待可能性の有無という実質的観点から判断して決定する立場に近いものとされている[1]。

　2　ところで，自招危難につき緊急避難を肯定することができるかどうかにつき，学説上は，原判決と同様にこれを全面的に否定する見解（大場茂馬，泉二新熊）と上告趣旨と同様にこれを全面的に肯定する見解（江家義男，植松正）が主張されていたが，現在ではこれらの全面否定説・全面肯定説のいずれでもなく，緊急避難の法的性格（本質）との関係でその成否を論じるのが一般である[2]。
　思うに，緊急避難は，自己または第三者に対する現在の危難を避けるために，危難と無関係な第三者にこれを転嫁して自己または第三者の法益を保全する行為であって刑法規範が消極的にこれを許容するものである[3]ので，自ら故意に原因を与えて危難を招いた場合には，その原因と相当因果関係に立つ自招危難に対しては衡平の観点からその危難を甘受すべきもので，緊急避難を主張できないものと考えるべきである[4]。その意味で過失に基づく危難に対しては緊急避難を肯定するが，故意に基づく危難に対してはこれを否定する見解[5]を妥当と考える。そして，この場合に判断の明確性の観点から直接的には「現在の危難」が否定されるものと考える[6]。したがって，過失による自招危難に対しても，また故意による場合にも客観的予見の範囲を超えるような危難に対しては緊急避難が許容されるべきであると考える。例えば，火の不始末から失火した者が逃げ場を失ってやむなく隣家に逃げ込んだ場合[7]は緊急避難を肯定すべきである[8]が，これに反して，旅館の一室内においてガス自殺を企てた者が意を翻し生を得る唯一の方法の道として

窓ガラスを打ち破った場合[9]にはガス自殺を企てる行為と自己の生命に対する危難は相当因果関係にあると考えられるから，これに対する緊急避難は否定すべきである[10]。

しかし，このことは自己の危難を回避するためには妥当するが，第三者に対して危難を自招し，これを避けるために別の第三者にこれを転嫁する場合にはそのまま妥当しないと考えるべきである。例えば，本件事案のように自己の過失行為により第三者甲に生命身体に対する危険（危難）を惹起し，これを避けるために別の第三者乙に危害を加えた場合，対立する甲および乙両者の法益は相互に何らマイナスの部分はなく，乙に甲に対する危難を甘受することを認めて危難惹起者の刑事責任を否定するのは衡平の原則に悖るものであるからである。危難惹起者は自招した甲に対する危難を乙に転嫁して回避しなければ，甲に生じたであろう危害に対して刑事責任を負うのに，自招した危難を乙に転嫁して乙にこれを甘受させ，乙に生じた危害の刑事責任を免れる結論を認めることは衡平の原則上妥当とは言えないからである。

3 本件事案は，被告人の過失行為により第三者（少年）の生命・身体を侵害する危難を生じさせ，これを避けるために第三者（少年の祖母）を死に至らせたものであるが，判旨後段によれば，原判決は祖母と出会いこれとの衝突を回避する措置を執らなかった事実を過失と認めた趣旨と考えることができ，したがって本件事案においては他に避けるべき方法があったにもかかわらず祖母と衝突したものであって，祖母を死に至らせた避難行為自体に補充性が欠けると判断されたことが本件事案で緊急避難の成立が否定された理由であると考えられる（この意味で判旨は傍論に止まるものと言わざるを得ない）。この場合過失の実体を結果回避可能性を前提として結果回避義務違反と理解すべきであるから[11]，祖母を死に至らせた避難行為に補充性が肯定されるときは，換言すれば，結果回避可能性を欠き，過失そのものが肯定されないと考えるべきである。その場合には結果回避可能性がある過失行為にまで遡って当該過失行為と避難行為により惹起された結果とが相当因果関係にある場合には当該過失行為に対する罪責を肯定すべきである（いわゆる段階的過失）と考える。つまりこの場合第三者に対して危害を惹起した直近の行為（避難

行為)に過失が肯定されない場合にはその行為自体は緊急避難として許容されるが，段階的に遡り結果回避可能性のある過失行為について生じた危害結果が当該過失行為と相当因果関係にあるときには過失犯の罪責を問えるのであり，これに反して危害を惹起した直近の行為（避難行為）に過失が肯定される場合には補充性が認められないのであり，緊急避難が否定され当該避難行為に過失犯の罪責が認められるのである。

4　自招危難に対する緊急避難は，判旨によれば社会通念に照らしやむを得ないものとしてその避難行為を是認することができる場合には肯定の余地がある。しかしその具体的判断基準は必ずしも明確でない。これに関する最高裁の判例はいまだ存在しない。下級審判例の中には原判決と同趣旨の判例[12]も見られるが，本判決と同趣旨の判例[13]も，いずれも緊急避難の成立を否定しているので，それが肯定できる場合は不明である。緊急避難を肯定する判例の出現が待たれる。

(1) 松尾浩也＝芝原邦爾＝西田典之編『刑法判例百選Ⅰ総論』（第4版，1998）64〜65頁〔川端博〕。
(2) 川端博・前掲注（1）64頁，学説の簡潔な整理として，小名木明宏「自招危難」西田典之＝山口厚編『刑法の争点』（第3版，2000）54頁。
(3) 野村稔『刑法総論』（補訂版，1998）218頁。
(4) 野村・前掲注（3）244頁・自己保存本能に基づく個人保護留保条項の濫用・権利の濫用。
(5) 木村亀二〔阿部純二増補〕『刑法総論』（増補版，1978）272〜273頁。木村亀二「自招危難に対する緊急避難」同『刑法活きている判例』（1962）56頁はこの立場より本件の場合には緊急避難を認めるべきであったとされる。
(6) 同旨，西原春夫『刑法総論』（1977）218頁。
(7) 植松事例①〈失火事例〉，植松正『刑法概論Ⅰ』（再訂版，1974）213頁。
(8) 同旨，植松。
(9) 植松事例②〈ガス自殺事例〉，植松・前掲注（7）213頁。
(10) 反対，植松。
(11) 野村・前掲注（3）176頁参照。
(12) 横須賀簡判昭和33年2月19日一審刑集1巻2号278頁，東京高判昭45年11月26日判タ263号355頁。
(13) 岡谷簡判昭和35年5月13日下刑集2巻5・6号823頁，東京高判昭和47年11月30日刑月4巻11号1807頁。

〈その他の参考文献〉
高橋敏雄「自招危難に対する緊急避難」同『違法性論の諸問題』（1983）163頁，山口厚「自招危難について」香川達夫博士古稀祝賀『刑事法学の課題と展望』（1996）199頁。

本判決につき，斉藤信宰「緊急避難」西原春夫ほか編『判例刑法研究(2)違法性』(1981) 135頁，平野龍一＝松尾浩也編『刑法判例百選』(第2版，1984) 90頁〔生田勝義〕。

第8章　誤想過剰防衛

第1節　問題点

　誤想過剰防衛とは，客観的には急迫不正の侵害がないのにこれがあるものと誤信して防衛行為を行ったところ，その防衛行為がその誤信に係る急迫不正の侵害に対してその程度を超えていた場合である。この場合，一方で急迫不正の侵害が客観的には存在しないにも拘わらずこれが存在するものとして防衛行為を行った点において誤想防衛が，他方でその防衛行為がその程度を超えていた点で過剰防衛が関係しているのである。

　そして，周知のごとく，誤想防衛についてはこれを事実の錯誤と解して故意の阻却を認める説と，これを法律の錯誤ないし違法性の錯誤と解する説が，また後者についても故意説と責任説とが対立しており，結論が帰一していないのが現状である。これに加えて，過剰防衛についても最近ではその過剰性につき認識がある場合のほか，その認識のない場合，すなわち過失の過剰防衛も含まれるとの説も主張されており，また過剰防衛に任意的な刑の減免を認める理由についても，これまでの責任減少説ではなく，違法減少説が有力に唱えられてきており複雑な対立を示しているのである。

　このような状況を反映してか誤想過剰防衛についても様々な見解が対立しているのである。以下において誤想過剰防衛について考察する際には，誤想防衛と過剰防衛に関する見解の対立にも考慮しなければならない。

第2節　学説・判例

　1　誤想過剰防衛の場合にも，（Ⅰ）防衛行為が過剰に亙っていることにつき認識がある場合と，（Ⅱ）この認識を欠いている場合に分けられる。

(Ⅱ)の場合には，急迫不正の侵害の誤認と防衛行為の誤認と二重の誤認が見られるのであり，行為者の主観においては正当防衛であるが，客観的な事実は単なる侵害行為である。これに対し，(Ⅰ)の場合には急迫不正の侵害の誤認があるのみで防衛行為の誤認はなく，行為者の主観においては過剰防衛であるが，客観的な事実は同じく単なる侵害行為である。

(1)まず，(Ⅱ)の場合については，誤想防衛を事実の錯誤とし故意の阻却を認める通説は，これを誤想防衛の一類型と解して故意の阻却を認め，その誤認につき過失がありかつ過失犯処罰規定があるときには，過失犯の成立を認める[1]。

さらに刑法第36条2項の適用ないし準用を認めることについては，これを認める説[2]と，この場合は誤想に係る侵害に対して相当な防衛行為にとどまった通常の誤想防衛より情状が悪いと考えられ，処罰の均衡を計る上からも，これを否定する説とに分かれる[3]。

これに対し，厳格責任説よれば，この場合には故意の阻却は認められず，錯誤をしたことに相当な理由があれば責任が阻却されるが，相当な理由がなければ責任の阻却は認められないとされる[4]が，なお，責任の阻却が認められない場合に刑法第36条2項の適用を肯定する説[5]と否定する説[6]が対立している。

(2)次に，(Ⅰ)の場合には，責任説に立つ論者はもとより，事実の錯誤説に立つ論者も，急迫不正の侵害についての誤想の点を重視して過失犯としての性格を貫くとともに，あとの過剰の点については裁判官の量刑に委ね，その事情を考慮してこれを不問に付するか，かえって量刑を重くすることにすればよいとして，故意の阻却を肯定する説もみられる[7]が，侵害の存在の誤想についての過失が不相当な防衛行為の原因であるから，その誤想の点で過失犯が成立するともいえそうであるが，行為者は自己の行為が誤想した侵害に対する防衛行為としては不相当であり，犯罪にあたるものであることを認識しつつ，あえてそれを行っているのであるから，その過剰行為自体については故意犯が認められるのであり，侵害の誤想についての過失行為は，その過剰行為をひき起こしたものとして，全体的観察においては，故意の中に包括して評価されれば足りる[8]として，故意犯の成立を肯定し，刑法第36

条2項の適用ないし準用を認めるのが一般である[9]。ちなみに，この点につき，過剰防衛における刑の裁量的減免の根拠に関して違法減少説の立場から，（Ⅰ）の場合には急迫不正の侵害が存在しないので違法減少の前提が欠け，違法減少が認められないので刑法第36条2項の適用を否定する見解[10]および，この場合は過剰防衛の錯誤であり，過剰防衛の基本的性格を期待可能性による責任減軽事由であると解し，期待可能性の理論の本旨からすれば，その錯誤が避けられないと認められる場合には責任減軽事由の規定の準用が認められると解すべきであるから，急迫不正の侵害の誤認が避けられなかった場合に刑法第36条2項の準用を認める折衷的立場[11]が主張されているのは注目に値する。

2　この誤想過剰防衛が問題となった判例として，最判昭和41年7月7日刑集20巻6号554頁がある。これは，被告人の長男AがBに対し，Bがまだなんらの侵害行為に出ていないのに，これに対し所携のチェーンで殴りかかった上，なお攻撃を辞さない意思をもって，包丁を擬したBと対峙していた際に，Aの叫び声を聞いて表道路に飛び出した被告人は，右のごとき事情を知らず，Aが一方的に攻撃を受けているものと誤信し，その侵害を排除するためBに対し猟銃を発射し，散弾の一部を同人に命中させ，加療1ヶ月の銃創を負わせたという事案について，「原判決が被告人の本件所為につき，誤想防衛であるがその防衛の程度を超えたものであるとし，刑法36条2項により処断したのは相当である。」と判示したものである。

　この判例の理解については種々の見解が存在する。第一に，誤想防衛が故意を阻却するのは誤認に係る急迫不正の侵害に対して防衛行為が相当性を持つ限りであって，これを欠くに至ればもはや故意の阻却は認められないとの立場より故意犯（本件の場合は殺人未遂罪）の成立を認め，行為者の主観を考慮してこの場合過剰防衛となるとしたとの理解である[12]。これによれば，前述の（Ⅰ）の場合はもとより，（Ⅱ）の場合にも誤想過剰防衛の場合には故意の阻却は認められないことになる。もっとも，このような理解に対しては，最高裁判所は誤想防衛は事実の錯誤として故意を阻却するとの立場に立つものと想像されるところ，通説的見解は，誤想防衛は防衛行為が相当性を

欠くかどうかを問わず，故意を阻却すると解しているのに，これに反する独自の考えを打ち出したとは考えられず，伝統的な錯誤理論をゆがめる嫌いがあるとする批判がある[13]。

　第二に，本件の事案は，Aに対する急迫の侵害が存在しないのに被告人がこれを誤想し，かつ誤想した侵害に対して不相当な反撃に出ることを未必的に認識しつつ，あえて行為したと認定して殺人未遂罪を認めたと解するものである[14]。すなわち，本件は防衛行為の過剰性につき認識があった，つまり，前述の（Ⅰ）の場合であるとみるわけである[15]。

　第三に，これに対し，本件においては，防衛行為の過剰性について原判決が明白な認定をしていないので，被告人はこの点の認識を欠き，防衛的反撃を相当なものと考えて行為したものであるが，他方，防衛行為の相当性を基礎付ける前提事実を誤認したものともいえないので，相当性の評価そのものを誤信した事案，すなわち違法性の錯誤のそれであり，その錯誤が回避不可能なものであったわけではないので故意を認めたことは是認出来るとする[16]。前述の（Ⅰ），（Ⅱ）のいずれにもあたらず，これらについての最高裁判所の見解はいまだ明らかにされていないとされる。

第3節　総　括

　1　このように誤想過剰防衛については見解の対立が存在するが，結局は，誤想防衛および過剰防衛の法的性質をどのように考えるかということの差異に基づくといえよう。

　(1)ところで，判断形式としての違法二元論の立場によれば，犯罪の違法性を行為自体の違法性と結果の違法性に分けて考察することは，正当防衛などの違法阻却事由の場合にも，行為自体の違法性を阻却する事由と結果の違法性を阻却する事由とに分けて考察することを意味する。結果の違法性の有無の判断は純客観的な事後的な判断であることから，その事由は行為後の客観的な事情の中に求められるのに対し，行為自体の違法性の有無の判断は，行為時に立脚した事前の判断であって，行為の客観的部分のみならず，行為者の主観的意図をも考慮した判断であるので，その事由は行為時に存在する客

観的・主観的事情の中に求められるべきである。そして，その判断の際には，客観的に存在する事情については，一般人が認識していなかった事情でも行為者が認識していた事情はこれをすべて考慮すべきであるが，客観的に存在しない事情については，行為者が存在すると考えていた事情であって，かつ一般人の立場からみてもその存在が合理的と考えられるものに限ってこれを考慮すべきである[17]。この理は具体的危険説に立って死体に対する殺人未遂罪を認める余地があるのと同一である[18]。

(2)このことを正当防衛について考えてみると，急迫不正の侵害に対して，この侵害の事実を認識しつつ，自己または他人の権利を防衛するため相当な防衛行為をした場合には，行為自体の違法性が阻却され，さらに結果の違法性も阻却される結果，行為全体が発生した結果を含めてその違法性が阻却されるのである。従って，急迫不正の侵害の存在を認識せずに，侵害行為を行った結果，偶然にも侵害行為の相手方も侵害行為を行おうとしていたので，結果としては正当防衛になったという，偶然防衛の場合には，行為自体の違法性は阻却されないが，結果の違法性は阻却されるので，未遂罪処罰規定がある限り，これを準用して未遂罪として処罰されるのである[19]。

これに反して，急迫不正の侵害が存在しないのにこれが存在するものと誤信して，相当な防衛行為を行った場合，すなわち誤想防衛の場合には，行為者は存在すると考えていたけれども，客観的には存在しない急迫不正の侵害も，一般人の立場からみて存在するのが合理的だと考えられる場合には，その侵害は行為自体の違法性の判断においては存在するものと考えられるのであり，この結果，その誤信につき客観的過失がない限り，行為自体の違法性は阻却されるのであるが，ただ客観的には侵害がなかったのであるから，結果は正当防衛となっていないので，結果の違法性は阻却されずに残る，いわば違法状態が存在するにすぎないのである[20]。

これに対し，急迫不正の侵害の存在の誤認について客観的過失が存在する場合には，結果の違法性の判断においてはもとより，行為自体の違法性の判断においてもこの侵害は存在しないのであり，従って正当防衛として違法性は阻却されないのである。すなわち，この場合は，本来自己の行った防衛行為は違法なもので許されないのに拘わらず，侵害を誤認した結果，正当防衛

として許されると考えて行為に出たものであり，違法性の錯誤と解するべきである。そして違法性の錯誤については責任説によって処理すべきものと考えるので，違法性の意識を欠いたことに相当な理由が存在する場合には，責任が阻却され，相当な理由がない場合には，これは阻却されないが，その情状により刑を減軽することができるのである（刑法第38条3項但書）。

(3)次に，過剰防衛はその防衛行為が防衛の程度を超えた場合であるので（刑法第36条2項），結果は本来の正当防衛のそれでなく，言わば部分的正当防衛になっているのに過ぎないのであるから，結果の違法性は阻却されず，超えた程度に反比例して減少するに過ぎないのである。さらに行為自体の違法性は正当防衛を為しうる事態の認識，すなわち防衛の意思がある半面，防衛行為が過剰に亘る認識があるので，その違法性の減少の余地は否定できないが，違法性が阻却されないことも明らかである。このように過剰防衛には，単純な侵害行為と比べて違法減少の側面があるが，違法性は阻却されないのであり，行為者には明確に違法性の意識があるのであるが，緊急状態のもとでは，相当な反撃行為にとどまることが期待出来ない場合があるので，その期待可能性の程度に応じて刑を減軽または免除することが出来るとされているのである（刑法第36条2項）。

2 このような観点より，誤想過剰防衛について考えてみよう。

(1)第一に，前述の（Ⅱ）の場合には，急迫不正の侵害と防衛行為の誤認について客観的過失がないときは，行為自体の違法性は阻却されるが，客観的には急迫不正の侵害は存在せず，また防衛行為も誤認にかかる侵害に対して，その程度を超えているのであるから，結果の違法性は減少も阻却もされず，違法状態が存在するに過ぎない。従って，犯罪の成立は否定される。これに反して，客観的過失がある場合には，行為自体の違法性はもはや阻却されない。従って，行為者は誤認の結果，自己の反撃行為が正当防衛として許されるものと考えたのであるから，違法性の錯誤であり，違法性を欠いたことにつき，相当な理由が存在する場合には責任が阻却されるが，これがない場合には，情状により刑が減軽されうるに過ぎない。

(2)第二に，前述の（Ⅰ）の場合には，行為者には防衛行為の過剰性につい

て誤認があるので[21]，自己の反撃行為の違法性の認識はあるものと解すべきであり，ただこの場合には緊急の事態のもとで，そのような過剰な違法な反撃行為に出ないことにつき期待可能性が低い場合もありうるので，この場合には刑法第36条2項を準用して刑の減免の余地を肯定するべきである[22]。

(1) 大塚仁「誤想過剰防衛」同『刑法論集（1）』(1976) 178頁，内藤謙「誤想過剰防衛の一場合」警察研究45巻5号 (1974) 103頁，生田勝義「誤想防衛と過剰防衛」西原春夫＝藤木英雄＝森下忠編『刑法学2』(1977) 72頁，村井敏邦「正当防衛に関する錯誤と過剰防衛に関する錯誤」警察研究51巻4号 (1980) 36，40頁，町野朔「誤想防衛・過剰防衛」警察研究50巻9号 (1979) 47頁，中義勝「誤想過剰防衛」『判例演習刑法総論』（増補版，1973）261-2頁。なお，中義勝「いわゆる誤想過剰防衛について」関西大学法学論集27巻3号 (1977) 12頁はこのことは通説的に認められているとされる。もっとも，船田三雄『最高裁判所判例解説〔刑事篇〕昭和41年度』110頁は誤想防衛を事実の錯誤と解しながらも，誤想防衛の場合に故意の阻却を認められるのは，誤信に係る急迫不正の侵害に対して防衛行為が相当性を持つ限りであり，これを欠くに至った場合には，正当防衛との均衡からいってもはや故意が阻却されないとする。この所説につき，内藤・前掲論文103頁，大塚・前掲論文173頁参照。
(2) 適用を認めるのは，平野龍一『刑法総論II』(1975) 246-7頁，もっとも，過失犯の刑よりも軽く処罰できないとする。これに対し，準用を認めるのは，大塚・前掲注（1）181頁注3。
(3) 中・前掲注（1）「いわゆる誤認過剰防衛について」15頁，16頁注4，村井・前掲注（1）41-2頁，町野・前掲注（1）54頁。なお，前二者は，一般的責任減免事由である期待可能性の理論により，この場合にも刑の減免の余地を認める。過剰防衛についての違法減少説と責任減少説とこの問題との関係につき，後二者参照。
(4) 西原春夫『刑法総論』(1977) 211-2頁，福田平『全訂刑法総論』(1984) 192頁，大谷實『刑法講義総論』(1986) 360頁，香川達夫『刑法講義〔総論〕』(1980) 162頁。
(5) 西原・前掲注（4）212頁。
(6) 大谷・前掲注（4）360頁，香川・前掲注（4）162頁。
(7) 石原明「殺人未遂罪につき誤想過剰防衛が認められた事例」法学論叢81巻1号 (1967) 104頁。そのほかに，庭山英雄「誤想過剰防衛」法学セミナー184号 (1971) 47頁，夏目文雄「誤想過剰防衛」『刑法I（総論）』115頁。なお，この見解は通常の過剰防衛に比べて不均衡な帰結をもたらすものであることにつき，中・前掲注（1）「いわゆる誤想過剰防衛について」13-4頁参照。
(8) 大塚・前掲注（1）178頁。
(9) 適用説に，平野・前掲注（2）246-7頁，生田・前掲注（1）72頁〈刑法第38条2項により過剰防衛として処断されるとする〉。いずれも過失犯の刑よりも軽くできないとする。準用説に，大塚・前掲注（1）181頁注3，中・前掲注（1）「誤想過剰防衛」262頁，内藤・前掲注（1）108頁。
(10) 町野・前掲注（1）54頁。
(11) 村井・前掲注（1）45-6頁。
(12) 船田・前掲注（1）110頁。
(13) 大塚・前掲注（1）172頁。なお，内藤・前掲注（1）103頁。
(14) 大塚・前掲注（1）174頁，生田・前掲注（1）73頁。

(15) 東京高判昭和59年11月22日判タ544号287頁はまさにこの場合に関するものである。
(16) 内藤・前掲注（１）108頁，中・前掲注（１）262頁。
(17) 野村稔『未遂犯の研究』(1984) 205-6 頁。
(18) 広島高判昭和36年7月10日高刑集14巻5号310頁。
(19) これにつき，野村・前掲注（17）148頁以下参照。
(20) 野村・前掲注（17）146頁注8。なお，誤想防衛について，侵害の誤認につき客観的過失がない場合には，正当防衛として違法性が阻却されるとするものに，藤木英雄『刑法講義総論』(1975) 172頁，同「誤想防衛と違法性の阻却」法学協会雑誌89巻7号（1972）747頁がある。
(21) たとえ急迫不正の侵害の誤認につき，客観的過失が存在しない場合でも，行為自体の違法性は阻却されない。単に減少することがあるに過ぎない。
(22) 前述したように，このように緊急事態のもとで反撃行為が過剰に亙らないようにすることの期待可能性が低い場合があることは，過剰防衛の場合にもみられるのであり，このことが過剰防衛の場合の刑の裁量的減免の根拠になっていると解することができるので，急迫不正の侵害が存在しない場合にも，この趣旨を援用することができると解するからである。

〈その他の参考文献〉
内田文昭「過剰防衛について」研修308号（1974）3 頁以下，香川達夫「誤想防衛と過剰防衛(2)」平野龍一＝松尾浩也編『刑法判例百選Ⅰ総論』（第2版，1984）82頁以下，佐久間修「いわゆる正当化事由に関する錯誤(2)：とくに誤想防衛を中心として」名古屋大学法政論集90号（1982）351頁以下，下村康正「いわゆる誤想過剰防衛論」警察研究46巻11号（1975）3頁以下。

責任論

第9章　実行着手後における心神喪失・耗弱
―― 責任能力による同時的コントロールの必要性 ――

第1節　はじめに

　犯罪の実行に着手後責任無能力または限定責任能力に陥った場合においても，実行の着手時の意思決定がそのまま実現されていたと認められる場合，例えば，「行為態様の同一性[1]」，「同一の機会に同一の意思の発動にでたものであって，実行行為は継続的あるいは断続的におこなわれた」ということ[2]，または「実行行為の一体性・一個性[3]」を根拠にして，完全な刑事責任が肯定されるのが一般である。このような見解の基礎にあるのは，責任能力は実行行為へと向かう最終的意思決定の時点，多くは実行の着手時期であるが，実行の着手前にその最終的意思決定が行われていればその時点，に存在すればよく，実行行為の終了時まで存続しなくてもよいとする考えであり，その後責任無能力になろうと限定責任能力になろうと完全な刑事責任を問えるとするものである[4]。いわゆる責任能力の事前のコントロールを重視する見解である。

　これに対して，いわゆる責任能力の同時的コントロールを重視し，責任能力は実行の着手時のみならず実行行為の終了時まで存続しなければならないとする考えが存在する。例えば，団藤教授は，「実行行為の時にその実行行為じたいをコントロールする能力をもちながら――したがって，たとえば，実行を中止しようとすれば可能であるのにもかかわらず，あえて――これを遂行するばあいと，実行行為の時にはすでにコントロールを失い，あるいはいちじるしくコントロールが弱められているばあいとでは，非難可能性の程度には，はっきりした差異がある。」とされ，完全な刑事責任を認めるためには，改正刑法準備草案16条（改正刑法草案17条）のような立法的解決が必要

とされる[5]。

このような状況にあって筆者は後者の見解に与し，後述のように刑法規範の動態論の立場から，責任能力による同時的コントロールを重視し，責任能力は実行行為の終了後でも，実行中止の可能な時点までは存続することが必要であるとしてきた[6]。この私見については，すでに中空助教授の批判[7]があり，近くは中森教授の批判[8]がある。中森教授は団藤教授の所説に対して，責任能力による同時的コントロールの必要性，責任能力を行動制御能力として考えること，同時的コントロールが中止未遂の可能性を前提にしていること，などに詳細な批判を加えられている。それは直接には団藤教授の所説に向けられたものであるが，この批判はほぼそのまま筆者の見解にもあてはまる。そこで，本誌に機会をえたので，上記批判の主なる点を手掛かりに，私見につき若干の再検討をしてみることにする。もとより責任能力の機能をはじめ，原因において自由な行為についての本格的検討は他日に譲らざるをえない。

第2節　私見の概要

1　行為責任の原則からは，責任が問われる当該違法行為を行う時点に責任能力が存在することが必要である。したがって，実行行為について責任を問うものである以上，実行行為の時に責任能力は存在しなければならないと考える。原因において自由な行為の場合には，原因設定行為そのものが実行の着手と認められる例外的な場合は，完全に責任能力あるものの行為として責任を問うことに問題はないが，原因設定行為に実行の着手が肯定されない場合には，原則として責任無能力または限定責任能力における行為として，無罪または刑の必要的減軽を認めざるをえない。

ところで，刑法規範は，法益を保護するために，まず，行為規範として，その評価機能の面より違法と評価した行為に出ようとする者に対して，その決定機能の面よりこのような違法行為に出ないことを行為者に命じ（犯罪避止義務），これを期待するものである。その期待が裏切られ，行為者が犯罪の予備行為に出た場合でも，次の措置として，刑法規範は実行の着手をしない

ことを期待するのであり（犯罪避止義務），かりにこの期待も裏切られた場合には，次に実行行為の途中にある場合はさらに実行行為を継続しないことを期待し（犯罪中止義務），また実行行為が終了しあるいはその途中であっても，因果関係を遮断しなければ法益侵害結果が発生する危険な状態（非本来的結果）が生じた場合には，当該結果の発生を防止するために必要な行為に出ることを期待する（結果発生防止義務）というように，刑法規範は，法益侵害すなわち結果発生に至る状況・段階に応じてそれぞれ行為者の行為を違法と評価し，そのような行為に出ないよう命じ，これを期待するものである。当然のことながら，これらの期待が向けられる行為者は責任能力者であることはいうまでもない。責任能力者は，刑法規範を理解して，法益保護の要請に合致するように自己の行為を制御する能力（責任能力）があり，違法行為に出ることを止めることが期待できるからである。それにもかかわらず，このような刑法規範の期待を裏切って，換言すれば，違法行為に対する反対動機を形成することなく，違法行為に出たことに対して責任非難が向けられるのである。そして，法益侵害の状況・段階に応じて，当該違法行為が法益の侵害に近い近況・段階にあればあるほど当該違法行為の違法性の程度も重くなるのであり，その違法性の程度によって，また刑法規範の期待が裏切られる度に，刑法規範が行為者に違法行為に出ないよう命じ，期待する度合が強くなっていくものであるから，したがって，これを裏切って違法行為に出た場合には，予備行為から実行の着手を経て既遂に至るその段階ごとに強い責任非難が向けられるのである。このようにして，違法行為のもつ違法性の程度により，また違法行為がもつ法益侵害に対する近さの程度により責任非難の程度が異なってくるのであり，したがって，違法性の程度とそれに応じて比例的に変化する責任非難の程度とによって当該違法行為の法定刑が決定されるというべきである。

　かような観点より考察してみると，事実としては一つの意思決定に従って予備行為が行われ，実行の着手がなされるものであっても，刑法規範の面よりすれば，予備行為を行う際のそれに向けられた意思決定と，実行行為を行う際にそれに向けられた意思決定とは，それぞれ別なものであり，別個の責任非難を基礎づけるものであるから，その責任評価の基礎となる責任能力は

それぞれの意思決定の時に存在しなければならず，最終的意思決定の行われた原因設定行為の時に責任能力があれば足りるというものではないと考える。刑法規範が関心を寄せ，法益保護のため一定の要請を続ける以上，その要請に違反する行為につき責任非難を問うためには責任能力による同時的コントロールが存在しなければならない。

2 したがって，原因において自由な行為の場合には，実行行為の時は責任無能力あるいは限定責任能力であるから，そのことのみからすればその際の意思決定に対しては責任非難を問い得ないか，あるいは減少した責任非難きり問い得ないことになる。しかしながら他方では，行為者は自らを責任無能力あるいは限定責任能力の状態に陥らせることによって，実行の着手に出ることへの意思決定を完全な責任能力のもとで覆す機会・可能性を，換言すれば，実行行為に対する同時的コントロールをあらかじめ放棄しているのであり，したがって，実行行為に出た際の意思決定は責任能力のある状態で行われたものと考えることができるのである。この場合には刑法規範の期待に応えて実行行為に出ないこともできたのに，実行行為への意思決定をして実行行為に出たことに対して完全な責任能力あるものとしての責任非難を問うことができるのである。

すなわち，実行行為に対する同時的コントロールをあらかじめ放棄したということが，原因において自由な行為の法理の核心である。同時的コントロールをあらかじめ放棄したといえるためにはいわゆる次の二重の故意が必要である。まず第1に，原因行為によって自らが責任無能力あるいは限定責任能力の状態に陥ることについて故意があること，第2に，実行行為（違法行為）に出ることの意思決定が原因設定行為の際になされていること，が必要である。

3 かような観点からすると，責任非難を加える基礎となっている実行行為の行われた時に責任能力が存在しなければならないが，結果の発生する時には原則として責任能力は存在しなくてもよい。しかし，①実行行為が終了し，非本来的結果が生じた場合には，刑法規範は，法益保護の動的機能の観

第 9 章　実行着手後における心神喪失・耗弱　*79*

点より本来的結果の発生するまで関心を寄せ，それを防止するために結果発生防止義務を課するものと考えるべきであるから，行為者が当該危険な状態を自己の手中に支配している間に責任無能力に陥り，その後本来的結果が発生した場合には，当該結果については責任を問えないと考える。したがって，この場合には責任能力のある間に行われた実行行為についてのみ，すなわち，未遂犯の処罰規定がある場合には，未遂犯としてのみ責任を問えるに過ぎないと考える。また，②この場合限定責任能力に陥ったときには責任能力状態における未遂犯と限定責任能力状態における既遂犯とが考えられるが，既遂犯につき限定責任能力を理由として必要的減軽を認めるべきであると考える。さらに，③実行行為の途中で責任能力が失われた場合には，原因において自由な行為の場合と同様に，あらかじめ責任能力による同時的コントロールの機会を放棄した場合でなければそれ以後に行われた行為については責任を問えないと考える。刑法規範は，法益保護の動的機能の観点から実行行為に着手しても，その終了に至るまで関心を寄せ，結果の発生を防止するために実行行為を中止する義務を課するものと考えるべきであるから，その間責任能力による同時的コントロールが存在しなければならないと考えるからである。したがって，実行行為の途中において限定責任能力になった場合には，責任能力状態における未遂犯と限定責任能力状態における既遂犯が考えられるが，既遂犯につき限定責任能力を理由として必要的減軽を認めるべきであると考える。

第 3 節　私見の再検討

　1　中森教授によれば，責任能力が実行行為の終了まで存続しなければならないとする考え方は自明のものではないのであって，その理由とされている，責任能力を行動制御能力と考えることが同時的コントロールを必要とすることになるという点，責任能力があることによって中止の可能性が確保されていることが批判され，さらには，同時的コントロールを主張する立場によって実行の着手後責任無能力または限定責任能力になったことを理由として刑法39条を適用して無罪あるいは刑の必要的減軽を認めるのは，この場合

未遂の成立には疑いがないのであるから，具体的妥当性を欠くとされる[9]。

2　同時的コントロールが必要であることが自明でないとされているが，法益保護の目的から刑法規範は前述したような特定の作為義務・不作為義務を課するのであり，これらの義務に従うことにより，すなわち中止行為に出ることにより（中止未遂）法益保護という刑法規範の目的が果たされるのである。そして，これらの義務を遂行するには前提として刑法規範のこの要請を理解できなければならない。これが責任能力が必要とされる理由である。したがって，法益保護の担保手段が責任能力による同時的コントロールである。

3　責任は，行為責任の見地からは個別行為に対する意思決定に対する非難であると理解する限り，実行行為の開始時にあれば足り，必ずしも実行行為の終了時まで存続する必要はない。これは責任能力を意思決定における制御能力と考える立場であって，犯罪に出ることの最終的意思決定の際に責任能力があれば足り，すなわち事前のコントロールで足りるとされている[10]。これに対して，団藤教授は，このような見解は責任能力の意思決定に関する面だけを過当に評価するものであり，行動制御能力の面を無視した責任能力の意思主義的理解であるとして，責任を行動制御能力として，責任能力の実行行為に対する同時的コントロールが必要とされている[11]。

しかし，行為は意思を実現するものであるから，行動制御能力というのは行為を行おうとする際における当該行為をする意思決定における制御能力であると考えるべきであるから，行動制御能力と考えることと意思決定における制御能力と考えることは別異のことを意味するのではない[12]。問題はどの時点における意思決定に対するコントロールを必要とするかである。犯罪実現の各段階で個々の動作に出ないことまたは取りやめることを法益保護の観点より刑法規範は義務づけるのであり，この義務の遂行の可能性は，前提として刑法規範のこの義務づけを理解し，義務に従った動作に出ることを担保する能力としての責任能力を必要とし，このことが責任能力による同時的コントロールが必要とされる理由である。したがって，責任能力による同時的コントロールを必要とするのは，責任能力を行動制御能力と考えるからで

はなく，あくまでも刑法規範の法益を保護しようとする機能から必要とされるものであり，それは刑法規範の前提でもある。

4 中森教授によれば，内田文昭教授が，同時的コントロールを否定されつつも，責任能力低下後の行為がその前の行為に対して決定的なものである場合には，全体として責任能力低下後の行為とするとされることにつき[13]，同時的コントロールを否定されることと論理一貫しないのではないか，さらにこの場合未遂が成立していることは疑いないのに必要的減軽または無罪を認めるのは不当ではないかとされる[14]。前者の批判はともかくとして，後者の批判，すなわち未遂の成立しているのにそれよりも刑が軽くなるのは不当であるとの批判は，実行行為の途中において限定責任能力になった場合には，責任能力状態における未遂犯と限定責任能力状態における既遂犯が考えられるが，既遂犯につき限定責任能力を理由として必要的減軽を認めるべきであると考える筆者の前述の見解にも当てはまる。あくまでも同時的コントロールを重視する立場に立ちつつ，この場合の刑の不均衡を是正しなければならない。この場合には責任能力状態における未遂犯と限定責任能力状態における既遂犯とが考えられるのであるから，両者は観念的競合に準じて，既遂犯について刑の任意的減軽を認めるべきである。もっとも実行行為の途中で責任無能力になった場合には，未遂を処罰する規定がある場合にのみ未遂として処罰される。したがって，実行行為の途中で限定責任能力に陥った場合についてのみ見解を改める。

第4節　おわりに

したがって，責任能力による同時的コントロールを重視する立場から，責任能力は実行行為の終了のみならず，結果の発生を回避することが可能な時点まで存続することが必要であり，原因において自由な行為については前述した二重の故意ある場合にのみ完全な責任能力のある行為として刑事責任を認めることができるという見解は維持したいと考える。しかし，実行の着手後限定責任能力となった場合，事前にそのことの認識があった場合には同時

的コントロールの放棄と考えられるが，その認識がない場合には責任能力状態における未遂と限定責任能力状態における既遂とが考えられるので，これは観念的競合に準じて，既遂につき任意的減軽を認めるべきであると考える。その限度で私見を改める。また，実行の着手後責任無能力となった場合には未遂についてのみ責任を問えると考える。

（1） 東京高判昭和54年5月15日判時937号123頁，大阪地判昭和58年3月18日判時1086号158頁（評釈として，墨谷葵・判評303号202頁以下がある）。
（2） 長崎地判平成4年1月14日判時1415号142頁（評釈として，岩橋義明「傷害致死事件における実行行為の途中で心神耗弱となったが，刑法39条2項を適用すべきでないとされた事例」研修527号（1992）29頁以下，中空壽雅「行為者が実行行為中に心神耗弱状態に陥った場合に刑法39条2項の適用が否定された事例」関東学園大学法学紀要6号（1993）289頁以下，曽根威彦「実行行為の途中で心神耗弱状態になった場合と刑法39条2項適用の可否」判例評論405号（1992）194頁以下，などがある）。
（3） 中森喜彦「実行開始後の責任能力の低下」中山研一先生古稀祝賀論文集編集委員会編『中山研一先生古稀祝賀論文集第三巻』（1997）3巻225頁以下。
（4） 西原春夫「責任能力の存在時期」団藤重光＝平場安治＝平野龍一＝宮内裕＝中山研一＝井戸田侃編『佐伯千仭博士還暦祝賀／犯罪と刑罰（上）』（1968）411頁以下。
（5） 団藤重光「みずから招いた精神障害」鴨良弼編『植松博士還暦祝賀 刑法と科学〈法律編〉』（1971）241頁，243頁，258頁。
（6） 野村稔『刑法総論』（補訂版，1997）286頁以下参照。
（7） 中空・前掲注（2）305頁以下。
（8） 中森・前掲注（3）220頁以下。
（9） 中森・前掲注（3）220～2頁，224頁。
（10） 例えば，中野次雄『刑法総論概要』（第3版，1992）209頁，曽根威彦『刑法総論』（新版，1993）161頁以下，中空・前掲注（2）304頁，内田文昭「一連の殺人行為につき，その前半部分は誤想過剰防衛であるとして刑法36条2項を適用し，その後半部分は心神耗弱状態下のものであるが刑法39条2項の適用はないとした事例」判例評論247号（1979）184頁（前掲東京高判昭和54年5月15日の原判決の評釈）など。
（11） 団藤・前掲注（5）242～3頁。
（12） 中森・前掲注（3）221頁。
（13） 内田・前掲注（10）48頁。
（14） 中森・前掲注（3）224頁。

未遂犯論

第10章　行為無価値・結果無価値と未遂犯の理論

第1節　はじめに

　これまで未遂論は，主観主義刑法理論と客観主義刑法理論との対立という次元で，実行の着手，不能犯の問題などが論じられてきたが，今日においては，いわゆる違法論における行為無価値論と結果無価値論との対立が色濃く影を落しているところにその特色を見ることができる[1]。まさに，中山研一教授が指摘されるように[2]，「未遂論の中に，違法論，したがって犯罪論全体の基本的な対立と問題点が集約的にあらわれている」のであり，「未遂論は違法論の対立が検証される正念場」なのである。本特集において「未遂・不能犯」が1つのテーマとなっているのも，このような問題意識に基づくものであろう。そこで，本稿においては，右のテーマについてその違法性の問題を中心として考察することにする。考察にあたって未遂犯概念の成立過程を概観することが，1つの視点を提供するものとして有益である。

第2節　未遂犯概念の成立過程

　現行刑法43条に規定する未遂犯概念は，実行の着手を概念要素とする近代的未遂犯概念であるが，これは周知のように，フランスの革命暦4年の法律によってはじめて規定され[3]，それがフランス刑法典，プロイセン刑法典などを経て我が国に導入されたものである。我が国においては，日本帝国刑法初案において，この近代的未遂犯概念が基礎とされ，日本刑法草案第一稿においてはじめて法文の上にもこの未遂犯概念が明示されたのである[4]。本稿においては，この近代的未遂犯概念の基礎となっている，犯罪の完成に

対する未完成という意味の一般的未遂犯概念の成立過程[5]を論ずることで足りるであろう。

さて、ローマ法においても、古代ゲルマン法においても未遂犯概念は逆の意味で存在しなかったのである。なぜなら、前者は未遂をも一般的に処罰したためであり、後者はこれを処罰しなかったからである。ただ、古代ゲルマン法において未遂が例外的に処罰されたのは、独立の犯行として単に未遂行為の外形を把握したものにすぎず、そこでは何ら悪意は問題とされなかったが、これに対し、ローマ法では犯罪の成立には、犯罪的結果を招来する意思のみで十分とされ、すべて結果の発生は不要とされたのである。中世においても未遂犯概念は成立しなかったのであるが、その萌芽ともいうべき、生命危殆化の一般的未遂犯罪があったことは注目に値する。すなわち、サリー・フランク族の部族法典であるサリカ法典によれば、殺人の意図をもってする打ち損じおよび射損じ、人が寝ている家の放火、国王への誣告、毒物供与のような行為は、これまでの未遂犯罪の域を越えて、行為者の意図——殺害——によって、生命という具体的な個別的法益に対する危険な行為として類型化されて、生命危殆化犯罪という一般的未遂犯罪に綜合されたのである。この場合には、行為者の意図が実際に殺害に向けられていたかどうかが問われることになり、目標の特定性に行為の不特定性が対立することになったのである。ここに、「未遂犯罪という刻印をもって、無害におわった犯罪意思が刑法の中に入り込んだ」とされる所以がある。そして、14および15世紀に至って、ローマ・カノン法の影響の下に、都市法や判決の中に今日における未遂犯概念が成立したのであるが、これが結局、中性イタリア法学によって形成された未遂犯概念が、16世紀初頭にカロリナ法典に継受される下地を提供したものである。

ところで、後期註釈法学者は、最初に統一的未遂犯概念をつくり、それを既遂犯に対置させたのである。ローマ法では公的犯罪と私的犯罪とが区別され、前者の場合には、犯意が何らかの形で示されれば責任を問うに十分であるとされたのに対し、後者の場合には犯意の完全な実現が必要とされたのであるが、このような外部的事態と内部的事態との不均衡に着目することによって、イタリア人は犯罪の外部的構成要件と内部的構成要件との関係を分析

したのである。その関係は，①犯意があり，行為があって，しかも犯罪の完成がある場合，②犯意があり，行為があって，しかも犯罪の完成がない場合，③犯意があって，行為と犯罪の完成とがない場合，④行為と犯罪の完成があって，犯意がない場合，⑤犯意，行為，犯罪の完成のいずれもない場合の五つに分析された。このうち，①の場合は犯罪の既遂の場合であり，④の場合は責任条件が欠け，責任のない場合であり，⑤の場合は犯罪の不存在であることが明白であって，未遂犯概念にとっては結局②と③の場合が問題となったが，③の場合は，すなわちたんなる思想は，「運動の端緒は支配できない」ということによって不可罰とされ，②の場合，すなわち「犯意があり，行為があって，しかも犯罪の完成がない場合」が未遂であるとされたのである。カロリナ法典第178条の「犯罪の完成に役立つべき何らかの行為をもって犯罪をなし，その犯罪の完了が他の方法のため意思に反して妨げられた場合は，その何らかの行為を来したる悪意は刑事上罰すべきものとする。ただし，犯罪の完成したる場合においては完成しない場合よりも厳格に罰する。（後略）」との法文に結実したものもこの中世イタリア法学によって形成されたこの未遂犯概念である。ここに犯意を概念要素とする行為を処罰するものとしての未遂犯概念が成立したことに注目しなければならないであろう。

第3節　判断形式としての違法二元論

ところで，すでに考察したように，未遂犯は行為と結果とからなる結果犯について，結果が発生しない場合に，行為それ自体のもつある性質に着眼して無価値評価を結びつけ，それに刑罰を科するものにほかならないが，その内容を明らかにするためには，犯罪の実現過程に対応して，行為自体の違法性と結果の違法性とに分けて考察することが必要であると考えられる。

1　行為無価値と結果無価値をめぐる理論状況

まず，そのために，わが国における，行為無価値，結果無価値の内容，関係に関する理論状況を概観することにしよう[6]。周知のように，違法性の本質につき行為無価値，結果無価値を対立させることは，ウェルツェルが，

法益の侵害を結果無価値と呼び，法益侵害説を批判して，行為無価値を強調する人的不法概念を提唱したことにはじまる。すなわち，ウェルツェルは，「不法は，行為者から内容的に切り離された結果惹起（法益侵害）に尽きるものでなく，行為は一定の行為者の仕業としてのみ違法なのである。行為者がいかなる目標設定を目的活動的にその客観的行為に与えたか，行為者がいかなる心構えからその行為をなしたか，その際いかなる義務が行為者に存していたか，これらすべてが，生じるかも知れない法益侵害とともに，行為の不法を決定するのである。違法性とは，つねに，一定の行為者に関係づけられた行為の否認である。不法は，行為者関係的な『人的』行為不法である。」「法益侵害（結果無価値）は，刑法上，人的に違法な行為（行為無価値）のなかでのみ意義をもつ。人的行為無価値は，すべての刑法上の犯罪の一般的無価値である。事態無価値（侵害され，または危険にさらされた法益）は，数多くの犯罪（結果犯と危険犯）における非独立的な要素である。具体的な場合において，行為無価値はなくならないのに事態無価値が欠けるということがありうる。例えば，不能未遂の場合がそうである。」として，その人的不法論を[7]展開したのである。我が国の行為無価値論者も多少ともこの所説の影響を受けているとされているが[8]，例えば，違法性においては，法益侵害＝結果無価値だけでなく，行為無価値＝行為の態様（行為の種類，方法，主観的要素など）も違法判断において考慮されなければならないとか[9]，「違法性を，法益侵害という客観的・外形的要素によって尽くされたものと考えるか，それとも，法益侵害惹起行為の態様といういわゆる行為無価値的方面を合わせて重視するか，また，行為無価値と結果無価値との関係について，どちらにウエイトを置くべきか」が問題であるとされている[10]ように，「行為無価値と結果無価値とを併列的に理解しようとする傾向」があり，ウェルツェルの所説に比しより折衷的色彩をもっていると指摘されている[11]。このことは行無価値論者が不能犯論につき具体的危険説を採ることがあることにもあらわれている[12]。また両者を併列的に考えるといっても，その関係が必ずしも明らかでない。いわゆる偶然防衛につき行為無価値論者は既遂犯の責任をみとめるのである[13]が，この場合には侵害行為の相手方の法益は法益たるに値せず[14]，結果無価値は欠けると考えられるのに，既遂犯の責任をみとめ

るのは結局，行為無価値のみで既遂犯の違法性を基礎づけ，結果無価値は何ら独立の意義，違法性を構成する意義をもたず，行為無価値に付随したものになってしまっていることをみとめるものである[15]。また，行為無価値と社会倫理秩序違反性との結びつきについても疑問が提起され，むしろ行為無価値を法益侵害の危険性に還元できないか，ということが指摘されているのである[16]。他方で，結果無価値論者も故意一般を主観的違法要素とみることに消極的であることについては見解の一致をみるものの，主観的違法要素をみとめる範囲には広狭の差があり[17]，不能犯論においても具体的危険説を採用するのが一般的であるが，なお，その危険性判断にあたって，主観的事情の排除，あるいは事後的判断の余地をみとめることにつき差異があり，また客観的危険説を妥当とするものもあるというのが現状である[18]。

2　行為自体の違法性と結果の違法性

このように，行為無価値と結果無価値の内容，両者の関係については論者によってその説くところにかなりの差がみられるのである。したがって，これを整理し妥当な結論を引き出すためには，違法本質論，刑法の任務・機能論の問題と違法判断の形式の問題とを分けて考察することが妥当なことであると考えられる。

この点については，ウェルツェルが，その体系書の冒頭のページで，「あらゆる人間の行為は，良かれ悪しかれ，2つの異なった価値相（zwei verschiedene Wertaspekte）に服する」として，「あらゆる人間の行為は，まずそれが惹き起したところの結果にしたがって評価されうる（結果価値あるいは事態価値〈Erfolgsoder Sachverhaltswert〉）が，さらに結果の達成とかかわりなく，すでに行為自体の意味にしたがって評価されうる（行為価値〈Aktwert〉）」のであり，同様のことは，否定的な事柄についても妥当するとして，「行為の無価値（Unwert der Handlung）は，それが惹起したところの結果が是認しえない価値をもつ（mißbilligenswert）という点にみられうる（行為の結果無価値〈Erfolgsunwert der Handlung〉）が，しかし結果の達成とかかわりなく，是認されない結果を目指した行為自身すでに是認しえない価値をもつ（行為の行為無価値〈Aktunwert der Handlung〉），例えば，空のポケットにスリが手を差し入れ

ること」と述べている[19]のが注目されるべきである。このように，人間の行為評価の二元性の指摘は，わが国においても，江家博士の所説にもみられるところである。博士は主観主義刑法理論の立場に立ってその所説を展開されたため，その説く内容については必ずしも賛成しがたい部分が存在するが，「おもうに，行為の違法性は，これを行為自体と行為から生じた結果（実害又は具体的危険）とに一応わけて考えねばならない。何となれば，主観主義の立場からすれば，犯罪の重点は犯人の反社会的性格にある。故に，行為者が犯罪を犯す意思で一定の行為をした以上，その行為を違法と判断せねばならぬからであり，しかし他面において，現行刑法が客観主義の立場によって，犯罪の重点を実害の発生においている以上は，行為から生じた結果の違法性もまた判断せねばならぬからである」とし，さらに，「行為自体が違法になるためには，行為者の意思が違法要素になり」，「行為から生じた結果の違法性はその結果（実害又は具体的危険）だけで判断される」と述べているのがこれである[20]。これらの所説にみられる人間の行為評価の二元性は，刑法上の犯罪行為の評価にとっても重要な意味をもつものと考えられる。このように，犯罪行為の違法性を評価するに際して，行為自体の違法性と結果の違法性とに分けて考察する考え方を判断形式としての違法二元論と呼ぶことにする。

　我が刑法は，一方で，過失犯は原則として不可罰とし，未遂犯をも含めて危険犯を処罰していること，他方で，未遂犯処罰は例外であって既遂犯処罰が原則であること，結果発生のない（挙動犯たる）過失犯が不可罰であること，結果的加重犯がとくに重く処罰されていることなどからすると，現行刑法上の犯罪行為の違法性を判断するについてもこの違法二元論が妥当するものと考えられるのである。もっとも，一部の論者の中には，結果の発生の有無は偶然的なものであるから，または，刑法規範は結果の発生自体を禁止することはできず，たかだか結果発生を志向する行為を禁止するのみであるとして，発生した結果によって行為の違法性を判断することに消極的立場をとる主張が存在する[21]。しかしながら，行為者の実現意思に含まれた結果であって，しかも行為から当該結果が生ずるのが一般人の立場からみて予見可能なもの，いいかえれば，行為の危険性が実現したと考えられる結果につい

ては，この結果の価値・無価値によって，行為の価値・無価値の判断をすることも可能といわざるをえないと考える(22)。

　さて，この違法二元論は，犯罪の実現過程に応じて，行為自体の違法性と結果の違法性とに分けて論ずるものであり，行為自体の違法性は，行為自体のもつある性質に着眼して法的無価値判断が下されるものであるから，その判断構造の要点は事前の判断（ex ante）たることにあると考えられる。これに対し，結果の違法性は発生した結果について法的無価値判断をするものであるから，事後の判断（ex post）たることに判断構造の要点がある。イェシェックが結果無価値論と行為無価値論の構造上の差異につき，前者が「事後の」評価を基準とし，後者が「事前の」予知に基づいているとする(23)のはこの意味で妥当であると考えられる。結果の違法性は発生した結果（法益の実害）についてその法的無価値性を判断するものであって，行為者の意思や能力とは何らかかわりなく客観的に判断できるが，行為自体の違法性を判断するについてはその行為の意味を認識しなければならず，必然的に意思をも判断要素に加えざるをえないのである。これを要するに，行為自体の違法性の判断は行為時における事前の判断であって，行為時に存在する主観的・客観的事情を基礎とした判断であり，結果の違法性の判断は発生した結果についての客観的・事後的判断なのである。

3　違法二元論の具体的適用

　そして，シュトラーテンヴェルトも述べているように(24)，行為自体の違法性と結果の違法性の両者が肯定される場合は，既遂犯としての違法性が肯定されるのであり，行為自体の違法性のみ肯定され，結果の違法性が否定される場合は，未遂犯としての違法性が肯定されるにすぎず，行為自体の違法性が否定され，結果の違法性のみ肯定される場合は，刑法上何ら犯罪としての違法性を基礎づけないのである。今いくつかの例をとってこの関係の具体的適用をみてみることにしよう。

　第1に，殺人罪，傷害致死罪および過失致死罪の犯罪はともに「死」という結果の発生を必要とするものであるが，これらの犯罪の違法性の構造は，三者とも結果の違法性については何ら差異がないのであって，行為自体の違

法性がそれぞれ異なっているのである。この相違が法定刑のそれに反映しているのである。

　第2に、いわゆる偶然防衛の場合、発生した結果は事後的・客観的には正当防衛であると考えられるので、結果の違法性が阻却され、未遂犯として処罰されるにすぎない。もっとも、結果が発生せず、したがって当然結果の違法性を欠く場合が未遂犯であるので、偶然防衛の場合は結果が発生していてもその違法性が欠ける場合であるから未遂犯処罰規定の準用という方が正確である[25]。

　第3に、犯罪の違法性を行為自体の違法性と結果の違法性とに分けて考察することは、違法阻却事由の場合にも、行為自体の違法性を阻却する事由と結果の違法性を阻却する事由とに分けて考察することを意味するのであり、前者は、その有無の判断が主観的要素をも考慮した事前の判断であることから、行為時に存在する主観的・客観的事情の中に、これに反し、後者は、その有無の判断が事後の客観的判断であることから、行為後の客観的事情の中に、それぞれ求められることになる。このような観点から刑法230条の2の規定を考察すると[26]、そこには、行為後に存在する客観的要件として、事実の公共性と真実性の証明、行為時に存在する主観的・客観的要件として、事実の公共性と目的の公益性、それに真実性の証明があったことに見合う事情とが規定されていると考えられる。そして、名誉毀損罪は、挙動犯であり、危険犯であって、したがって行為自体の違法性を処罰するものであるから、その違法性を阻却する機能をもつのは後者の要件であり、これに対し、前者の要件は、結果犯において結果の違法性を阻却する事由として機能すべきものであるが、名誉毀損罪の場合は前述したように行為自体の違法性を処罰するものであるから、名誉毀損罪の違法性を阻却する機能をもたず、たんに処罰を阻却する機能をもつにすぎないのである。かくて、刑法230条の2の規定する要件のうち、行為時に存在する要件を違法性阻却事由と、行為後に存在する要件を処罰阻却事由とそれぞれ考えることができるのであり、同条はこの意味で違法阻却事由と処罰阻却事由とを併せ規定していると考えることができる。かくして、一方で、人の名誉を毀損するような事実を摘示する者は、慎重にその要求される調査義務を尽くし、合理的根拠に基づいて

摘示行為に及んだ場合には，事後の真実性の証明の有無にかかわらず，名誉毀損罪の成立を否定し，他方で，軽率に事実を摘示した場合でも，事後に真実性の証明に成功すれば，名誉毀損罪の成立は肯定するが，処罰は阻却するとする結果を導くことが可能となり，人格権と言論の自由との真に調和のとれた解決を可能にするものである。

以上述べたことからしても，判断形式としての違法二元論が刑法解釈上妥当な結論を導くものであることが明らかになったことと思われる。

第4節　行為自体の違法性の内容

1　総説

(1)　次に問題となるのは，行為自体の違法性と結果の違法性の内容に何を盛り込むかということである。結果の違法性は発生した結果，すなわち，法益の実害，ウェルツェルのいう結果無価値であるが[27]，とくに検討を要するのは，行為自体の違法性の内容である。この内容を確定するに際し重要なことは，第1に，行為自体の違法性が事前の判断であるという形式に限定されることであり，第2に，その範囲内でどのような内容を行為自体の違法性に盛り込むかは，刑法の任務，機能は何か，という問題によって政策的に規定されることである。このような観点から行為自体の違法性の内容として考えられるのは，第1に，社会倫理秩序違反性であり，第二に，法益侵害の危険性，それも事前の判断によって肯定される危険性である。この点については，刑法規範がその違反に対して刑罰という強制力をもって臨むものである以上，刑罰権の発動は必要にして最小限度でなければならず，しかも刑法規範は，たんに社会倫理秩序を維持するものではなく，社会生活上の重要な利益を保護するためにあると考えるべきであるから，たんに刑法秩序に違反するだけでは不十分であって，具体的な客体的な法益に対する危険性を持った行為でなければならず，このような行為であってはじめて違法と判断することができるのであり[28]，かように，行為自体の違法性の実体は行為の持つ法益に対する侵害の危険性であると考えるべきである。

(2)　このように，行為自体の違法性の内容を基礎づけるものは法益侵害の

危険性であるが，この危険性の内容を明らかにするためには，刑法上処罰に値する危険性の質の問題と程度の問題を分けて論ずることが便宜であると考えられる。まず，行為の危険性を判断するこは行為の行われる実態に着目する必要がある。人間が行為をする場合には，一定の客観的状況の下で，行為に特定の意義を賦与しながらその行為を行うのである。したがって，このような行為が法益に対して危険かどうかを判断するには，たんに行為の外形的部分からのみではなく，広く行為者が行為を行う際に持っていた主観的意図をも考慮しなければならない。例えば，同じくピストルを向ける行為でも，人を撃とうと思って向ける場合には生命に対する危険性があるが，ふざけて向ける場合にはその危険性はないであろう[29]。また，他人のポケットに手を触れる行為でありながら，いわゆるあたり行為に窃盗の着手を否定し，金品窃取の目的で行われた場合にこれを肯定するのも同じことである[30]。したがって，行為の危険性，行為自体の違法性を判断するには行為者の主観面を必ず考慮しなければならず，犯罪の故意のみならず，その具体的な形態での所為計画も主観的違法要素であり，犯罪が未遂にとどまると既遂に至るとを問わず，行為自体の違法性を判断する上においては主観的違法要素なのである[31]。そして，行為自体の違法性を判断するについて主観的事情を考慮する際には，行為時に客観的に存在する事情については，一般人の認識しえない事情でも行為者がとくに認識していた事情は考慮すべきであり，また客観的に存在しない事情については，行為者が存在すると考えた事情でも一般人の立場からみて存在するのが合理的と考えられるものに限って考慮すべきである（かように判断された危険を具体的危険という）。なぜなら，後者の事情につき一般人の立場からみてその存在すると考えることが不合理な事情をも含めると，それによって判断される危険はもっぱら行為者の認識した事情のみに基づくものとなってしまい（これを抽象的危険という），その行為について一般人は何ら危険性を感じないものというべきであり，法益に対する危険としてあまりにも抽象的となり，刑法規範の任務が前述したように社会生活上の重要な利益の保護にあるとすれば，法益に対するこのような抽象的な危険を有するに過ぎない行為を処罰する必要はないからである。

このようにして判断された危険（具体的危険）が刑法上処罰に値する質をも

った危険である。このレベルの危険概念はとくに未遂犯と不能犯を分かつものとして論じられているが，それのみでなく，あらゆる危険犯にとってその基礎となるものである。したがって，いわゆる挙動犯についてもこのことが考えられなければならない[32]。例えば，これを遺棄罪について言うならば，病人BをA看護していたAがBを遺棄したとき，事後の鑑定の結果，行為時にBが死亡していたとしても，行為時にAがBは生きていると思い，一般人の立場からもBが生きていると認識できる場合には，遺棄罪として処罰に値する（具体的）危険があるといえるのである。

　ただ，この場合，さらに問題となるのは危険の程度である。例えば，AがBを病院の空きベッド，人通りのない道路脇の林の中，または交番の前にそれぞれ遺棄した場合には，その危険の程度にはそれぞれ差異がある。したがって，刑法上処罰するに値する質をもった前述の具体的危険について，そのなんらかの可能性ある段階からまさに高度の蓋然性のある段階にいたるまで種々の段階が考えられるのである。そして，未遂犯をも含めて，各種の危険犯とされている罪にとってその成立に必要とされる危険の程度は多様である。しかしこれを類型的に分類して，なんらかの程度の危険を抽象的危険と言い，これを必要とする危険犯が抽象的危険犯であり，これに反し，かなり高度の危険を具体的危険と言い，これを必要とする危険犯が具体的危険犯であるとすることができよう[33]。しかし，これはあくまでも類型的な分類にすぎず，種々の危険犯にとって必要とされる危険の程度はそれぞれの犯罪の特質，例えば保護法益が重大かどうか，未遂を処罰するかどうかといったことを考慮して目的論的に決められるべきものである。そしてこの危険の程度は，行為時の具体的状況を考慮して一般人の立場より実質的・具体的に判断されるべきである。

　(3)　このように行為自体の違法性のメルクマールは法益侵害の危険性であるが，場合によって義務違反性もこれに付け加わることがある。この場合注意すべきことは，前述したように，刑罰法規は社会生活上の利益保護のために存在するものであるから，全く法益侵害の危険性から独立した義務違反性のみを違法性のメルクマールとするものでないことである。例えば，単純遺棄罪（刑法217条）に比し，保護責任者遺棄罪（同218条）の法定刑が重いのは，

両者が共に生命・身体に対する危険犯であるが，前者が危険犯としての性格を純粋に貫きうるのに対し，後者は保護責任者によって遂行された危険犯，すなわち保護義務懈怠としての性格をあわせ持つ危険犯であると考えられるからである[34]。

2 実行の着手

(1) 実行の着手については，主観説，客観説，折衷説の3説があるといわれているが[35]，以上に考察したような，行為自体の違法性の基礎となる法益に対する具体的危険が直接的に切迫していると考えられるときに，実行の着手をみとめるべきである。この場合に，行為者の所為計画によれば，法益の危殆化に自己の行為が介在することが予定されているときには，法益の危殆化はなお間接的であって切迫性に欠けるであろう。しかし，法益の危殆化が直接的であっても，いまだ危殆化が切迫しているとはいえない場合（後述の（I）の事例の㈥の場合参照）がある。いずれにしても，危険が直接に切迫しているかどうかは，行為のなされたときの客観的状況を前提にして客観的に判断されなければならない。このような意味で，実行の着手時期を決定するのに，所為計画と法益の危殆化の切迫性という二つの標準をもってするいわゆる折衷説が正しいというべきであろう[36]。すなわち，行為者の所為計画によれば当該構成要件の保護客体に対する具体的危険が直接的に切迫したとき実行の着手を肯定すべきである。

ただ，この折衷説を採る場合には一つの留保が必要だと考えられる。それは，折衷的立場を採る論者が多く不能犯論において主観説乃至抽象的危険説を採っている[37]ことからも明らかなように，折衷的立場それ自体のメルクマールの中には，ボッケルマンや井上正治博士が指摘するように[38]，行為者の計画というものには何ら限定がないので，非実在の事情であって一般人の見地からみて通常存在しないと思われるような事情を行為者が計画に入れて犯意の実現に及んだ場合でも実行の着手を肯定せざるをえないことである。例えば，レストランでテーブルの上にある砂糖容れに毒が入っていると考えて人を殺す意思でそれをコーヒー茶碗の中に入れた場合にも実行の着手を肯定することになる。したがって，不能犯論につき，西ドイツのように主

第10章　行為無価値・結果無価値と未遂犯の理論　　95

観説や抽象的危険説を採るならばともかく，前述したように，行為自体の違法性の基礎として具体的危険を考える具体的危険説を支持するかぎり，折衷的立場のこの点を意識せずにこの立場を採用することは妥当とはいえないであろう。なぜなら，外形的にせよ実行の着手があるとされた時点において不能犯であるかどうかが問題となるのであり，したがって，折衷的立場により実行の着手があるとされ，具体的危険説によって不能犯であるというのでは論理一貫しないからである。つまり，実行の着手があるという判断には不能犯でないという判断が併せ含まれていると考えなければならないのである。換言すれば，不能犯論は実行の着手論の一つのミクロコスモスであるといえるであろう[39]。

(2)　前述したように，折衷説の立場に立って，実行の着手時期を，行為者の所為計画に従えば当該構成要件の保護客体を直接的に危殆化させた点に求める場合には，仮にある行為をし，それが外形的に同じ行為と考えられるものであっても，その所為計画の内容に応じて，行為のもつ危険性には差があり，したがって，実行の着手時期も異なることになる。そこで，例えば，(Ⅰ) 妻が，夫の旅行中，その夫が飲んでいたウイスキーのビンに毒を入れた場合と，(Ⅱ) 妻が，夫の在宅中，その夫が飲んでいたウイスキーのビンに毒を入れた場合を例にして右に述べた折衷説の具体的適用を考えてみよう[40]。

まず，(Ⅰ) の事例において，㋑その夫が帰る前にその毒入りのウイスキーのビンを取り去ってしまうことを留保していたときは，すでに無条件の行為意思を欠くことになり未遂とはならないが，㋺夫が戻ってきたとき，夫のグラスに自らウイスキーを注いでやるつもりの場合には，たんに予備にすぎない。なぜなら，この場合は，夫の生命に対する危殆化には自己の行為の介在することが予定されており，その危殆化が直接的に切迫しているとはいえないからである。㋩もはや何も変更しないことに決心して，夫が帰宅して自分で飲むことを期待したときは，問題であるが，この場合には，夫の生命に対する危殆化は直接的であるが，いまだ切迫していないから予備にすぎないと解すべきであり，さらに夫が帰宅したときまたは自ら長期旅行に出るなどして事象のその後の経過を自らの手中より放棄し，自然の経過にゆだねたとき，

危険を除去しないという不作為の態度に実行の着手をみとめるべきである。

次に，(Ⅱ)の事例において，㋑夫が自ら飲むことを期待していた場合には，夫の生命に対する危殆化がすでに直接的に切迫していると考えられるから，ウイスキーのビンに毒を入れたときに実行の着手を肯定できる。これに反し，あとで自らグラスに注いでやるつもりの場合にはいまだ生命に対する危殆化は間接的であって，因果の事象を自らの手中に支配しているから切迫しているとはいえず予備にすぎない。この場合は，前述の(Ⅰ)㊅と同じく，例えば，一寸買物に出かけるというように，事象の経過を自己の手中から放棄したとき，その危険を除去しない不作為の態度に実行の着手を肯定できる。

(3) 以上によって，折衷説の具体的適用が明らかになったと思われるが，判例にも折衷説を採用したものが存在する。すなわち，「被告人が本件被害者方店舗内において，所携の懐中電燈により真暗な店内を照らしたところ，電気器具類が積んであることが判ったが，なるべく金を盗りたいので自己の左側に認めた煙草売場の方に行きかけた」ときに窃盗罪の実行の着手を肯定した判例である（最決昭和40年3月9日刑集19巻2号69頁）。この判例は，窃盗罪の実行の着手時期につき密接行為説を採っている大審院以来の判例を踏襲しながらも，この密接行為はいわゆる物色行為にかぎらないとして，これまでよりも着手時期を早めたとされているが[41]，むしろ，実質的客観説からすれば，本件のような場合は，電気器具類の陳列してある店舗内に侵入したとき[42]または，遅くとも「懐中電燈で真暗な店内を照らした」ときに[43]実行の着手を肯定できるのであるが，本決定では，行為者の「なるべく金を盗りたい」という所為計画にしたがって，むしろ実行の着手時期を後へずらしたと考えられるのであり，この意味で本件決定は折衷説に立つ判例ということができる。

3 不能犯

不能犯については，主観説，絶対不能・相対不能説（古い客観説，客観的危険説），具体的危険説（新しい危険説），抽象的危険説（主観的危険説）の学説の対立[44]があったが，今日では具体的危険説と抽象的危険説の対立（もっとも

前者が圧倒的優位をしめているのが実情である）に限定され[45]，最近，新たに絶対不能・相対不能説が再評価される機運が生じてきている[46]というのが学説の現状であり，そこで争われているのは，危険性判断の構造であって，事前判断によるべきか，事後判断によるべきか，自然科学的・物理的危険性によるべきか，一般人の立場からみた危険性によるべきか，判断にあたって行為を一般化して判断すべきか，具体的事情の下にこれを判断すべきか，後者によるとしても行為者の認識事情を考慮すべきか，などの点である[47]。

これについては，前述したところからも明らかなように，具体的危険説をもって妥当とすべきである[48]。すなわち，行為自体の違法性の基礎としての危険は，事前の判断に基づくものであって，行為者の主観的事情を考慮する際には，行為時に客観的に存在する事情については，一般人の認識しえない事情でも行為者がとくに認識していた事情は考慮すべきであり，また客観的に存在しない事情については，行為者が存在すると考えた事情でも一般人の立場からみて存在するのが合理的と考えられるものに限って考慮すべきである。これは，西原教授や大谷教授が指摘されているように[49]，明確に行為自体の危険性に着眼したものであり，むしろ規範的観点からの危惧感，脅威感をその内容とする立場であって，法益に対する純客観的危険状態のないところにも未遂犯の違法性を認めるものであり妥当であると考える。刑法規範が社会生活上の重要な利益を保護する機能をもつものであるとしても，行為時において，当該行為に法益侵害の危険性を一般人が感じる行為を違法としてこれに刑罰を科し，一般人をして重要なる生活利益が保護されているという法的安心感を与えるものでなければ，刑法規範の法益保護機能は十全とはいえないと考えられるからである。

（1） 板倉宏「違法性における行為無価値論と結果無価値論」中義勝編『論争刑法』（1976）23, 25頁，大谷実「不能犯」同135頁，内藤謙「結果無価値と行為無価値」法学教室《第2期》4（1974）110-111頁。
（2） 中山研一『口述刑法総論』（1978）363, 365頁。
（3） 江口三角「フランス刑法における未遂犯」愛知大学紀要5巻3号第1分冊（法学）（1967）6頁以下参照。
（4） 野村稔「明治維新以後の刑法制定史と未遂規定」早稲田法学会誌24巻（1974）101, 107頁参照。

(5) 詳細は、野村稔「未遂犯の歴史的展開」早稲田大学大学院法研論集 8 号（1972）155頁以下参照。
(6) Law School 1980年8月号の阿部，香川両教授の論文参照。
(7) Welzel, Das Deutsche Strafrecht, 11. Aufl., 1969, S. 62.
(8) 板倉・前掲注（1）20頁，内藤謙「違法性における行為無価値論と結果無価値論」前掲注（1）論争刑法35頁。
(9) 福田平＝大塚仁『新版刑法総論』（1978）71頁。
(10) 藤木英雄『刑法講義総論』（1975）76頁。
(11) 内藤・前掲注（8）36頁，真鍋毅「行為無価値と結果無価値」中山研一ほか編『現代刑法講座 2 巻』（1979）22頁。
(12) 例えば，福田・前掲注（9）181頁。
(13) 例えば，福田・前掲注（9）117頁。
(14) 佐伯千仭『改訂刑法講義総論』（1974）319頁参照。
(15) 振津隆行「不法における結果無価値と行為無価値(一)」関西大学法学論集26巻 1 号（1976）179-180頁，生田勝義「正当防衛における防衛意思」西原春夫＝藤木英雄＝森下忠編『刑法学 2 』（1978）43頁。
(16) 内藤謙「戦後刑法学における行為無価値論と結果無価値論の展開(二)」刑法雑誌22巻 1 号（1978）67頁註14，内藤・前掲注（8）49頁。なお，佐伯・前掲注（14）175頁，内田文昭『刑法Ⅰ（総論）』（1977）21頁。
(17) 中義勝「故意の体系的地位」『現代の刑事法学：平場安治博士還暦祝賀（上）』（1977）151頁以下，中山研一「故意は主観的違法要素か」法学論叢102巻 5・6 号（1978）47頁以下など参照。
(18) 野村稔「不能犯と事実の欠如」刑法基本講座 4 巻（1992） 4 頁。
(19) Welzel, a. a. O., S. 1f., 大野平吉「結果無価値と行為無価値」西原春夫＝藤木英雄＝森下忠編『刑法学 2 』（1978） 28頁。
(20) 江家義男『刑法総論』（1937）91-93頁。
(21) 平場安治「犯罪論の体系について」法曹時報29巻 9 号（1977）21頁以下，増田豊「現代ドイツ刑法学における人格的不法論の展開Ⅰ」明治大学大学院紀要12集(1)法学編（1974）129頁以下，同「人格的不法論と責任説の規範論的基礎」法律論叢49巻 6 号（1977）146-147頁，同「ギュンター・シュトラーテンヴェルト『刑法における結果無価値の重要性について』」法律論叢50巻 1 号（1977）105頁以下。なおドイツの学説については，増田・前掲諸論文が詳細である。
(22) 井上祐司『行為無価値と過失犯論』（1973）252-253頁参照。Noch vgl. Jescheck, Lehrbuch des Strafrects, 3., Aufl., 1978, S. 190f.; Stratenwerth, Zur Relevanz des Erfvolgsunwertes im strafrecht, in: Festschrift für F. Schaffstein, 1975, S. 182ff.
(23) Jescheck, Lehrbueh des Strafrechts, 2. Aufl., 1972, S. 242.
(24) Stratenwerth, a. a. O., S. 178f.
(25) 野村稔「防衛の意思と攻撃の意思とが併存している場合と刑法三六条の防衛行為」判例タイムズ334号（1976）98頁。
(26) 野村稔「名誉毀損罪における事実の証明」早稲田法学53巻 1・2 号（1977）145頁以下参照。
(27) Welzel, a. a. O., S. 62.
(28) 平野龍一『刑法総論Ⅱ』（1975）311頁，西原春夫『刑法総論』（1977）109-110頁参照。
(29) 西原・前掲注（28）282頁，中・前掲注（17）151頁以下参照。
(30) 広島高判昭和28年10月 5 日高刑集 6 巻 9 号1261頁，最決昭和29年 5 月 6 日刑集 8 巻 5 号634頁，八木國之「すりと実行の着手」国藤重光編『刑法判例百選』（1964）75頁，国枝英郎＝泉幸伸「スリ，万引の既遂，未遂についての諸問題」捜査研究18巻 4 号（1969）149頁。

(31) 野村稔「実行の着手」中山研一ほか編『現代刑法講座 3 巻』(1979) 122頁。なお，主観的違法要素については，本特集の神山教授の論文を参照されたい。
(32) 野村稔「不能犯」西原春夫ほか編『判例刑法研究四巻』(1981)〔14〕の判例解説参照。
(33) 平野龍一『刑法総論Ⅰ』(1972) 120, 121頁は，前者を「ある程度の具体的な危険」，後者を「さしせまった危険」とする。
(34) 大塚仁「刑法(七)」研修361号 (1978) 72頁，野村稔「保護責任者遺棄罪」西原春夫＝藤木英雄＝森下忠編『刑法学 4』(1977) 81-82頁。
(35) 斉藤金作「実行の着手」日本刑法学会編『刑法講座 4 巻』(1963) 4 頁。
(36) 例えば，斉藤・前掲注(35) 7 頁以下，西原・前掲注(28) 281-282頁，木村亀二『刑法総論』(増補版, 1978) 345頁, 仲地哲哉「窃盗罪における実行の着手」宮沢浩一＝大野真義編『判例演習講座刑法Ⅰ (総論)』(1972) 252頁, 野村・前掲注 (31) 123頁など。
(37) 例えば，Welzel, a. a. O., S. 193；斉藤金作『刑法総論』(改訂版, 1955) 221頁, 木村・前掲注(36) 356頁, 西原春夫『刑法総論』(1968) 221頁 (ただし，その後，同・前掲注(28) 301頁で具体的危険説に改説された)。
(38) Bockelmann, Strafrecht, Allgemeiner Teil, 1973, S. 196；井上正治「窃盗の着手があったと認められた事例」法律のひろば20巻 6 号 (1967) 52-53頁, 大谷・前掲注 (1) 138頁参照。
(39) なお，木村亀二『犯罪論の新構造 (下)』(1968) 34頁, 大谷・前掲注 (1) 138頁参照。
(40) Vgl. Dreher-Tröndle, StGB., 39. Aufl, §22 Rn 9; Rudolphi in SK StGB §22 Rn 19.
(41) 岩井宣子「窃盗の着手があったものと認められた事例」警察研究44巻 4 号 (1973) 86-87頁, 竹内正「実行の着手」法学セミナー256号 (1976) 103頁, 佐藤司「実行の着手」藤木英雄編『刑法Ⅰ〔総論〕』(1977) 242-243頁, 八木國之「窃盗罪における実行の着手」平野龍一＝松尾浩也編『刑法判例百選Ⅰ総論』(第 2 版, 1984) 155頁, なお，斎藤静敬「未遂 (実行の着手)」我妻栄編『刑法の判例』(第 2 版, 1973) 93頁。
(42) 平野龍一『刑法総論Ⅱ』(1975) 316頁。
(43) 駒沢貞志・大塚仁編『判例コンメンタールⅠ』(1976) 408頁。なお，井上正治・前掲注(38) 53頁参照。
(44) 木村亀二「不能犯及事実の欠缺」日本刑法学会編『刑事法講座 2 巻』(1952) 421頁以下, 竹田直平「不能犯」日本刑法学会編『刑法講座 4 巻』(1963) 36頁以下参照。
(45) 中「不能犯」前掲注 (1) 114頁。
(46) 中山研一『刑法総論の基本問題』(1971) 229頁以下, 同・前掲注 (2) 387頁, 大谷・前掲注 (1) 131頁以下, 同「不能犯 (再論)」同志社法学30巻 2 = 3 号 (1978) 25頁以下, 内田・前掲注 (16) 252頁以下など。
(47) この点につき, 大谷, 中各前掲注 (1), 平野・前掲注 (28) 325頁以下, 井上祐司「不能犯」法学セミナー259号 (1976) 102頁以下, 大沼邦弘「未遂犯の実質的処罰根拠」上智法学論集18巻 1 号 (1974) 63頁以下, 柏木千秋「不能犯について」研修363号 (1978) 8 頁以下, 高窪貞人「不能犯の現代的課題」中山研一ほか編『現代刑法講座 3 巻』(1979) 129頁以下など参照。
(48) 判例も同様であると考える (佐伯・前掲注 (14) 320頁, 福田・前掲注 (9) 182頁, 野村・前掲注 (32))。
(49) 西原・前掲注 (28) 301頁, 大谷・前掲注 (1) 147頁。なお，中山・前掲注 (2) 386頁参照。

第11章　未遂犯の処罰根拠
　——実質的客観説（折衷説）の立場から——

第1節　はじめに

　主観主義刑法理論に基づく主観的未遂論が克服された今日では，未遂犯の処罰根拠を行為者の犯罪意思の危険ではなく，行為の法益侵害の危険に求めることに異論はないと言ってよいであろう。そして，この行為の法益侵害の危険については違法論における結果無価値論と行為無価値論との対立を背景としつつ，その判断構造を巡る見解の差異を反映し，未遂犯の処罰根拠である法益侵害の危険について見解が対立している。そして，この対立は未遂犯の処罰根拠である危険概念を行為無価値論の立場より行為の属性としての危険と理解するか，また結果無価値論の立場より行為の結果としての危険と理解するかということに帰着するのであり，さらにこのことが，未遂犯の構造について，行為犯（行為犯説）とみるか結果犯（結果犯説）とみるかの差異となって現れている。

　すなわち，未遂犯の処罰根拠としての危険概念が行為とは区別された結果としての危険であり，かつ，未遂犯が具体的危険犯であるとすれば，その危険の程度は切迫したものでなければならない。したがって，未遂犯もこのような意味での結果すなわち切迫した危険結果の発生を必要とする結果犯であると考えることになる。これによれば，未遂犯と不能犯とを分かつ基準としては結果としての危険の有無を問題とする客観的危険説によることになり，また，実行の着手も行為者の行為とは別の外界の事象に求めることができることになる。これに反して，未遂犯の処罰根拠としての危険を当該行為に一般人が法益が侵害されるという危険を感じること，すなわち行為の属性としての危険とすると，未遂犯と不能犯とを分かつ基準としても危険は具体的危険説によることになり，危険の切迫した行為が未遂犯として理解されるので

あり，したがって，実行の着手も行為者の行為に認められることになる。

そしてこの未遂犯の構造の理解に基づき，今日においては，実行の着手については実質的客観説（及び結果説）と折衷説の対立が，不能犯については具体的危険説と客観的危険説の対立が重要である。これらの対立する所説の内容についてはさらに論者により異なるところがあり，実行の着手と不能犯との関係の理解についても見解の差異がある[1]。

第2節　行為の属性としての危険説(行為犯説)と結果としての危険説(結果犯説)

1　行為の属性としての危険説（行為犯説）

これは，未遂犯の処罰根拠である法益侵害の危険を行為の属性としての危険と理解し，したがって，その判断は事前判断であり，未遂犯の構造は危険な行為を内容とする行為犯と理解する立場である。そしてその危険判断にあたり考慮すべき主観的事情の範囲についてはこれを全く考慮しない立場，故意は肯定する立場，そして所為計画まで肯定する立場がある[2]。

(1) したがって，実行の着手は構成要件を実現する現実的危険を含む行為の開始時[3]（実質的客観説）または所為計画によれば法益侵害の危険性が切迫した行為の開始時[4]（折衷説）にそれぞれ求められる。さらに，行為犯説によれば間接正犯の場合にも利用行為の時点で実行の着手が肯定されることになる。間接正犯を作為・不作為の複合形態と理解し，被利用者の行為の行われた時点における作為義務に違反する不作為の態度に着手を肯定する見解[5]も未遂犯の構造を行為犯と考えるからである。

(2) また，不能犯については，行為時において，一般人が認識できた事情および行為者が特に認識していた事情を基礎として，一般人の立場より，結果発生の可能性があると判断される場合には未遂犯の成立を認め，これがないと判断される場合には不能犯を肯定することになる[6]（具体的危険説）。客体の絶対不能の事例である死体に対する殺害行為の場合にも，一般人からみても生きていると考える状況があるようなときには，殺人罪の結果発生の可能性があるから殺人未遂罪が成立し，また，手段の絶対不能とされる空ピス

トルによる殺人行為の場合にも，それが勤務中の警察官から奪ったなど通常弾が装填されていると考えられる状況にあるときには，同じく殺人未遂罪が成立するのである。

もっとも最近，違法論における客観的把握，すなわち結果無価値を強調する立場から，具体的危険説は行為無価値を処罰するものであり，また実際上結論が抽象的危険説のそれと変わりがなく，不能犯を認める範囲が狭すぎるとの批判が加えられるようになった[7]。その結果，具体的危険説の論者の中にも，構成要件の欠缺論を併用したり，事後的判断によって判明した事情による事前判断の修正を肯定したり，あるいは行為者の主観を排除して行為およびその外部的事情より危険を判断し，これと併せて構成要件の欠缺論を認めたりすることにより，具体的危険説を修正しようとする見解（修正具体的危険説）が登場した[8]。

2 結果としての危険説（結果犯説）

これは，未遂犯の処罰根拠を法益侵害の危険に求めるが，それを結果としての危険と理解することから未遂犯の構造は危険結果の発生を必要とする結果犯と把握し，危険判断は事後的客観的判断であるとする。

(1) したがって，実行の着手は行為が行われた後に法益侵害の危険が一定程度以上に達した時点（危険結果の発生時点）に肯定される[9]。間接正犯の場合は被利用者の行為の行われた時点でこの危険結果が発生したことを理由に実行の着手が肯定される[10]。

(2) また，不能犯については事後的に判明した行為時に存在した客観的事実を基礎として危険判断を行う客観的危険説が主張されている。ただ事後的客観的判断を徹底すると，例えば，ピストルで射殺する場合，狙いは正確であったが引き金を引いた後弾丸が狙った人に当たる前にその人が身を避けたため弾丸が当たらなかった場合は別として，結果が発生しなかった場合は全て不能犯とせざるを得ない。そこで，客観的危険説による論者の中でも事後判断の点は同じでありながら，判断対象たる実在的事実について一定の抽象化を肯定するか否か，また科学的に危険を判断するとはいえ，そこに規範的判断の余地を肯定するか否か，という点で差異があり，その具体的結論が異

なっているのである[11]。

(3) 注意すべきなのは，具体的危険説が事前判断の形式により危険判断を行うのは妥当だとしつつ，危険判断の対象は結果としての危険であり，その危険の実体は具体的危険ではなく現実的危険であり，現実的危険という危険事態が認められるか否かを吟味すべきであるとの見解である[12]。この見解によっても死体に対する殺人未遂や空ピストルによる殺人未遂は肯定されているのであり，そこにおいて判断された危険は現実に存在する危険ではなく，その実体は一般人が人が殺されるという感じを持つことであると考えられるので，この危険を現実的危険あるいは結果としての危険というのは用語の問題は別にしても適切ではなく，ただいたずらに議論を混乱させるだけではないであろうか。

3　実行の着手と不能犯の関係

(1) ところで，実行の着手と不能犯との関係は後述のように表裏の関係にあると考えられるが，最近では必ずしもこのようには考えられていない。例えば，佐伯千仭博士は，不能犯については具体的危険説を採用されつつ，実行の着手については，とりわけ間接正犯においては，実質的客観説の立場から，未遂の違法性の実質（可罰的違法性）の問題として可罰的未遂が成立するためには託送行為のほかに結果発生の危険の具体化が必要であるとして[13]，被利用者の行為に実行の着手を肯定されている。すなわち，不能犯については事前の判断に基づく行為の属性としての危険を考慮されているのに対して，実行の着手については，結果発生の危険の具体化という結果としての危険が考慮されている。佐伯博士の所説においてこの両者の危険が理論的にどのような関係に立つのか明らかではない。

同じことは平野龍一博士の所説にもいえる。すなわち，平野博士は，実行の着手概念は，当該行為が結果発生の具体的危険を生じたときに処罰するという段階を画する概念であると解すべきであるから，実行「行為」と実行の着手「時期」とは必ずしも同時である必要はなく，利用行為を処罰の対象たる実行行為としつつ，その着手時期は被利用者の行為を基準として決定することができるのであり，当該利用行為は結果発生の具体的危険の生じた段階

において実行行為性を取得するとされる[14]。この所説は，実行行為は法益侵害の直接に切迫した行為であり，しかも，この危険は行為の属性としてのそれではなく，結果としての危険であると解し，結果としての危険が発生したときに実行の着手を認めるものであり，この考えを不能犯について貫くときは客観的危険説によることになるであろう。しかし，平野博士は，不能犯については具体的危険説によっているのである[15]。

(2) これに対して，明確に実行の着手と不能犯とを別な原理で，すなわち二段階処理する見解が有力に主張されている。例えば，曽根威彦教授は[16]，未遂犯の成否につき，いわば実行行為（構成要件該当性）と可罰的違法性（違法性）とを分離され，実行の着手を行為者の行為に認め，その法益侵害の危険は事前の判断に服するとしつつ，しかし，実行の着手が肯定されても，それが可罰的未遂となるためには結果としての危険が具体的に発生しなければならないとし，間接正犯の場合において利用行為に実行の着手を肯定し，被利用者の行為が行われたことにより危険の具体的実現があった場合に可罰的違法性が肯定される。また不能犯においては，実行の着手は構成要件該当性における問題であり，その場合には事前の判断による危険を肯定される（具体的危険説）。すなわち，死体に対する殺害行為を行った場合にも殺人罪の実行の着手を肯定されるのであるが，違法性判断において可罰的違法が肯定されるためには結果として危険が発生していなければならず，したがって，死体に対する殺害行為を行った場合にはこの危険が発生していない（客観的危険説）のであるから不能犯として不可罰とされる。したがって，この所説によれば不能犯の場合にも実行の着手が肯定されるが，可罰的違法性が欠けるから不可罰とされ，実行の着手と不能犯とが構成要件該当性と違法性という異なったレベル・原理で処理されることになるので，実行の着手が肯定されても，未遂にならない場合を認めることになる。しかし，それは刑法の規定と合わない[17]と言わざるを得ない。

第3節 終わりに――私見

1 判断形式としての違法二元論と未遂犯の構造――行為犯説

(1) ところで，違法性の本質については，前述したように行為無価値論と結果無価値論の対立が存在することは周知のことであるが，筆者の判断形式としての違法二元論の立場[18]からすれば，人間の行為の評価は，行為自体の価値・無価値と行為のもたらした結果の価値・無価値とから行われるべきであると考えられる。刑法規範の動態（刑法規範は法益の侵害される過程に応じて，行為規範，制裁規範および裁判規範として動的に機能する）もこのような行為評価の二元性を前提にすべきものである。

すなわち，刑法規範は，ある行為が行われるに際し，まず行為規範（行為規範は，法益の保護のために一般人からみて法益侵害の危険を感じるような行為を禁止し，また，その危険がある場合にはその危険を排除するように命令するのであり，相対的・目的的機能を持つもので，事前の判断を行う）として，その評価機能が働き，行為を無価値と評価したときは，次いで，決定機能が働き，そのような行為に出ないように命ずる。結果が発生したときには，刑法規範はもはや行為規範としては機能せず，制裁規範（制裁規範は，規範の自己保存本能から違法の最終的確定機能とともに規範の回復・確認機能という絶対的機能を持ち，事後の判断を行う）として，その評価機能が働き，結果の無価値を判断するとともに行為自体の無価値とを合わせて，行為全体の無価値の評価を確定するのである。前者の評価が行為自体の違法性，後者の評価が結果の違法性に関するものであり，行為自体の違法性は，行為自体の持つある性質（行為自体の違法性のメルクマールとしては，社会倫理違反，志向無価値および法益侵害の危険が考えられる）に着眼して法的な無価値判断が下されるものであるから，その判断構造の要点は事前の判断たることにあると考えられるのに対し，結果の違法性は，発生した結果について法的無価値判断を下すものであるから，事後の判断たることに要点がある。

(2) そして，行為は意思支配可能な社会的意味を持った人の外部的態度[19]と解するべきであり，しかも結果が発生する以前の行為の時点におい

て行為自体の違法性を判断するには，まずその行為の社会的意味を認識しなければならず，そのためには必然的に意思をも判断資料に加えなければならないのであり（故意も主観的違法要素である），したがって，行為自体の違法性の判断は，行為時における事前の判断であって，行為時に存在する主観的・客観的事情を基礎とした判断である。これに反して，結果の違法性の判断は，行為とは区別された外界に発生した客観的事実であり，その違法性の判断は，客観的・外形的事情に基づく事後的な判断である。

(3) 次に，刑法規範は，社会的倫理を保護するためではなく，社会生活上重要な利益保護のために存在すると解するべきであるから，一般人の観点より行為が法益侵害の危険性をもっていると判断される場合にはじめて無価値・違法と判断すべきである（行為の属性としての危険説）。そして，その危険性の判断にあたっては，犯罪の故意のみならず，その具体的な形態での所為計画も常に判断材料となるのであって，その際に客観的に存在しない事情（客観的に存在しない事情と存在する事情とを区別して取り扱うことは事前判断においても事後予測という意味で許されると考えられる）が行為者の所為計画に取り込まれている場合にはその事情が一般人の立場からみて存在するのが合理的と考えられるものに限って考慮するべきである。

2 不能犯と実行の着手の関係——具体的危険説と折衷説の関係

(1) かような立場より不能犯に関する客観的危険説と具体的危険説をみた場合，客観的危険説は，行為時に一般人が法益侵害の危険と感じる行為を違法とするのでなく，事後的にみて危険と判断された行為のみを違法と判断するので（結果としての危険説），法益保護の点において十分でない。また，罪刑法定主義の機能が，国民に行為の結果に対する予測可能性を保証することによる自由の保護であると解する限り，社会生活において刑法が行為規範として機能すべきことが論理的に前提となっていると言わざるを得ない。しかし，客観的危険説は刑法の行為規範性を無視するものである。この点で客観的危険説は採用できない。したがって，具体的危険説をもって妥当とするべきである[20]。

(2) ところで，実行の着手は犯罪の実現過程における行為の一段階と解す

るべきであり，しかも不能犯については具体的危険説を妥当と解することから，事前の判断によって肯定された法益侵害の危険が処罰に値するべき危険であり，その切迫した程度の危険のある行為者の行為（実行行為）について実行の着手を考えるべきである（折衷説）。

(3) このことは結果としての危険ではなく，行為の属性としての危険とその程度を考え（行為の属性としての危険説），あくまでも行為者の行為について実行の着手を求めること，さらには実行の着手と不能犯の問題を同一のレベルで，しかも違法論において論じることを意味する[21]。実行の着手と不能犯との関係はこのような意味で表裏の関係にあると考えられる。したがって，行為者の行為以外の時点で実行の着手を肯定するのは妥当ではないと考える[22]。また，一方で実行の着手を肯定しつつ，他方で不能犯を認めるというのは妥当ではない。この点において，村井敏邦教授が，それぞれ，実行の着手につき実質的客観説に，不能犯につき客観的危険説に拠ることはさておき，実行の着手と不能犯は共に未遂犯の処罰根拠の問題で，両者は表裏の関係にあるとされるのは妥当である[23]。つまり，実行の着手があるという判断には不能犯ではないという判断が併せ含まれていると考えるべきである。この意味で，不能犯論は実行の着手論の一つのミクロコスモスであると考える[24]。これを具体的に言えば，実行の着手に関する折衷説において考慮される行為者の所為計画には，行為時に客観的に存在する事情については，一般人の認識できない事情でも行為者がとくに認識していた事情はそのまま含めるが，客観的に存在しない事情については，行為者が存在すると考えた事情でも一般人の立場からみて存在するのが不合理と考えられるものを排除することを意味する。

(1) 筆者の未遂犯に関する見解の詳細については，野村稔『未遂犯の研究』(1984)，同『刑法総論』（増訂版，1998) 318頁以下，同「実行の着手—行為の属性としての危険か結果としての危険か」芝原邦爾編『刑法の基本判例』(1988) 52頁以下，同「不能犯と事実の欠缺」阿部純二ほか編『刑法基本講座第 4 巻』(1992) 3 頁以下，「間接正犯の実行の着手」松尾浩也＝芝原邦爾＝西田典之編『刑法判例百選 I 総論』（第 4 版，1997) 132頁以下など参照。なお，本特集において，拙著『未遂犯の研究』につき懇切丁寧に批判的ご教示をいただいた浅田和茂教授（犯罪と刑罰第 2 号 (1986) 121頁以下）に再びご教示いただく機会を与えられたことは大変幸いであると考える。本稿は前掲「不能犯と事実の欠缺」を利用して執筆したことをお断りしておく。

第11章　未遂犯の処罰根拠　　109

（２）　野村・前掲注（１）『刑法総論』332頁以下、大谷實『新版刑法講義総論』（2000）389-90頁以下参照。
（３）　例えば、大塚仁『刑法概説総論』（第３版，1997）165頁、福田平『全訂刑法総論』（第３版，1996）222頁、大谷・前掲注（２）388頁。
（４）　例えば、西原春夫『刑法総論』（1977）282頁、野村・前出掲注（１）『刑法総論』331頁以下。
（５）　西原・前掲注（４）317頁。ちなみに、筆者も例外的にこの見解に従っていたが（野村・前掲注（１）『未遂犯の研究』318頁）、間接正犯について被利用者の行為に実行の着手を肯定すると客観的には間接正犯と実行従属性の制約を受ける教唆犯の区別ができなくなると考え、その後見解を改め、被利用者の行為が行われた時点で実行の着手を肯定すべき事例については、間接正犯を否定し、すべて教唆犯として処理し、間接正犯の場合には常に利用者の行為に実行の着手を肯定することにした（野村・前掲注（１）『刑法総論』337頁註（４））。
（６）　例えば、佐伯千仭『刑法講義』（改訂版，1974）319頁、西原・前掲注（４）301頁、福田・前掲注（３）235頁、川端博『刑法講義総論』（1995）480頁。
（７）　例えば、中山研一『刑法総論』（1982）424-5頁。
（８）　その詳論については、野村・前掲注（１）『未遂犯の研究』340頁以下参照。
（９）　例えば、平野龍一『刑法総論Ⅱ』（1975）313頁、西田典之「間接正犯論の周辺」Law School 48号（1982）32頁以下、前田雅英『刑法総論講義』（第３版，1998）146-7頁。
（10）　平野・前掲注（９）319頁、大判大正７年11月16日刑録24輯13号1352頁（殺人の目的で毒物を小包郵便で送付した事案）。
（11）　詳細については、野村・前掲注（１）『未遂犯の研究』378頁以下、同・前掲注（１）『刑法総論』346頁参照。ちなみに、事後的に判明した行為時に存在した客観的事実を基礎として危険判断を行うとしつつも、たまたまポケットに財物がなかった場合に窃盗未遂を、死体に対する殺害行為をした場合（広島高判昭和36年７月10日高刑集14巻５号310頁の事案参照）に殺人未遂を肯定し、警察官から奪ったピストルが空砲であった場合に殺人未遂を肯定する見解は（前田・前掲注（９）160-2頁）、あまりにもその危険判断についての原則から乖離する帰結を導くもので、論者の危険判断の原則の結論に対する予測可能性を損なうものであり、妥当とは思われない。
（12）　日高義博「不能犯論における危険判断」『宮澤浩一先生古稀祝賀論文集２巻』（2000）413頁以下参照。
（13）　佐伯・前掲注（６）306頁。
（14）　平野・前掲注（９）319頁、同「正犯と実行」『佐伯千仭博士還暦祝賀　犯罪と刑罰（上）』（1968）456頁。
（15）　平野・前掲注（９）325-6頁。これに対して、例えば、山口厚『危険犯の研究』（1982）164頁以下、内藤謙「不能犯（２）」法学教室109号（1989）82頁などが、不能犯につき客観的危険説を採用しているのは首尾一貫している。
（16）　曽根威彦『刑法総論』（第３版，2000）242頁、249頁以下、同「間接正犯」『実行・危険・錯誤』（1991）156頁、同「未遂犯における不法」『刑事違法論の研究』（1998）231頁以下、同「刑法における危険概念をめぐる問題点」刑法雑誌33巻２号（1993）169頁。同旨、西山富夫「未遂犯の違法性と責任性」『井上正治博士還暦祝賀　刑事法学の諸相（上）』（1981）73頁以下、大谷・前掲注（２）406頁、なお奥村正雄「未遂犯における危険概念」刑法雑誌33巻２号（1993）232-3頁。また、危険判断において事前の判断と事後の判断を併用する二元的危険予測説（山中敬一『刑法総論Ⅱ』（1999）700頁以下）も実質的にはこれらの諸説と類似した帰結を導くものであろう。
（17）　村井敏邦「不能犯」芝原邦爾ほか編『刑法理論の現代的展開　総論』（1990）172頁。
（18）　名誉毀損罪における事実証明についての適用の帰結は、野村・前掲注（１）『未遂犯の研

究』204頁以下，また，偶然防衛の場合の帰結（未遂犯規定準用説）は，野村・前掲注（1）『未遂犯の研究』162-3頁，同・前掲注（1）『刑法総論』225-6頁参照。
(19) 野村・前掲注（1）『刑法総論』120頁。
(20) 具体的危険説の適用に際して問題となる自己所有物に対する窃盗罪の成否と主体の欠缺の場合の適用結果については，野村・前掲注（1）『刑法総論』351-2頁参照。主体の欠缺の場合に具体的危険説により危険を肯定しつつも，身分犯の違法内容を法益侵害の危険の外に義務違反性にも求めることから，結論として未遂犯の成立を否定する私見につき，具体的危険説の危険判断が機能不全に陥っていることを示すことになりはしないかとの批判が寄せられている（日高・前掲注（12）423頁）が，具体的危険説はあくまで処罰に値する法益侵害の危険を判断するものであり，義務違反性の判断をするものではないので，この批判は当たらないと考える。

なお，窃盗犯人から財物を窃取する場合については，第三者が行う場合は窃盗罪の未遂，被害者が行う場合には窃盗罪の不能犯となると考える。窃盗罪は他人の財物を窃取すること（刑法235条）であるが，それは他人が占有する財物をその占有を侵害して自己の占有下に置くことである。そして判断形式としての違法二元論によれば，窃盗罪が既遂になるためには窃取行為自体の違法性と結果の違法性が肯定されなければならない。しかも本権説によれば，窃取行為時に窃取行為に本権侵害の危険が認められなければ，窃取行為自体の違法性は肯定されない。これに対して，結果の違法性は事後的に判断して本権の侵害が認められなければ肯定されない。

ところで，占有は支配意思の客観化した状態である。そして筆者は修正本権説に立脚するので，侵害される占有は単なる事実的支配では足らず，所有権その他の本権に裏付けられた占有（適法な占有）ないし占有するについて社会的に是認される理由が存在する占有（一応理由のある占有）である必要がある。窃取行為の違法性は事前の一般人の判断により決定されるべきものであり，占有は本権（ないし一応の理由）を推定するから（民法188条参照），財物の占有を侵害し自己の占有下に置く行為があれば，窃取行為自体の違法性は肯定できる。しかし例えば，窃盗犯人から第三者が窃取した場合のように，事後的に本権（ないし一応の理由）が存在しないことが判明すれば，事実としては既遂結果は生じているが，結果の違法性は肯定されないので，この場合には〔窃取〕行為自体の違法性のみが肯定され，窃盗未遂が成立するに過ぎない（この場合には未遂規定を準用する）。この場合，被害者の本権が侵害されたとして窃盗既遂を認めるのは妥当ではない。なぜなら，被害者の本権の侵害結果については故意が及んでいないので，既遂を肯定すると責任主義に反する疑いがあるからである。間接領得罪を認めるのは盗品性の認識を必要とする盗品等に関する罪に限るべきである。これに反して窃盗の被害者が取り戻す場合には，被害者は窃盗犯人の占有には本権（ないし一応の理由）が存在しないことを認識しているから（一般人には認識できなくても），単なる事実としての占有侵害行為があるが，その行為に本権（ないし一応の理由）の侵害の危険は認められないので，〔窃取〕行為自体の違法性も肯定されず，したがって，この場合は窃盗罪の不能犯であり，窃盗未遂すら成立しない。
(21) 野村・前掲注（1）『未遂犯の研究』373頁以下，同・前掲注（1）『刑法総論』323頁註（2）。なお，野村・前掲注（1）「不能犯と事実の欠缺」19頁註（42）参照。
(22) したがって，間接正犯の場合においても利用者の行為に実行の着手を肯定すべきである（野村・前掲注（1）「実行の着手」54頁，同・前掲注（1）「間接正犯の実行の着手時期」133頁参照）。利用者の行為に実行の着手が肯定される場合にのみ間接正犯を肯定すべきである（野村・前掲注（1）『刑法総論』409頁以下参照）。
(23) 村井・前掲注（17）172頁参照。
(24) 詳しくは，野村・前掲注（1）『未遂犯の研究』294頁，同・前掲注（1）『刑法総論』333頁註（2）参照。

第12章 実行の着手と学説の動向

第1節 はじめに

　実行の着手は，犯罪実現の過程において予備と未遂とを分かつものである。そして，予備を処罰する規定はわずか8箇条（刑法78条〈内乱予備罪〉，88条〈外患予備罪〉，93条〈私戦予備罪〉，113条〈放火予備罪〉，153条〈通貨偽造準備罪〉，201条〈殺人予備罪〉，228ノ3条〈身代金誘拐予備罪〉，237条〈強盗予備罪〉）あるに過ぎない。これに対して未遂犯は，各本条に処罰する旨が規定されている場合にのみ処罰されるのである（刑法44条）が，しかし，実際にはかなり多くの場合にその未遂犯が処罰されている。しかも，原則として既遂犯の刑をもって処罰されるのであるから，実行の着手時期を定めることは，国家刑罰権の原則的介入時期を定めることを意味し，重要なことである。

第2節 実行の着手を巡る学説・判例

1 実行の着手と学説・判例

　(1) ところで，実行の着手については，主観説，客観説，折衷説の3説があると言われている。主観説は，未遂犯を処罰する根拠を行為者の犯罪的意思の危険性に求め，犯意を徴表する外形的行為が行われたときに実行の着手を認める見解であり，これに対して，客観説は，未遂犯の処罰根拠を行為のもつ法益侵害の危険性に求め，実行の着手時期を客観的基準によって定めようとするものである。そして，折衷説は，行為者の主観面――とくに具体的な所為計画――と行為の法益侵害の危険性とを併せて標準として実行の着手を認定しようとするものである。

　しかし，主観主義の刑法理論が克服された今日では，客観説と折衷説が重

要である。そしてこれらの所説の内容について論者により異なるところがあるのは、違法論における結果無価値論と行為無価値論との対立を背景としつつ、未遂犯の処罰根拠である法益侵害の危険性の性質や、その判断構造を巡る見解に差異が存在するからである。その要点は、行為無価値論の立場から、未遂の危険は行為の属性であって、事前の判断に服し、したがって必然的に行為者の主観的事情も判断資料となり、実行の着手時期は法益侵害の危険性が切迫したと評価される行為者の行為について考えると解すべきか、また結果無価値論の立場から、これは行為の結果であり、事後的な判断に服し、しかも客観的事情のみで判断できるものであり、実行の着手時期を行為者の行為とは区別された法益侵害の具体的危険の発生した場合に認めると解すべきか、などである。

　まず、客観説には、構成要件該当行為（実行行為）の開始という形式的・類型的標準によって定めようとする形式的客観説[1]と実質的に判断する実質的客観説[2]とが存在する。

　もっともこれらの客観説にあっても、法益侵害の危険性を形式的あるいは実質的に判断するにあたっては、一部の所説[3]を除き、単に行為の客観的側面のみならず、主観的側面が、構成要件的故意の限度であるにしても前提とされ、または考慮されていること[4]に注意しなければならない[5]。さらに、実質的客観説においても、問題とされている危険を行為の属性としての危険とみる立場[6]と結果としての危険とみる立場[7]では後述のごとく間接正犯の場合に被利用者の行為が行われたときに実行の着手を認める際の理論構成が異なるのである。

　次いで、折衷説[8]は、行為者の主観面——とくに所為計画を考慮することによって、法益侵害の危険性についての判断が異なることが予定されているところに特色がみられる[9]。

　ところで、この折衷説は、行為者の計画全体によれば法益侵害の危険性が切迫する行為という標準により、実行の着手を定めることは基本的に同じであるが、行為に徴表的意義しか認めない主観的客観説[10]と行為に現実的意味を肯定し、その危険性を処罰するとしながらも、危険性を判断するについて、行為者の犯罪の計画を考慮に入れる個別的客観説がある[11]。後者の個

別的客観説は，行為の現実的意義を認めてその法益侵害の危険性を処罰するものであるが，他の所説が，これを形式的・類型的に，行為者の主観面を考慮せずに（考慮するとしても故意の限度で例外的に）実質的に判断するのに対して，行為者の主観面（故意のみならず具体的な犯罪計画まで）を常に考慮してこれを実質的に判断するものである。

(2) 他方で，大審院の判例は概ね形式的客観説によりつつこれを拡張・修正していたものとされている[12]。例えば，住居侵入窃盗の事案（大判昭和9年10月19日刑集13巻1473頁）において，住居に侵入したことは，「窃盗罪ノ構成要素」に属しないから，いまだ窃盗罪の実行の着手とは言えないが，金品物色の為箪笥に近寄った行為は，「他人ノ財物ニ対スル事実上ノ支配ヲ犯スニ付密接ナル行為」であることを理由として実行の着手を肯定する。

そして，最高裁の時代に至ってもこのような見解が継承されたのであるが，やがて密接行為の判断においても結局は法益侵害の危険性の観点を考慮せざるを得ないことが自覚され，さらには行為者の主観的事情も考慮した上で危険性を判断し，実行の着手を判断するようになって来たと言えるであろう[13]。例えば，①スリの場合に行為者がポケット内の財物をすり取るために被害者のポケットに手を触れたときに実行の着手を肯定し，外形的には同じく他人のポケットに手を触れる行為でありながらいわゆる当たり行為にはこれを否定するもの[14]，②夜間店舗に侵入して商品が在ることが判ったが商品よりもなるべく金を盗りたいと思って店舗内のたばこ売り場の方に行きかけたときに窃盗罪の実行の着手を認めたもの[15]，③さらに強姦罪につき，自動車により婦女を他所へ連行したうえ強姦しようとする意図の下に婦女に対し暴行・脅迫を加えて無理矢理に車中に引きずり込もうとしたときに，強姦罪の実行の着手があるとするもの[16]などが，このことを示している。

ところで，②の決定は，窃盗罪の着手時期につき，密接行為説によりながらも，この密接行為はいわゆる物色行為に限られないとして，これまでよりも着手時期を早めたとされているが[17]，土蔵事例と同様の趣旨で，実質的客観説からすれば店舗内に侵入したときに実行の着手を肯定できるのに[18]，本件ではなるべく金を盗りたいという行為者の所為計画にしたがって，むしろ実行の着手時期を後へずらしたと考えられるのであり，この意味で折衷説

に従ったものと考えられる[19]。これに対し，③の決定については，実質的客観説の立場からも[20]，折衷説の立場からも[21]，正当であるとされているが，私見によれば，本件の場合は行為者の所為計画によれば法益の危殆化はなお間接的でありいまだ切迫しているとは言えず，少なくとも強姦すべき場所に至り，あるいはそこで車から引きずり降ろすなどの行為がなされる必要があると考える[22]。

2 間接正犯・離隔犯における実行の着手時期

このように，通常の直接正犯に関する判例については実質的客観説あるいは折衷説により理解するにせよ，その結論に学説からは概ね異論はないと言ってよいであろう。

(1) しかし，間接正犯・離隔犯の場合には事情を異にする。すなわち，判例は，例外はあるものの[23]，間接正犯の一形態である，いわゆる離隔犯において到達主義を採り，例えば，殺人の目的で毒物の入った砂糖を小包郵便で送付した事案[24]においては，それが配達されて相手方が受領したときに「食用シ得ヘキ状態ノ下ニ置カレタモノ」として，実行の着手を肯定する。

また最高裁の時代になっても，下級審の判例であるが，殺意をもって被害者の住居付近の農道上にビニール袋入りの毒入りジュースを置いたという事案[25]において，実行の着手は，「行為が結果発生のおそれある客観的状態に至った場合，換言すれば保護客体を直接危険ならしめるような法益侵害に対する現実的危険性を発生せしめた場合」であるとし，毒入りジュースを単に農道上に置いただけでは他人に拾得される危険はあるが，いまだ「他人の食用に供されたとはいえない」のであり，「被害者らによって右ジュースが拾得飲用される直前に」実行の着手があるとした。

(2) このような判例の態度に対して，学説は主観説に立つ論者[26]のみならず，客観説に立つ論者[27]も利用者の行為の中に実行の着手を認めるべきであるとして，これらの判例の態度に批判的である。

しかし，判例の立場を肯定する見解も主張されている。例えば，実質的客観説の立場から，佐伯教授は，未遂の違法性の実質（可罰的違法性）の問題として可罰的未遂が成立するためには託送行為のほかに結果発生の危険の具体

化が必要であるとして[28]，また同様に曾根教授が，いわば実行行為と可罰的違法性とを分離され，実行の着手を行為者の行為に認め，その法益侵害の危険性は事前の判断に服するとしつつ，しかし，実行の着手が肯定されても，それが可罰的未遂となるためには結果としての危険が具体的に発生しなければならないとし，間接正犯の場合において利用行為に実行の着手を肯定し，被利用者の行為が行われたことにより危険の具体的実現があった場合に可罰的違法性が肯定されるとして[29]，それぞれ判例の立場を肯定される。

しかし，前者について言えば，不能犯につき佐伯教授が具体的危険説に立たれることと矛盾することにならないであろうか（この点客観的危険説に立たれる曾根教授の場合には矛盾はないと考えられる）。また，後者の所説によれば不能犯の場合も実行の着手が肯定されるが，可罰的違法性が欠けるから不可罰とされ，実行の着手と不能犯とが構成要件該当性と違法性という異なったレベル・原理で処理されることになるので，実行の着手が肯定されても，未遂にならない場合を認めることになる。しかし，それは刑法の規定と合わない[30]と言わざるを得ない。

さらに，平野教授は，実行の着手概念は，当該行為が結果発生の具体的危険を生じたときに処罰するという段階を画する概念であると解すべきであるから，実行「行為」と実行の着手「時期」とは必ずしも同時である必要はなく，利用行為を処罰の対象たる実行行為としつつ，その着手時期は被利用者の行為を基準として決定することができるのであり，当該利用行為は結果発生の具体的危険の生じた段階において実行行為性を取得するとされる[31]。また中山教授は，被害者を利用する場合に一部この法理を肯定される[32]。

これらの所説は実行行為は法益侵害の直接に切迫した行為であり，しかもこの危険は行為の属性としてのそれではなく，結果としての危険であると解することにより，いまだ法益侵害の切迫していない行為であっても，外部的事情の変化によりこの結果としての危険が発生した場合に，この事実をもって事後的に実行行為に格上げするものと言うべきであって，妥当ではない。また，この見解は，結果としての危険が発生したときに実行の着手を認めるもの，つまり行為者の利用行為が行われた後被利用者の行為が行われたときに実行の着手を肯定するものであるから，実行の着手は行為者の行う実行行

為の開始を意味するというこれまでの伝統的な理解に反する。

さらに間接正犯について被利用者が行為に出たときに法益侵害の具体的危険が発生したとして，実行の着手を肯定するのは，間接正犯についていわゆる実行従属性を肯定することになり，そもそも実行従属性の制約がある教唆犯との区別が客観的にはできないことになってしまうと批判されている[33]。そこで，むしろ，この外部的事情の変化により法益侵害の危険が切迫した段階における作為義務に違反する不作為そのものを端的に実行行為と考えるべきものであるとされる[34]。すなわち，西原教授は，間接正犯は利用行為という作為と先行行為に基づく結果発生防止義務に違反する不作為とからなる複合的な構造のものとされ，その折衷説の立場から，「多くの場合被利用者の行為の時点に認められるが，被利用者の行為が利用行為と時間的に接着しており，しかもその遂行が極めて確実な場合，利用行為の時点に認めることもできよう」[35]とされ，被害者が毒入りジュースを飲用するに至った段階における，農道に毒入りジュースを置いた作為によって発生した他人が拾得飲用する危険を除去しないという不作為に実行の着手を肯定される[36]。

ところで，農道に毒入りジュースを置いたという前述の場合，そのジュースを置いたという先行行為に由来して作為義務は生じるが，これによってのみ直接に生じるものではなく，通行人が通りかかって飲もうとする状況が存在するに至ったときに殺人罪の違法性を基礎づける作為義務が初めて生じるのであるから，この義務に違反する不作為は，単に，農道に毒入りジュースを置いたという利用行為の単純な消極面[37]ではない。またこの見解については当該作為の可能性がないときにはそもそも不作為犯的構成は不可能であるという批判があるが[38]，この場合には結果発生の回避可能性についての危険負担はみずから結果発生の危険をもたらした行為者が負担するものと解するのが衡平の原則からも肯定されるべきであると考えるので，この批判は妥当しないと考える。

しかし，そもそもこのいわゆる不作為犯的構成にも，重大な問題がある。すなわち，実行従属性の制約のある教唆犯もこの不作為犯的構成を援用すればすべて正犯となってしまい，教唆犯の規定が無意味になることである[39]。そこで，利用行為に実行の着手を肯定できる場合にのみ間接正犯を肯定し，

実行従属性を肯定せざるを得ない場合はすべて教唆犯とするべきであると考える[40]。しかるときは，前例においては被害者の過失行為を利用する（片面的）教唆犯と解するべきである[41]。

(3) 実行の着手は犯罪の実現過程における行為の一段階と解するべきであり，しかも不能犯については具体的危険説を妥当と解することから[42]，事前の判断によって肯定された法益侵害の危険が処罰に値するべき危険であり，その切迫した程度の危険のある行為者の行為が実行行為であると考えるべきである。このことは結果としての危険ではなく，行為の属性としての危険とその程度を考え（行為の属性としての危険説），あくまでも行為者の行為について実行の着手を認めること，さらには実行の着手と不能犯の問題を同一のレベルで，しかも違法論において論じることを意味する。したがって，一方で実行の着手を肯定し，他方で不能犯を認めるというのは妥当ではない。この点において，村井教授が，実質的客観説・客観的危険説に拠ることはさておき，実行の着手と不能犯は共に未遂犯の処罰根拠の問題で，両者は表裏の関係にあるとされるのは妥当である[43]。つまり，実行の着手があるという判断には不能犯ではないという判断が併せ含まれていると考えるべきである。この意味で不能犯論は実行の着手論の1つのミクロコスモスであると考える[44]。

3 不真正不作為犯における実行の着手時期

(1) 不真正不作為犯は，命令規範に違反する犯罪態様であり，法文上命令規範，したがって作為義務が明示されていないものを言う[45]。

不作為犯の実行行為は，法益の侵害またはその危殆化を回避するために，刑法規範上要求された「何か」をしないこと，すなわち，刑法規範上作為義務があるにもかかわらずこれに違反して要求されている作為に出ないことである。したがって，不作為犯における実行の着手時期は，形式的にはこの作為義務に違反する態度を始めたときである[46]。そして折衷説によれば，このような作為義務に違反する態度が，「行為者の所為計画によれば法益侵害の危険性の直接的に切迫した行為」[47]でなければならない。

(2) したがって，(1) 第1に，不作為の違法性が作為による場合と同一視されるに足るだけの作為義務が存在していなくてはならない。この作為義務の発生時点が，原則として不作為犯の実行の着手時期を定めることになるが，これには2つの場合があるとされる[48]。

まず，①当該不作為が既に存在する危険を増大する場合，したがって，その危険を除去するのに必要とされる作為に出ればその危険を除去できる場合である。保護客体がいわゆる保証人の表象によればすでに直接的に切迫した危険に陥っている場合には，刑法規範は直ちにその危険を除去するための作為に出ることを要求するものと解するべきであるから，保証人がこのような危険の存在を認識したときに作為義務が発生したと考えるべきである[49]。

例えば，身体障害で歩行困難な老人をだまして家から連れだし，冬の夜遅く人家から離れ人気のない，一部は積雪もある山中に車で運行し，車外に出た老人をその場に置き去りにしたような場合には，単に老人をだまして家から連れ出したという先行行為ではなく，このような山中に連行したことによって歩行困難な老人に対する生命に対する切迫した危険が認められるから，このような危険な場所に連れて来たという先行行為によって，殺人罪の違法性を基礎づける作為義務が発生したと解するべきである。そして，その死を予見しながら右のような他人の救助の予想されない場所に放置する態度には生命に対する切迫した危険性が認められるから，あえてそこに老人を放置する態度に出たときに不作為による殺人罪の実行の着手を肯定できる[50]。

次に，②当該不作為によって危険が惹起される場合，したがって，必要とされた作為に出ていれば危険が惹起されない場合である。

この場合には保証人は一般に潜在的には作為義務を負っているのであるが，保護客体に対する危険がいまだ遠く，法益侵害の結果の発生が切迫していないがゆえに，その作為義務が顕在化していないのである。この場合に作為義務が顕在化し，それに違反する態度に実行の着手が認められるのは，(ⅰ) その危険が切迫した段階に至り，かつ，保証人がそれを認識したにもかかわらず，必要な作為に出ないでいる場合である。または，(ⅱ) その危険が切迫したと言えない場合においても，保証人がその危険を除去するために当該事象へ介入する可能性を放棄し，かつ，その危険の進行を事象の自然

の経過に委ねた場合である[51]。

(2) 第2に，当該不作為そのものが，法益に対する直接的に切迫した危険性のあるものでなければならないから当該不作為によって法益が危殆化されるか，またはすでに存在する危険が昂揚されなければならない[52]。

(3) ところで，本関連問題を考える上で大変参考となるのは，浦和地判昭和45年10月22日月報2巻10号1107頁[53]である。同判決は，自動車の操縦中過失により通行人に重傷を負わせた運転手が被害者を病院に運ぶ途中変心し，真夜中他人に容易に発見されないような場所に至り被害者を自動車外に引きずり降ろし遺棄して逃走した事案につき，「自動車運転者が自動車の操縦中過失に因り通行人に意識不明を伴う入院加療約6カ月を要した大腿複雑骨折の重傷を負わせ，これを救護するため一旦自動車の助手席に乗せて事故現場を離れそのまま同人を病院へ連れて行くなどして容易に救護し得たにもかかわらず，その後変心し，同人を遺棄して逃走しようと企て，本道からそれて遺棄すべき場所を探しながら事故現場から約2,900メートル離れた深夜の寒気厳しい暗い農道上に至り殺害について未必の故意をもって，たやすく人には発見されにくい陸田に右被害者を放置して置き去りにした場合には，右被害者が傷害の程度，遺棄された時間的，場所的状況等から放置しておけば死亡する高度の蓋然性が認められ，且つ犯人の未必の殺意に関する自白が十分に措信できる場合に限り，不作為による殺人罪が成立し，被害者が救護された場合には同罪の実行未遂が成立すると解すべきである」とし，さらに，不真正不作為犯の着手時期は明白ではないとする弁護人の主張に答えて，その着手の時期は，「客観的にみてことさらその義務を放棄したと認められる時点である」とし，「未必の殺意をもって被害者を車外にひきずりおろした時点」に実行の着手を認めることができ，同人（被害者）を放棄して逃走したと認められる時点をもって実行の終了と解すべきである」と判示した[54]。

(1) 団藤重光『刑法綱要総論』（第3版，1990）354頁，瀧川春雄『刑法総論講義』（新訂版，1960）185頁，小野清一郎『刑法講義・総論』（第13版，1954）182頁。
(2) 例えば，「実行行為，すなわち，犯罪構成要件が実現にいたる現実的危険性を含む行為を開始すること」とするのは，大塚仁『刑法概説・総論』（改訂増補版，1972）156頁。さらに明白に未遂犯を具体的危険犯であるとして，結果発生の具体的危険が切迫したことをも

って実行の着手を肯定する見解として，平野龍一『刑法総論 I』(1972) 313頁-4頁，内田文昭『刑法 I（総論）』(1988) 265頁，中山研一『刑法総論』(1982) 411-2頁，など。
（3） 瀧川・前掲注（1）183頁，中山・前掲注（2）411-2頁，同「実行の着手」Law School 51号 (1982) 88頁，内田・前掲注（2）265頁，なお266頁注3，内藤謙『刑法講義総論（上）』(1983) 220頁以下。
（4） 小野・前掲注（1）182頁，団藤・前掲注（1）354-5頁，大塚・前掲注（2）156頁，平野・前掲注（2）314頁。
（5） 野村稔『未遂犯の研究』(1984) 293頁，野村稔『刑法総論』(1990) 325頁，山口厚「実行の着手」町野朔＝堀内捷三＝西田典之＝前田雅英＝林幹人＝林美月子＝山口厚『考える刑法』(1986) 260頁以下，大越義久「実行の着手」芝原邦爾ほか編『刑法理論の現代的展開．総論2』(1990) 148-9頁参照。
（6） 例えば，大塚・前掲注（2）156頁。
（7） 例えば，平野・前掲注（2）311頁。
（8） 例えば，西原春夫『間接正犯の理論』(1962) 166頁以下，同『刑法総論』(1991) 281-2頁，木村亀二『刑法総論』(1978) 345頁，木村栄作「強姦罪の実行の着手」警察学論集23巻11号 (1970) 164頁，平野龍一＝松尾浩也編『刑法判例百選 I』(第2版, 1984) 145頁〔墨谷葵〕，藤木英雄＝板倉宏編『刑法の争点』(新版, 1987) 104頁〔萩原玉味〕，野村・前掲注（5）未遂犯298頁以下，同・前掲注（5）総論330頁，塩見淳「実行の着手(3)完」法学論争121巻6号 (1987) 13頁，など。
（9） このことに批判的なものとして，中山・前掲書413頁注6。
（10） 木村・前掲注（8）345頁。
（11） 野村・前掲注（5）未遂犯293頁。
（12） 大塚仁「実行の着手」『総合判例研究叢書刑法(3)』(1956) 6頁以下，大沼邦弘「実行の着手」『判例刑法研究4巻』(1981) 46頁。
（13） 大沼・前掲注（12）26頁以下。
（14） 広島高判昭和28年10月5日高刑集6巻9号1261頁，最決昭和29年5月6日刑集8巻5号634頁。
（15） 最決昭和40年3月9日刑集19巻2号69頁。
（16） 最決昭和45年7月28日刑集24巻7号585頁。
（17） 例えば，平野龍一＝松尾浩也編『刑法判例百選 I』(第2版, 1984) 142頁〔八木國之〕，岩井宜子「窃盗の着手があったものと認められた事例」警察研究44巻4号 (1973) 86-7頁。
（18） 平野・前掲注（2）316頁参照。
（19） 野村・前掲注（5）未遂犯302頁参照。
（20） 例えば，下村康正「他所に拉致して強姦する犯意をもって通行中の婦女を自動車内に引きずり込もうとして暴行を加えた時に強姦罪の着手があるとされた事例」判例評論145号 (1971) 34頁以下，墨谷・前掲注（8）144頁以下。
（21） 木村栄作・前掲注（8）161頁以下。
（22） 野村・前掲注（5）未遂犯302頁参照。なお，近時，大越・前掲注（5）143-4頁は，実行の着手は構成要件該当行為による未遂結果の発生であるとする立場から，この場合法益の具体的危険は発生しているが，強姦罪の構成要件該当行為がないから実行の着手を認めるべきではないとされる。同旨，内藤謙「未遂犯—実行の着手」法学教室105号 (1989) 76頁。
（23） 東京高判昭和42年3月24日高刑集20巻3号229頁は，郵便物の宛名を書き換えて郵便物配達区分棚に置き，情を知らない配達担当者に配達させてこれを窃取しようとした事案について，配達されなかった1部の郵便物について窃盗罪の未遂を認めた。
（24） 大判大正7年11月16日刑録24輯1352頁。

第12章　実行の着手と学説の動向　　*121*

(25)　宇都宮地判昭和40年12月9日下刑集7巻12号2189頁。
(26)　牧野英一『刑法総論・上巻』(1958) 469頁，江家義男『刑法・総論』(1952) 157頁，木村亀二『刑法・活きている判例』(1962) 142頁以下，なお，同・前掲注（8）348頁。
(27)　団藤・前掲注（1）330頁注4，211頁，大塚・前掲注（2）158頁，植松正『刑法総論』(1957) 320頁，など。
(28)　佐伯千仭『刑法講義・総論』(1981) 306頁。
(29)　曽根威彦『刑法総論』(1987) 241頁，同・『刑法における実行・危険・錯誤』(1991) 156頁。なお，西山富夫「未遂犯の違法性と責任性」西山富夫＝井上祐司編『井上正治博士還暦祝賀（上）』(1981) 73頁以下。
(30)　村井敏邦「不能犯」芝原邦爾ほか編『刑法理論の現代的展開．総論2』(1990) 172頁。
(31)　平野・前掲注（2）319頁，同「正犯と実行の着手」団藤重光ほか編『犯罪と刑罰：佐伯千仭博士還暦祝賀（上）』(1968) 456頁。なお，西田典之「間接正犯論の周辺」Law School 48号 (1982) 32頁以下，同・平野龍一＝松尾浩也編『刑法判例百選Ⅰ』(第2版, 1984) 147頁〔西田典之〕，山口厚『危険犯の研究』(1982) 56頁以下，同・前掲注（5）263頁以下，大越・前掲注（5）140頁以下。
(32)　中山・前掲注（2）478頁，同『刑法の論争問題』(1991) 101頁。
(33)　西原春夫「実行の着手（下）」警察学論集38巻3号 (1985) 47-8頁。
(34)　西原・前掲注（8）総論317頁，同・前掲注（33）48頁。
(35)　西原・前掲注（8）190頁以下・317頁。
(36)　西原春夫「間接正犯と原因において自由な行為」法学教室25号 (1982) 40頁，同・前掲注（33）43頁以下，同旨，大谷實『刑法講義総論』(1991) 381頁注6，大塚仁『犯罪論の基本問題』(1982) 159頁注12。
(37)　西田・前掲注（8）百選Ⅰ147頁。
(38)　富田敬一「間接正犯と実行行為」中山研一ほか編『現代刑法講座3巻』(1979) 184頁，原田保「実行の着手」法学セミナー360号 (1984) 42-3頁。
(39)　中義勝『刑法上の諸問題』(1991) 207-8頁・231頁参照。
(40)　野村・前掲注（5）総論405頁。
(41)　野村・前掲注（5）総論334頁，同「実行の着手」芝原邦爾編『別冊法学教室 基本判例シリーズ3 刑法の基本判例』(1988) 54頁。
(42)　野村・前掲注（5）未遂犯373頁以下，同・前掲注（5）総論347頁。
(43)　村井・前掲注（31）172頁参照。
(44)　詳しくは，野村・前掲注（5）未遂犯294頁，同・前掲注（5）総論330頁注2参照。
(45)　野村・前掲注（5）総論182頁。これに対して，法文上作為義務が明示されているもの〔例えば，刑法107条・130条後段・218条1項後段〕を真正不作為犯と言う。
(46)　野村・前掲注（5）総論332頁。これに対して，作為義務の遂行の可能な最後の時点に不作為犯の実行の着手を認めるのは，例えば，宗岡嗣郎「可罰未遂の限界」九大法学39号 (1979) 172頁。
(47)　野村・前掲注（5）総論330頁。
(48)　西原・前掲注（8）刑法総論265-6頁。
(49)　西原・前掲注（8）刑法総論266頁。
(50)　前橋地高崎支判昭和46年9月17日判時646号105頁参照―西原春夫＝大谷實編『刑法200題：刑法演習ノート』(1974) 59頁。
(51)　なお，事象支配の放棄の意味につき，加藤敏幸「不真正不作為犯の未遂について」関西大学法学論集32巻1号 (1982) 173頁以下参照。
(52)　例えば，交通事故により重傷を負わせてその傷害自体から既に被害者の死の切迫した危険を惹起した場合においては不作為による殺人罪の違法性を基礎づける作為義務は発生す

るが，単に被害者をその場に放置して逃走したという場合には，昼間人通りの多い道路上で他人の救助が高度の蓋然性をもって予想されるときには，その作為義務に違反する態度には殺人罪の実行行為に必要な生命の侵害に対する切迫した危険があるとは言えない。したがって，この場合の不作為に切迫した死の危険を肯定するためには，被害者を車に乗せて立ち去るなど，他人による救助を不可能にする事情を必要とする〈平野教授が作為義務の発生には「引き受け」または「支配領域性」が必要であるとするのは〔平野「刑法の基礎」法学セミナー129号（1966）34頁以下，同・前掲注（2）157-8頁〕，この意味において肯定出来る〉。

(53) 木村栄作「強盗と致死との因果関係」警察学論集24巻11号（1971）115頁。
(54) 控訴審判決である，東京高判昭和46年3月4日高刑集24巻1号168頁〈川崎一夫「救護義務違反の罪と不作為の殺人未遂罪」創価法学6巻1号（1976）193頁，加藤一郎＝宮原守男＝野村好弘編『交通事故判例百選』（第2版，1975）232頁〔内藤謙〕，宗岡・前掲注（46）162頁以下〉もこれを肯定する。

第13章　実行の着手
―― 行為の属性としての危険か結果としての危険か ――

第1節　はじめに

　実行の着手は，犯罪実現の過程において予備と未遂犯とを分かつものである。実行の着手とは，形式的に言えば，実行行為，つまり，基本的構成要件に該当する行為を行うことであるが，何を実行行為と言うかについては犯罪の本質を巡る見解の対立を反映して種々の学説が対立している。かつては主観主義刑法理論と客観主義刑法理論の対立が現れていたが，今日ではむしろ未遂犯を処罰する根拠を行為者の犯罪的意思の危険性にではなく行為の持つ法益侵害の危険性に求める客観主義刑法理論に立ちながらも，いわゆる違法論における結果無価値論と行為無価値論との対立が色濃く影響し，これまでの主観説と客観説との対立に代わって，むしろ客観説と折衷説が有力に主張されているのが今日の学説の現状である[1]。

　ところで実行の着手を形式的・類型的に構成要件に該当する行為の開始と考える形式的客観説においても，その際に何が構成要件に該当する行為であるかを判断するために，とりわけ構成要件に該当する行為と密接な行為の開始を実行の着手と解する場合には，何がその密接な行為であるかを判断するためには結局当該構成要件によって保護されている法益の侵害の危険性を考慮せざるを得ないであろう。したがって，実行の着手を巡る争いの基礎にあるのは法益侵害の危険性の性質・判断構造をどのように考えるかということである。行為無価値論の立場から未遂の危険は行為の属性であって，事前の判断に服し，したがって必然的に行為者の主観的事情も判断資料となり，実行の着手時期は法益侵害の危険性が切迫したと評価される行為者の行為について考えると解するべきか，また結果無価値論の立場からこれは行為の結果であって，事後的な判断に服し，しかも客観的事情のみで判断できるもの

であり，実行の着手時期を行為者の行為とは区別された法益侵害の具体的危険の発生した場合に認めると解するべきか，である。

このような観点を考慮しつつ，まず判例の基本的動向を概観し，次いで学説・判例が著しく対立している間接正犯・離隔犯の判例を中心に見てみよう。

第2節　判例の基本的動向

大審院の判例は概ね形式的客観説によりつつ窃盗罪を中心としてこれを拡張・修正していたものとされている[2]。例えば，住居侵入窃盗の事案（大判昭和9年10月19刑集13巻1473頁）において，住居に侵入したことは「窃盗罪ノ構成要素」に属しないからいまだ窃盗罪の実行の着手とは言えないが，金品物色の為たんすに近寄った行為は，「他人ノ財物ニ対スル事実上ノ支配ヲ犯スニ付密接ナル行為」であることを理由として実行の着手を肯定する。そして最高裁の時代に至ってもこのような見解が継承されたのであるが，やがて前述したように密接行為の判断においても結局は法益侵害の危険性の観点を考慮せざるを得ないことが自覚され，さらには行為者の主観的事情も考慮したうえで危険性を判断し，実行の着手を判断するようになって来たと言えるであろう[3]。そして直接正犯に関する判例について実質的客観説あるいは折衷説により理解するにせよ，その結論に学説からは概ね異論はないと言ってよいであろう。

例えば，スリの場合に行為者がポケット内の財物をすり取るために被害者のポケットに手を触れたときに実行の着手を肯定し，外形的には同じく他人のポケットに手を触れる行為でありながらいわゆる当たり行為にはこれを否定するもの[4]，夜間店舗に侵入して商品が在ることが判ったが商品よりもなるべく金を盗りたいと思って店舗内のたばこ売り場の方に行きかけたときに窃盗罪の実行の着手を認めたもの（最決昭和40年3月9日刑集19巻2号69頁）が，このことを示している。後者の決定は，窃盗罪の着手時期につき，密接行為説によりながらも，この密接行為はいわゆる物色行為に限られないとして，これまでよりも着手時期を早めたとされているが[5]，実質的客観説からすれば店舗内に侵入したときに実行の着手を肯定できるのに[6]，本件で

はなるべく金を盗りたいという行為者の所為計画に従って，むしろ実行の着手時期を後へずらしたと考えられるのであり，この意味で折衷説に従ったものと考えられる[7]。またさらに強姦罪につき，自動車により婦女を他所へ連行したうえ強姦しようとする意図の下に婦女に対し暴行・脅迫を加えて無理矢理に車中に引きずり込もうとしたときに，強姦罪の実行の着手があるとする（最決昭和45年7月28日刑集24巻7号585頁）のもこのような立場によるものと言えよう。この決定に対しては，実質的客観説の立場からも[8]，折衷説の立場からも[9]，正当であるとされているが，私見によれば，本件の場合は行為者の所為計画によれば法益の危殆化はなお間接的でありいまだ切迫しているとは言えず，少なくとも強姦すべき場所に至り，あるいはそこで車から引きずり降ろすなどの行為がなされる必要があると考える[10]。

第3節　間接正犯・離隔犯の実行の着手

1　これまで大審院判例は，古くは旧刑法時代において，甲より借りていた銀側懐中時計をほしいままに質入れしようとして乙にその質入れ方を依頼してこれを交付したところ，乙が甲方に赴いて情を告げたことにより発覚して目的を遂げなかったという事案（大判明治38年7月6日刑録11輯711頁）において，「被告カ委託物ヲ入質セント欲シ其入質方ヲ乙ニ依頼シタルモ乙ニ於テ入質方ノ手続ニ着手シタル事実ナキ以上ハ被告ノ行為ハ委託物費消罪ノ準備行為ト称シ得ヘキモ未タ其未遂犯ヲ以テ論シ得ヘキ程度ニ達シタルモノニ非ス」とするのは，委託物費消罪は委託物を入質して費消することによって成立することが理由とされているにしても，実質的に間接正犯について被利用者の行為について実行の着手を論じる立場を明らかにしたものと言えよう[11]。その後もこのような立場に従って，間接正犯の一形態である，いわゆる離隔犯において到達主義を採り，(1)　誣告状を送付した事案（大判明治43年6月23刑録16輯1276頁）においては，誣告の「書面到達セサル限リハ申告ノ事実ナケレハナリ」として，(2)　電信為替を偽造して銀行から金円を騙取する目的で虚偽の電信を認めた電報頼信紙を郵便局に差し出した事案（大判大正3年6月20日刑録20輯1289頁）においては，この段階では「金円ヲ騙取スル予

備行為ニ過キナイ」として，(3) 恐喝文書を送付した事案（大判大正5年8月28刑録22輯1332頁）においては，その「文書ヲ郵便ニ付シテ到達セシメタルニ於テハ受信人ヲシテ其内容ヲ認識シ得ヘキ状態ニ置」いたものとして，また (4) 殺人の目的で毒物の入った砂糖を小包郵便で送付した事案（大判大正7年11月16日刑録24輯1352頁）においては，それが配達されて相手方が受領したときに「食用シ得ヘキ状態ノ下ニ置カレタモノ」として，それぞれ実行の着手を被利用者の行為の時点に求めている。また最高裁の時代になっても，下級審の判例であるが，(5) 殺意をもって被害者の住居付近の農道上にビニール袋入りの毒入りジュースを置いたという事実（宇都宮地判昭和40年12月9日下刑集7巻12号2189頁）において，実行の着手については，「行為が結果発生におそれある客観的状態に至った場合，換言すれば保護客体を直接危険ならしめるような法益侵害に対する現実的危険性を発生せしめた場合」であるとし，毒入りジュースを単に農道上に置いただけでは他人に拾得される危険はあるが，いまだ「他人の食用に供されたとはいえない」のであり，「被害者らによって右ジュースが拾得飲用される直前に」実行の着手があるとした。この判例を(4)の判例と比較してみると，後者の判例は，毒物を被害者が受領したときにおいてこれが食用し得べき状態に置かれたことを殺害行為に密接する行為として形式的客観説の若干の拡張と理解する[12]にせよ，法益侵害の危険性の観点から言えば，つまりこの時点で殺人の結果発生の現実的危険性が発生したことを理由に実行の着手を肯定していると考えられる。これに対して，前者の判例は拾得（受領）して飲食し得べき状態に置かれたことでは足らず，さらに進んで「飲用される直前に」，すなわち被害者が現実に毒入りジュースを飲用しようとする段階に至ったときにこの現実的危険性が発生したとして実行の着手を肯定していると考えられる。したがって，後者の判例は基本的にはこれまでの被利用者の行為について実行の着手を肯定してきた上述の諸判例の見解に従いながらも，法益侵害の危険性判断においてその程度がやや厳格であると言えよう。

2　このような判例の態度に対して，学説は主観説に立つ論者[13]のみならず，客観説に立つ論者[14]も利用者の行為の中に実行の着手を認めるべき

であるとして，これらの判例の態度に批判的である。もっとも，最近は被利用者の行為についても実行の着手を認める所説が主張されるに至り，これらの判例の立場との歩み寄りが見られるのである。例えば，西原教授は，間接正犯は利用行為という作為と先行行為に基づく防止義務違反という不作為とからなる複合的な構造のものとされ，その折衷説の立場から，「多くの場合被利用者の行為の時点に認められるが，被利用者の行為が利用行為と時間的に接着しており，しかもその遂行が極めて確実な場合，利用行為の時点に認めることもできよう」[15]とされ，(5)の事案では，被害者が毒入りジュースを飲用するに至った段階における，農道に毒入りジュースを置いた行為によって発生した他人が拾得飲用する危険を除去しないという不作為に実行の着手を肯定される[16]。これは行為者の行為について実行の着手を論じる態度を維持すると同時に判例のように被利用者の行為が行われたときに実行の着手を認めようとするものである。これに対して，実質的客観説の立場から，佐伯教授は，未遂の違法性の実質（可罰的違法性）の問題として可罰的未遂が成立するためには託送行為のほかに結果発生の危険の具体化が必要であるとして，また，平野教授は，実行の着手概念は，当該行為が結果発生の具体的危険を生じたときに処罰するという段階を画する概念であると解すべきであるから，実行「行為」と実行の着手「時期」とは必ずしも同時である必要はなく，利用行為を処罰の対象たる実行行為としつつ，その着手時期は被利用者の行為を基準として決定することができるのであり，当該利用行為は結果発生の具体的危険の生じた段階において実行行為性を取得するとされる[17]。これは前述したように，実行行為は法益侵害の直接に切迫した行為であり，しかもこの危険は行為の属性としてのそれではなく，結果としての危険であると解することにより，いまだ法益侵害の切迫していない行為であっても，外部的事情の変化によりこの結果としての危険が発生した場合に実行の着手を肯定するものである。

3　ところで実行の着手は犯罪の実現過程にぃおける行為の一段階と解するべきであり，しかも不能犯については具体的危険説を妥当と解することから，事前の判断によって肯定された危険が処罰に値するべき危険であり，そ

の切迫した程度の危険のある行為が実行行為であると考えるべきである。このことは結果としての危険ではなく，行為の属性としての危険とその程度を考え，あくまでも行為者の行為について実行の着手を求めることを意味することになる。その意味で前述の西原教授の所説は基本的に妥当である。しかし，間接正犯の実行の着手は利用者の行為について求めるべきであるから，危険性の程度の評価により被利用者の行為が行われた段階において初めて危険が切迫したと認められる場合には間接正犯の成立を否定し，これを共犯（教唆犯）と解するべきである[18]。(5)の事案においては，農道上に置かれた飲み物を飲用することには通常過失が考えられるのであり，この場合には被害者の過失行為を利用する教唆犯であると解して実行従属性の下に被利用者が現実に飲用しようとしたときに着手を肯定すべきものと考える。また，行為者の所為計画に取り込まれた人の行為以外の外部的事情の変化に法益侵害の切迫性が依存している場合には，いわば物的教唆犯として，本来の（人的）教唆犯に準じて考えることができるであろう。なぜなら教唆犯も規範的障害たり得る他人の行為を利用して自己の犯罪を実現するものと解するべきものであり，このことは利用するのが他人の行為ではなく，自己のなした先行行為と必然的関係ではないが相当因果関係に立つ外部的事情の変化であっても自己の犯罪を実現する態様としては実質的に同じであるからである。

4 さらにこの場合に実行の着手時期につき判例と学説の間に対立が見られるのは，利用行為の持つ法益侵害の危険性の評価の寛厳にも基づくものと考えられる。(1)ないし(4)の事案においては，一般的に偶然的な障害がない限りは法益侵害を必然化するものと考えられるので，行為者（利用者）の行為について実行の着手を肯定できるものと考える。危険性の程度に関する判例の評価は自然主義的で些か厳格すぎるように思われる。この点で拳銃の「輸入」の既遂時期につき陸揚げ説を前提として[19]，その実行の着手時期は，「陸揚げに必然的に結びつく行為が行われたとき，言いかえれば，その後において特に障害が発生したり，犯人が陸揚げの意思を途中で放棄したりしないかぎり，陸揚げという結果が必然的に実現される行為が行われたときに輸入の実行の着手があったと考えるのが相当である」として，例えば「本邦に

到着すれば当然に陸揚げされる一般貨物の中にけん銃を隠匿しているような場合には，この貨物を積載した貨物船が本邦に向けて出航しさえすれば，その後特に障害が生じない限りけん銃は必然的に陸揚げされるから，すでにその時点で輸入の実行の着手があったといえる」とする判例（神戸地判昭和59年7月30日刑月16巻7・8号547頁）における危険性の程度の評価は，私見によれば我が国に密輸入する目的で我が国向けの船舶または航空機に一般貨物として積載した以上特別な事情がない限り本邦に到着し陸揚げされるのであるからこの時点でかならずしも船舶が我が国に向けて出航しなくても実行の着手を肯定すべきものと考えるが，これまでの諸判例における危険性の程度に関する判断に比べて遥かに妥当であると考える。

　もちろんこれまで間接正犯に関して利用者の行為について実行の着手を認めたと考えられるものが既に指摘されているようになかった訳ではないのである。例えば，(6) 会社財産を管理処分する権限を持つ会社重役を畏怖せしめて金員を交付させようとしてその会社の庶務係に対して恐喝の言辞を弄したが目的を果たせなかったという事案（大判昭和11年2月24日刑集15巻162頁）において，被害者の財産処分権を有する地位にある者に「従属シテ補助行為ヲ為スニ過キサル者ニ対シテ恐喝手段ヲ施シ之ヲシテ其ノ事実ヲ通達セシメ以テ間接ニ叙上ノ者ヲ恐喝スル場合ニ」も恐喝罪の成立を認め，その「補助者ニ恐喝手段ヲ施シタル場合」に恐喝罪の実行の着手があるとした。この判例を会社の庶務係を道具とする間接正犯の事例であり，従来の判例と異なり利用者の行為について実行の着手を肯定したものと理解するにせよ[20]，また被害者の財産を処分すべき権限のある会社重役と一体をなすものとして[21]，恐喝の言辞が補助者に伝達された以上相手方である会社重役の認識し得べき状態に置いたものとして従来の判例と同じ見解であると考える[22]にせよ，少なくとも，直接に相手方に到着するかまた相手方が受領した段階において認識し得る状態または食用し得る状態に置いたものとして実行の着手を肯定して来たこれまでの諸判例と比べると，補助者に伝えられれば特別な事情がない限りさらに会社重役に伝達されることを前提としても，危険性の観点から言えば，異論はあるものの[23]その判断はやや緩やかであり，これまでの判例に比べれば早い時期に実行の着手を認めたものと言えるであろう。さら

に(7) 郵便物の宛名を書き換えて郵便物区分棚に置き，情を知らない配達担当者に配達させてこれを窃取しようとした事案（東京高判昭和42年3月24日高刑集20巻3号229頁）において，配達されなかった一部の郵便物について窃盗罪の未遂を認めた。控訴趣意書にもあるように従来の判例の見解によれば，「郵便物が被告人の自宅に配達されたときか又はこれに近接した状態に至ったときに初めて実行の着手があったものと」すべきであるのに，宛名を書き換えて郵便物区分棚に置いたときにすなわち利用者の行為に窃盗罪の実行の着手を肯定したものであり[24]，注目すべきものである。宛名を書き換えたことが一見して分かるなどの特別な事情がない限り配達担当者が区分棚に置かれている郵便物を配達してそれを行為者が取得することになることは明らかであるから本判例の危険性の判断は妥当であると考える。

第4節　おわりに

　間接正犯・離隔犯の場合には判例は一貫して到達主義の下に被利用者の行為に実行の着手を認めるものと考えられているが，これまでの考察からも明らかなように判例の底流の中にも行為者の利用行為に実行の着手を認めようとする動きが見られる。不能犯について判例が具体的危険説を採用し[25]，法益侵害の危険性に関して結果としての危険ではなく，事前の判断に服する行為の属性としての危険を考えていることからすると，その切迫した危険性のある行為者の行為について実行の着手を論じるべきであり，この意味で利用行為に実行の着手を肯定する動きが今後大きな流れとなることを期待したい。

（1）　野村稔『未遂犯の研究』（1984）292頁以下参照。
（2）　大塚仁「実行の着手」『総合判例研究叢書刑法(3)』（1956）6頁以下，大沼邦弘「実行の着手」判例刑法研究4巻（1981）6頁。
（3）　大沼・前掲注（2）26頁以下。
（4）　広島高判昭和28年10月5日高刑集6巻9号1261頁，最決昭和29年5月6日刑集8巻5号634頁，八木國之「すりと実行の着手」団藤重光編『刑法判例百選』（1964）75頁。
（5）　例えば，八木國之「窃盗罪における実行の着手」平野龍一＝松尾浩也編『刑法判例百選Ⅰ』（第2版，1984）142頁，岩井宜子「窃盗の着手があったものと認められた事例」警察研究44巻4号（1973）86-87頁。
（6）　平野龍一『刑法．総論Ⅱ』（1975）316頁。

(7)　野村・前掲注（ 1 ）302頁参照。
(8)　例えば，下村康正「他所に拉致して強姦する犯意をもって通行中の婦女を自動車内に引きずり込もうとして暴行を加えた時に強姦罪の着手があるとされた事例」判例評論145号（1971）34頁以下，墨谷葵「強姦罪における実行の着手」平野龍一＝松尾浩也編『刑法判例百選Ⅰ』（第 2 版，1984）144頁以下。
(9)　木村栄作「強姦罪の実行の着手」警察学論集23巻11号（1970）161頁以下。
(10)　野村・前掲注（ 1 ）302頁参照。
(11)　尾後貫壮太郎「間接正犯と実行の着手」法学志林38巻 6 号（1936）131頁。もっとも，大塚・前掲注（ 2 ）15頁はこの判例は間接正犯の事案ではないが参照されるべきであるとする。
(12)　大沼・前掲注（ 2 ）26頁。
(13)　牧野英一『日本刑法上巻』（重訂版，1937）469頁，江家義男『刑法（総則）』（1937）157頁，木村亀二『刑法活きている判例』（1962）142頁以下，なお，同『刑法総論』（1978）348頁。
(14)　団藤重光『刑法綱要』（改版版，1979）330頁注 4 ，福田平『刑法総論』（全訂版，1984）211頁，大塚仁『刑法概説（総論）』（改訂版，1986）158頁，植松正『再訂刑法概論Ⅰ』（1974）320頁，など。
(15)　西原春夫『刑法総論』（1977）190頁以下，317頁。
(16)　西原「間接正犯と原因において自由な行為」法学教室25号（1982）40頁，同旨，大谷實・刑法講義総論（1986）381頁注 6 ，大塚・前掲注（14）159頁注12。
(17)　佐伯千仭『刑法講義』（改訂版，1974）319頁，平野・前掲注（ 6 ）319頁，なお，西田典之「間接正犯論の周辺」Law School 48号（1982）32頁以下，同「間接正犯の実行の着手時期」前掲注（ 5 ）『刑法判例百選Ⅰ』147頁。
(18)　野村・前掲注（ 1 ） 3 〜 7 頁，319頁注12参照。
(19)　「輸入」の意義につき，例えば，松田昇「覚せい剤取締法における輸入の意義」研修412号（1982）37頁以下，413号33頁以下参照。
(20)　例えば，吉田常次郎「会社の庶務係に対する恐喝と実行着手」法学新報46巻 6 号（1936）118-120頁，尾後貫・前掲注（11）133頁，牧野英一「着手と間接正犯」同『刑法研究 8 巻』（1939）235頁以下。なお，団藤重光編『注釈刑法(6)』（1966）363頁〔福田平〕。
(21)　草野豹一郎「会社の庶務係に対する恐喝と恐喝罪の着手」同『刑事判例研究 3 巻』（1937）84頁。
(22)　草野・前掲注（21）84頁，大塚・前掲注（ 2 ）53頁，大沼・前掲注（ 2 ）22頁。
(23)　大沼・前掲注（ 2 ）22頁。
(24)　大沼・前掲注（ 2 ）47頁，団藤・前掲注（14）330頁。
(25)　野村・前掲注（ 1 ）378頁以下参照。

〈その他の参考文献〉
山口　厚「未遂犯――実行の着手」町野朔＝堀内捷三＝西田典之＝前田雅英＝林幹人＝林美月子＝山口厚『考える刑法』（1986）254頁以下

第14章　禁制品輸入罪における実行の着手
―― 最決平成11年9月28日刑集53巻7号621頁 ――

【事実の概要】
　本件の事案は，本決定の認定するところによると，「被告人は，二重底にした2つのスーツケースに大麻樹脂を隠した上，黒色スーツケースは，機内預託手荷物として運搬を委託し，もう1つの紺色スーツケースは自ら携帯して機内に持ち込み，新東京国際空港に到着して，紺色スーツケースを携帯して，上陸審査場で審査を受けたところ，入国審査官から上陸のための条件に適合していないと通知され，直ちに本邦からの退去を命じられた。そこで被告人は，当日本邦を出発する航空機に搭乗することとした。一方，黒色スーツケースは，作業員により機外に搬出され，旅具検査場に搬入された。その後，被告人は，税関職員の指示を受けた航空会社の職員に促されて旅具検査場に赴き，同所で，黒色スーツケースを受け取り，2つのスーツケースを携えて，税関の検査台で検査を受け，大麻を隠していることが発見された」（判時コメント）というものである。本決定は適法な上告理由には当たらないとしながらも，職権で標題の事項につき決定要旨のごとく判示したものである。

【決定要旨】
　「以上のような事実関係の下では，被告人は，入国審査官により本邦からの退去を命じられて，即日シンガポールに向け出発する航空機に搭乗することとした時点において，本件大麻を通関線を突破して本邦に輸入しようとする意思を放棄したものと認められるけれども，それまでに，大麻が隠匿された黒色スーツケースは空港作業員により旅具検査場内に搬入させ，大麻が隠匿された紺色スーツケースは被告人が自ら携帯して上陸審査場に赴いて上陸審査を受けるまでに至っていたのであるから，この時点においては被告人の輸入しようとした大麻全部について禁制品輸入罪の実行の着手が既にあったものと認められる。したがって，同罪の未遂罪の成立を認めた原審の判断は

正当である。」

【解　説】

1　本決定は，禁制品輸入罪における実行の着手（禁制品輸入罪は未遂・既遂ともに同じく処罰される〔関税法109条1項，2項〕）につき，「大麻が隠匿された黒色スーツケースは空港作業員により旅具検査場内に搬入させ，大麻が隠匿された紺色スーツケースは被告人が自ら携帯して上陸審査場に赴いて上陸審査を受けるまでに至っていた」時点で肯定したもので，最高裁としての初めての事例判例であり，注目に値する。もっとも，機内預託手荷物（黒色スーツケース）および携帯手荷物（紺色スーツケース）の両者につき実行の着手を肯定したのは，上陸検査を受けるまでに至っていたことを理由とするが，これ以前のどの段階で実行の着手を肯定するかは明確にされなかった。

2　本件のように，通関線を突破して禁制品を密輸入する場合については，東京高判平成9年1月29日高刑集50巻1号1頁[1]が，「関税法109条所定の禁制品輸入罪にいう輸入とは，外国から本邦に到着した貨物を本邦に引き取ることをいうと定義されているところ（同法2条1項1号），関税空港において通関線（旅具検査場）を通過する形態の輸入においては，空港内の通関線を突破した時点で同罪の既遂が成立すると解せられることに照らすと，同罪の実行の着手時期は，通関線の突破に向けられた現実的危険性のある状態が生じた時点をいうものと解すべきである。そして，禁制品である貨物が機内預託手荷物として飛行機に搭載された場合においては，税関検査を受ける意思のある犯人が，到着国の情を知らない空港作業員をして，貨物を駐機場の機内から機外に取り降ろさせ，空港内の旅具検査場内に搬入させた時点をもって実行の着手があったと解すべきであり，犯人が搬入された貨物を現実に受け取ったことや，更に進んで犯人がその貨物を持って検査台に進むなどの行為に出たことまでは必要としないというべきである」と判示し，機内預託手荷物の場合については，旅具検査場内に搬入された時点（「旅具検査場内搬入時説」）で通関線の突破に向けた現実的危険性のある状態が生じたとの理由で，実行の着手を肯定していた。しかし，携帯手荷物についてはかならず

しも明らかでなかった。この点本判決の考え方に従えば，携帯して輸入する場合も「犯人が当該貨物を携帯して旅具検査場に至った時に実行の着手があったとすることになろう」[2]とされている。

　3　本件の第1審判決（千葉地判平成9年6月3日刑集53巻7号630頁参照）は，禁制品輸入罪の実行の着手時期につき，携帯手荷物の場合は「貨物を携帯して航空機を降り立った時点で」，また，機内預託手荷物の場合は「空港作業員等によって貨物の取り降ろし作業が開始され」た時点でそれぞれ実行の着手があると判示していた。これに対して，弁護人は「旅具検査場で税関検査を受けようとして検査台に貨物を置く行為をした時点で初めて実行の着手があったとみるべきである」として控訴したところ，本件控訴審判決（東京高判平成9年10月27日刑集53巻7号636頁参照）は，前掲東京高判平成9年1月29日と同様に，禁制品輸入罪の実行の着手時期については，通関線の突破に向けられた現実的危険性のある状態が生じた時点としつつ，機内預託手荷物は空港作業員をして旅具検査場内に搬出させ，携帯手荷物を自ら携帯して上陸審査場で審査を受けた時点（「上陸審査時説」）において，上陸許可を受けた後，すぐ先の旅具検査場を大麻を隠したまま通過する意思であったのであるから両者の荷物に隠匿された大麻につき，通関線の突破に向けられた現実的危険性のある状態が生じていたとした。そして，上陸許可前であることについては，被告人が適法な旅券を所持して査証のいらない短期滞在資格で本邦に上陸しようとしていたものであり，特段の事情がない限り上陸が許可されるのであるから，上陸許可前であっても当該貨物が通関線を突破する具体的な危険はすでに発生していたと認めた。

　4　関税法109条所定の禁制品輸入罪の実行の着手時期は，輸入が外国から本邦に到着した貨物を本邦に引き取ることである限り，「通関線の突破に向けた現実的危険性のある状態が生じた」ときである。実行の着手に関する実質的客観説[3]からすると一般的にはこのように解することには異論はないと思われるが，実際に「通関線の突破に向けた現実的危険性のある状態が生じた」ときの判断には種々の見解が可能であろう。すでに見て来たよう

に,「貨物を携帯して航空機を降り立った時点」または (機内預託手荷物の場合は)「空港作業員等によって貨物の取り降ろし作業が開始され」た時点[4],「上陸審査時説」(本件控訴審判決),「旅具検査場内搬入時説」(前掲東京高判平成9年1月29日),「旅具検査場で税関検査を受けようとして検査台に貨物を置く行為をした時点」(本件控訴審弁護人控訴趣意) の見解が主張されていることからも明らかである。

5 ところで,行為者の所為計画によれば当該構成要件の保護客体(または当該構成要件の実現)に対する具体的危険が直接的に切迫したときに実行の着手を肯定する(折衷説)私見の立場[5]によれば,通関線の突破すなわち旅具検査場を通過するためには口頭または文書による輸入申告が必要であり(関税法67条の2第1項ただし書き),したがって旅具検査場に入った段階では通関線を突破して密輸入する場合には,輸入申告という行為の介在することが予定されているのであるから,少なくとも上陸検査を通って旅具検査場に入り,機内預託手荷物の場合はそれを受け取り,または携帯手荷物の場合はそれを携帯して,旅具検査台の方に向かう行為が必要であると考える[6]。したがって,このような行為があった以上実行の着手は肯定され,かりに「旅具検査場で禁制品の携帯を積極的に官憲に申告した場合」[7]は着手中止に当たり,「旅具検査場で官憲に怪しまれ,問い詰められて告白せざるを得なかった場合」[8]は着手未遂であると考える。この意味で,本件決定が上陸検査を受けた段階で既に実行の着手を肯定したのは疑問である。

(1) この判決につき,本田守弘「刑事判例研究(297)禁制品(コカイン)輸入罪の着手時期(東京高裁判決平成9年1月29日)」警察学論集50巻4号(1997)201頁以下参照。
(2) 本田・前掲注(1)206頁。
(3) 例えば,大塚仁『刑法概説(総論)』(第3版,1997年)165頁「犯罪構成要件の実現にいたる現実的危険性を含む行為を開始すること」,大谷實『新版刑法講義総論』(2000年)388頁「構成要件的結果の発生に至る現実的危険性を含む行為の開始」。
(4) 本件第1審判決,本田・前掲(1)207頁。
(5) 野村稔『刑法総論』(補訂版,1998年)333頁。
(6) これ以前においては禁制品である携帯品を廃棄して引取をやめることもできるがこの場合は予備罪が成立する。
(7) 判例タイムズ989号297頁コメント。
(8) 判例タイムズ989号297頁コメント。

〈その他の参考文献〉
　引用文献のほか
平野龍一＝佐々木史朗＝藤永幸治編『注解特別刑法補巻(3)』(1996) 関税法[植村立郎] 2-12頁
　実行の着手一般につき
野村稔『未遂犯の研究』(1984) 285頁以下同・前掲注（5）326頁注（1）掲記の文献参照

第15章　覚せい剤取締法41条の覚せい剤輸入罪の既遂時期
―― 最決平成13年11月14日刑集55巻6号763頁 ――

【事実の概要】

　本件の事案は，第1審判決が罪となるべき事実として認定したところによると，「被告人は，A，B，C，D，Eらと共謀の上，

　第1　営利の目的で，みだりに，外国船籍の船舶と洋上取引して入手した覚せい剤を本邦に輸入しようと企て，右B，C，D及びEが，平成10年8月12日午後4時30分ころ，北緯30度，東経125度30分の東シナ海公海上において，外国船籍の船舶第12丙川丸の乗組員から覚せい剤であるフェニルメチルアミノプロパンの塩酸塩の結晶合計290・48453キログラム（……）を受領して漁船乙山丸（……）に積載し，同船を本邦に向けて航行させた上，同月13日ころ，北緯31度，東経129度12分の鹿児島県宇治群島南西方約14海里にあたる本邦領海内に到達させて同覚せい剤を本邦領海内に搬入し，もって，覚せい剤を本邦に輸入する予備をした。

　第2　前記第1の犯行により入手し，本邦領海内に搬入した関税定率法上の輸入禁制品である覚せい剤290・48453キログラム（……）を保税地域を経由しないで本邦に引き取ろうと企て，これを漁船乙山丸（……）に積載して，鹿児島県佐多岬沖，宮崎県沖を経由して航行しながら，平成10年8月14日，右Cが，所携の携帯電話機を用い，予め覚せい剤陸揚げ後の陸上輸送担当者との間で連絡を取り合い，搬送用自動車の手配を依頼するなどし，右覚せい剤の陸揚げ地を不開港である高知県土佐清水市（……）所在の土佐清水港に決定した上で，同日午後9時30分ころ，右覚せい剤を同港に運び入れ，そのころ，同船を同県土佐清水市所在の同港清水漁業協同組合購買センター東側岸壁に接岸し，右B，C及びEが上陸するなどし，もって，輸入禁制品である右覚せい剤を陸揚げして輸入しようとしたが，同岸壁付近で私服の警察官らが警戒に当たっていたため，その目的を遂げなかった，

第3　営利の目的で，みだりに平成10年8月15日ころ高知県高岡郡窪川町奥津崎沖付近海上を航行中の漁船乙山丸（……）において，覚せい剤であるフェニルメチルアミノプロパンの塩酸塩の結晶290・48453キログラムを同船に積載してこれを所持した」というものである。

検察官は，第1の事実につき覚せい剤営利目的輸入罪の訴因（覚せい剤取締法41条2項，1項），第2の事実につき関税法上の禁制品輸入未遂罪の訴因（関税法109条2項後段（現行3項），1項，関税定率法21条1項1号），第3の事実につき覚せい剤営利目的所持罪の訴因（覚せい剤取締法41条の2第2項，1項）で起訴したところ，第1審判決（東京地判平成12年2月29日刑集55巻6号799頁[1]）は，第2および第3の訴因については検察官の主張通りの事実を認めてこれを肯定したが，第1の事実については，検察官が本件事案のように公海上で外国船籍の船舶から覚せい剤の引き渡しを受けるいわゆる瀬取り方式による場合には，犯人が公海上で相手船から覚せい剤を受け取り領海内に搬入した時点で保健衛生上の危害発生の危険性が顕在化ないし現実化したものと認められるから，覚せい剤を領海内に持ち込んだ時点で覚せい剤営利目的輸入罪は既遂に達するとの主張を退け，また第2の事実に訴因を変更しない予備的訴因を追加すれば覚せい剤営利目的輸入罪の未遂が認定できるとの裁判所の見解の下における訴因の変更・予備的訴因の追加の勧告を拒絶したので，訴因の範囲内で覚せい剤営利目的輸入罪の予備罪（覚せい剤取締法41条の6，41条2項，1項）を認めた。

さらに，検察官は覚せい剤営利目的輸入罪の既遂による処罰を求めて控訴したが，控訴審判決（東京高判平成12年12月20日高刑集53巻2号109頁[2]）は，原判決の判断を肯定し，検察官の控訴を棄却した（なお，弁護人の控訴も棄却したが，その控訴趣意は本標題とは関係ない）。

これに対して検察官および弁護人より上告がなされたが，いずれも適法な上告理由に当たらないとして，各上告を棄却したうえで，検察官の所論に鑑みて職権で以下のように判断した[3]。

【決定要旨】

「覚せい剤を船舶によって領海外から搬入する場合には，船舶から領土に

陸揚げすることによって，覚せい剤の濫用による保健衛生上の危害発生の危険性が著しく高まるものということができるから，覚せい剤取締法41条1項の覚せい剤輸入罪は，領土への陸揚げの時点で既遂に達すると解するのが相当であり（前記第1小法廷判決参照），これと同旨の原判断は相当である。所論の指摘する近年における船舶を利用した覚せい剤の密輸入事犯の頻発や，小型船舶の普及と高速化に伴うその行動範囲の拡大，GPS（衛生航法装置）等の機器の性能の向上と普及，薬物に対する国際的取組みの必要性等の事情を考慮に入れても，被告人らが運行を支配している小型船舶を用いて，公海上で他の船舶から覚せい剤を受け取り，これを本邦領海内に搬入した場合に，覚せい剤を領海内に搬入した時点で前記覚せい剤輸入罪の既遂を肯定すべきものとは認められない。」

【評　釈】

1　本決定は，いわゆる瀬取り方式による覚せい剤の輸入の事案につき，船舶から領土に陸揚げすることによって，覚せい剤の濫用による保健衛生上の危害発生の危険性が著しく高まることを理由として，覚せい剤輸入罪は，領土への陸揚げの時点で既遂に達すると判示し，保税地域を経由して覚せい剤を輸入した事案につき，陸揚げまたは取り下ろしの時点で既遂になると判示した最高裁判例[4]が瀬取り方式による覚せい剤の輸入の事案にも妥当することを確認したものである点に，事例判例として実務上重要な意義がある。

ところで，覚せい剤等の規制薬物を輸入した場合，それぞれ覚せい剤輸入罪等が成立するほか，関税法上の禁制品輸入罪が成立する（本件第1審判決でも第2の事実につき前述のように肯定されている）が，関税法では，輸入は「外国から本邦に到着した貨物（略）又は輸出の許可を受けた貨物を本邦に（保税地域を経由するものについては，保税地域を経て本邦に）引き取ることをいう」（関税法2条1号，なお，関税定率法2条）と定義されている。覚せい剤の実際の輸入経過は本邦領域外から本邦領域（領海・領空）内に持ち込んで領土内に搬入するまでの一連の連続した行為として行われるが，この定義は，この一連の行為の内，「領土内に搬入する」行為を輸入行為として捉え，その余の「本邦領域外から本邦領域（領海・領空）内に持ち込む行為」は輸入行為の要素では

なく，それは貨物の属性（したがって，外国から持ち込まれた貨物が輸入罪の構成要件の客体とされる）として捉えているのである。輸入は「本邦に引き取ること」であるので，したがって，その既遂時期は保税地域や税関空港等を経由しない場合には船舶からの陸揚げまたは航空機からの取り下ろしの時点であり[5]，これらを経由する場合には通関線突破の時点とされている[6]。

2　しかし，覚せい剤取締法等には輸入の定義規定がないので従来学説・判例上種々の見解が主張されてきた[7]。
　(1)領海説は，あへん煙輸入罪（刑法136条）について主張されていたものであるが，あへん煙（または覚せい剤）が外国から搬送されて我が国の領域（領空・領海）内に搬入されれば既遂となるとする見解であり，領空・領海内のあへん煙製造・販売目的でのあへん煙所持を処罰することとの均衡等が根拠とされている[8]。これに反して判例は陸揚げを必要としていた[9]。
　この見解は，輸入という語義に忠実であり，また実際の輸入の経過にも合致するものであるが，覚せい剤輸入罪の未遂については平成3年の改正により国外犯処罰規定がある（覚せい剤取締法41条の12）ので問題はないが，あへん煙輸入罪の未遂は処罰されているのに国外犯処罰規定がなく（刑法3条参照），あへん煙輸入罪の実行の着手が国外で行われることになり問題である。なぜなら，国外犯処罰規定は罪刑法定主義を重視する立場からすれば，単に訴訟条件または処罰条件と解すべきでなく，刑法規範を創設する意味で実体法的効力を持つものと考えるべきであるからである。それに，あへん煙輸入罪が公衆の健康に対する抽象的危険犯である点を考慮すると日本の領域に搬入されただけでは足らず陸揚げまたは荷下ろしが必要であると考える[10]。
　(2)陸揚げ説は，前述のように，実際の輸入の経過の内，最終局面である領土内への搬入を輸入行為と解して，領土内への搬入という結果（海上からの陸揚げまたは航空機からの取り下ろし）の発生した時点で既遂になるという見解（通説・判例）であり[11]，その実質的根拠はその段階になってはじめて覚せい剤の濫用や流通，拡散等に伴う保健衛生上の危害発生の危険性が一段と顕在化・明確化することに求められている。
　この見解は基本的に妥当であると考えるが，覚せい剤が保税地域や関税空

第15章 覚せい剤取締法41条の覚せい剤輸入罪の既遂時期 143

港を経由して領土内に搬入される場合には，保税地域や関税空港においては税関の実力的支配が及んでいるので，いまだ覚せい剤が自由な流通に置かれていないため，その結果一般に流通・拡散されてそれが濫用され保健衛生上の危害発生の危険性がないとはいえないが，一段と顕在化・明確化するものではないとも考えられる。

そこで，(3)通関線突破時説が主張されている。この見解は覚せい剤が保税地域や関税空港を経由して領土内に搬入される場合には旅具検査場や保税地域を出るまでは税関の実力的支配が及んでいるので，税関線突破の時点，すなわち，具体的には旅具検査場（関税法67条参照）や保税地域（関税法29条参照）を通過した時点で既遂となるとし，したがって，この場合には関税法の輸入罪の既遂時期と一致する。保税地域や関税空港を経由しないで領土内に搬入される場合には陸揚げ説と同じく陸揚げまたは取り下ろしの時点で既遂となるという見解である[12]。

3 覚せい剤取締法の目的は，「覚せい剤の濫用による保健衛生上の危害を防止する」（覚せい剤取締法1条）ことである。その趣旨は，覚せい剤はその薬理作用により医療効果も期待できるが，反面その習慣性により覚せい剤の過度の使用者（濫用者）は覚せい剤中毒による精神病に移行するという社会公衆（不特定多数人）の保健衛生上の危害に止まらず，覚せい剤中毒症状による犯罪等の遂行により社会全体に甚大な被害をもたらすものであることを考慮して，覚せい剤および覚せい剤原料の輸入等の行為を取り締まることにある。したがって，例えば，覚せい剤の輸入が禁止され（同法13条），「みだりに」これに違反した場合に罰則が科される（同法41条）のは直接的には保健衛生上の危害の防止にある。そして，覚せい剤輸入罪も抽象的危険犯であり，保健衛生上の危害発生の何らかの程度の可能性が必要であると解すべきであるから[13]，その可能性を肯定するためには，覚せい剤が正当な医療用の使用以外に一般に（不特定多数人に）拡散・流通し使用される何らかの程度の可能性が必要であると考えるべきである。そして，その可能性は輸入，すなわち覚せい剤の我が国への搬入の態様により異なるものと考えるべきである。覚せい剤が保税地域や税関空港等を経由することなく搬入される場合に

は航空機からの取り下ろしや船舶からの陸揚げにより，いわば野に放たれた鳥のように一般に拡散・流通し使用される何らかの程度の可能性が発生したと考えられるが，保税地域や税関空港等を経由する場合には通関線を突破するまでは，税関の支配が及んでいるので，いねば篭の鳥として一般に拡散・流通し不特定多数人に使用される何らかの程度の可能性が発生したとは考えられないので，既遂とはならず，通関線を突破した時に既遂となるものと考える。その意味で通関線突破説を妥当と考える[14]。

　このように解することによって，関税法の輸入の既遂時期とも合致するといえる。そして，本件の事案のように覚せい剤が保税地域や税関空港等を経由することなく搬入される場合には，覚せい剤を積んだ瀬取り船が被告人らの運行の支配下にあったとしても，また検察官の主張のような事情があり，領海に入った段階で取締りの必要性が高いとしても，瀬取り船からの陸揚げ以前の時点では，領海上での覚せい剤の取引が行われことがあるとしても，覚せい剤が一般に拡散・流通し使用される何らかの程度の可能性が発生したとはいえず，本決定が，陸揚げの時点を既遂と判断したのは妥当である。

　ところで，この意味で輸入罪の実行行為はこれらの既遂結果（通関線突破または取り下ろしもしくは陸揚げ）発生の現実的危険性のある行為と考えるべきであるから，その着手時期はそれぞれ，実行の着手に関する折衷説[15]からすれば，保税地域を経由して覚せい剤を携帯荷物に隠して輸入する場合は旅具検査場に入って旅具検査台の方に向かう行為が必要であり[16]，または保税地域を経由することなく輸入する場合は陸揚げする場所に接岸しただけで容易に陸揚げ可能な場合には接岸した時点が，接岸しただけでは容易に陸揚げできずさらに陸揚げの準備行為が必要な場合はその準備行為を始めた時点と考えるべきである。もとより立法政策として，領海・領空に入ってからこれらの既遂結果発生までの一連の行為全体を輸入と定義することは可能である。その場合には公海上から領海内に搬入した時点で輸入罪の未遂が成立することになる[17]。

　4　本決定が，これまでの既遂時期に関する判例の見解によらず，しかも裁判所による訴因の変更・予備的訴因の追加の勧告にも従わず，これまでの

解釈の変更を迫る検察官の主張を斥けたのは解釈論としてはやむを得ないところであるが，薬物犯罪の現実を見据えた上での立法的措置も視野に入れた検討が要請されているといえる。

（1） これにつき，大塚裕史「洋上取引密輸事犯と刑事法――漁船王丸事件第1審判決を中心に――」海上保安国際紛争事例の研究2号（2001）105頁以下，田中利幸「公海上で，外国船籍から覚せい剤を受ատして本邦領海内に搬入した事案において，輸入既遂罪の主張を退け輸入予備罪を認めた事例」判例評論513号（2001）54頁以下，齊藤信宰「公海上で覚せい剤を受領し，本邦領土内に搬入した場合の覚せい剤取締法上の輸入の既遂時期」現代刑事法4巻1号（2002）70頁以下参照。
（2） これにつき，安冨潔「覚せい剤取締法第41条の輸入罪に当たらないとされた事例」海上警備318号（2001）19頁以下参照。
（3） 本決定につき，朝山芳史「覚せい剤取締法41条の覚せい剤輸入罪の既遂時期」ジュリスト1227号（2002）154頁以下，土本武司「"瀬取り"取引における覚せい剤輸入罪の既遂時期」判例評論518号（2002）44頁以下，勝亦藤彦「覚せい剤輸入罪の既遂時期」ジュリスト1224号（2002）169頁以下，薬物捜査研究会「輸入罪の既遂時期について」捜査研究605号（2002）34頁以下，大塚裕史「国際的な組織犯罪と密航・密輸」海上保安国際紛争事例の研究3号（2002）25頁以下，とくに42頁以下参照。
（4） 最判昭和58年9月29日刑集37巻7号1110頁。これにつき，金築誠志「1 覚せい剤取締法13条，41条の既遂時期　ほか」最高裁判所判例解説刑事篇昭和58年度（1987）299頁以下，土本武司「覚せい剤・大麻の密輸入とその既遂時期・罪数」法学新報91巻8・9・10号（1985）417頁以下，土本武司「密輸入罪の既遂時期と罪数」判例時報1092号（1983）3頁以下，岡野光雄「1 覚せい剤取締法13条，41条の既遂時期　ほか」判例評論303号（1984）65頁以下，古田佑紀「覚せい剤の輸入罪の既遂時期及び覚せい剤輸入罪と関税法上の無許可輸入罪との罪数関係」法律のひろば37巻1号（1984）68頁以下等参照。
（5） 最決昭和33年10月6日刑集12巻14号3221頁。
（6） 前掲注（4）最判昭和58年9月29日。
（7） 詳細は，香城敏麿「覚せい剤取締法」平野龍一＝佐々木史朗＝藤永幸治編『注解特別刑法5-Ⅱ』（第2版，1992）108頁以下，北川佳世子「密輸入罪の成立時期」『西原春夫先生古稀祝賀論文集第3巻』（1998）403頁以下参照。
（8） 植松正『刑法概論Ⅱ各論』（再訂版，1975）196-7頁，大塚仁『刑法概説（各論）』（第3版，1996）510頁等。ちなみに，検察官の見解は，覚せい剤がもともと本邦領域内にあったと同様の保健衛生上の危害発生の危険性のある状態を作り出したかどうかによって輸入罪の既遂時期を個別具体的に決定すべきとするものである（個別化説・判例時報コメント・1769号154頁）が，瀬取り船による覚せい剤の輸入事案においては領海説と結論を同じくする。なお，個別化説については，古田佑紀「覚せい剤の輸入の意義をめぐる諸問題」捜査研究33巻2号（1984）19頁以下，渡邊一弘「薬物5法における『輸入』の意義とその実行の着手，既遂時期について」研修546号（1993）123頁以下，北川・前掲注（7）413-4頁参照。
（9） 大判昭和8年7月6日刑集12巻1125頁。
（10） 野村稔編著『刑法各論』（補正版・2002）［野村執筆］297頁。
（11） あへん煙輸入罪につき，例えば，大谷實『新版刑法講義各論』（追補版，2002）425頁，野村・前掲注（10）297頁，前掲注（9）大判昭和8年7月6日，覚せい剤輸入罪につき，例えば，香城・前掲注（7）108頁以下，東京高判昭和49年3月27日東高刑時報25巻3号21

頁,前掲注(4)最判昭和58年9月29日。
(12) 亀山継夫「覚せい剤の密輸入と関税法違反」研修308号(1974)59頁,土本・前掲注(4)「覚せい剤・大麻の密輸入とその既遂時期・罪数」417頁,岡野・前掲注(4)67頁,古田・前掲注(4)70-1頁等。
(13) 野村稔『刑法総論』(補訂版,2000)101頁。
(14) この意味で,前掲注(4)最判昭和58年9月29日が,韓国から空路覚せい剤をキャリーバックに隠匿・携帯し,税関空港を経由して覚せい剤を我が国に搬入しようとした事案につき,保税地域や税関空港等を経由して搬入する場合には陸揚げまたは取り下ろしの時点で覚せい剤輸入罪の既遂が成立すると判示したのは賛成できない。
(15) 野村・前掲注(13)223頁。
(16) 野村稔「禁制品輸入罪における実行の着手」平成11年度重要判例解説(2000)149頁。判例によれば,機内預託手荷物の場合は旅具検査場に搬入された時点,携帯手荷物の場合は携帯して旅具検査場に至った時点である(最決平成11年9月28日刑集53巻7号621頁。この決定につき,野村・上記参照)。
(17) 前掲東京地判平成12年2月29日(815~816頁)参照。土本・前掲注(3)51頁は,輸入罪の実行行為を陸揚げであるとしつつも,それに密着する行為を行ったときはすでに実行の着手が認められるとされ,「本件のように,密輸入のみを目的とし,犯行遂行のために有用かつ不可欠な高度の通信機器を備えた小型船舶を用いて,公海上で輸入禁止物を瀬取りし,一路,陸揚げする場所に向けて航行するのは,陸揚げに密着した行為が行われ,陸揚げの現実的危険性のある状態が生じたとして,領海に入った時点で,実行の着手があったと認めることが可能ではなかろうか。」とされる(岡山地判昭和57年5月10日判時1060号160頁も同旨)。結局これは領域外から搬送され領海・領空に入ってからこれらの既遂結果発生までの一連の行為全体を輸入の実行行為と捉えることになる。なお,この見解の問題点につき,前掲東京地判平成12年2月29日(816頁)参照。

第16章　間接正犯の実行の着手時期
――大判大正7年11月16日刑録24輯1352頁――

【事実の概要】

　本件の事案は，原判決の判示事実により要約すると，被告人甲は，乙を殺害する目的で毒薬混入の砂糖を乙宛に小包郵便で送付したところ，小包は乙方に配達され乙がこれを受領したが，乙は毒薬混入の事実に気づきこれを食するに至らなかったというものである。この事実につき原判決は殺人未遂罪をもって問擬したところ，弁護人は，原判決が「被告カ乙ニ宛テ毒薬混入ノ砂糖ヲ郵送シタル行為ヲ以テ殺人行為ノ實行ナリト判示」したものであると理解し，そうであるならば「右毒薬混入ノ砂糖ヲ郵送スルノミニテハ乙カ果シテ之ヲ食用ニ供スベキヤ否ヤ不確実ニシテ乙又ハ其家族カ当然之ヲ食用スヘキ状態ニ置キシモノト謂フコト能ハス換言スレハ毒殺行為ノ実行ニ著手シタルモノト謂フヘカラス」と主張して上告した。大審院は判旨のごとく述べて上告を棄却した。

【判　旨】

　「然レトモ他人カ食用ノ結果中毒死ニ至ルコトアルヘキヲ予見シナカラ毒物ヲ其飲食シ得ヘキ状態ニ置キタル事実アルトキハ是レ毒殺行為ニ著手シタルモノニ外ナラサルモノトス原判示ニ依レハ被告ハ毒薬混入ノ砂糖ヲ乙ニ送付スルトキ乙又ハ其家族ニ於テ之ヲ純粋ノ砂糖ナリト誤信シテ之ヲ食用シ中毒死ニ至ルコトアルヲ予見セシニ拘ラス猛毒薬昇汞一封度ヲ白砂糖1斤ニ混シ其1匙（10グラム）ハ人ノ致死量15倍以上ノ効力アルモノト為シ歳暮ノ贈品タル白砂糖ナル如ク装ヒ小包郵便ニ付シテ之ヲ乙ニ送付シ同人ハ之ヲ純粋ノ砂糖ナリト思惟シ受領シタル後調味ノ為メ其1匙ヲ薩摩煮ニ投シタル際毒薬ノ混入シ居ルコトヲ発見シタル為同人及其家族ハ之ヲ食スルニ至ラサリシ事実ナルヲ以テ右毒薬混入ノ砂糖ハ乙カ之ヲ受領シタル時ニ於テ同人又ハ其家族ノ食用シ得ヘキ状態ノ下ニ置カレタルモノニシテ既ニ毒殺行為ノ著手ア

リタルモノト云フヲ得ヘキコト上文説明ノ趣旨ニ照シ寸毫モ疑ナキ所ナリトス故ニ原審カ判示事実ニ対シ刑法第199條第203條ヲ適用シタルハ正當ナリ論旨理由ナシ」

【解　説】

1　本件判決は,「毒物ヲ其飲食シ得ヘキ状態ニ置キタル事実アルトキ」に毒殺行為の着手時期が認められるとして,殺人の目的で毒物の入った砂糖を小包郵便で送付したという,開接正犯の一形態である離隔犯の事案につき,郵便小包が配達されて相手方が受領したときに「食用シ得ヘキ状態ノ下ニ置カレタルモノ」として実行の着手を肯定したものであって,間接正犯（離隔犯）の実行の着手時期に関して被利用者説（到達主義）を採用したものであると理解されており,これは判例がこれまで一貫して肯定してきた立場である[1]。これに対して学説上は主観説に立つ論者のみならず[2],客観説に立つ論者[3]も間接正犯の実行の着手時期を利用者の行為に認める（利用者説）のが支配的である。このように間接正犯の実行の着手時期について判例と学説とで厳しい対立が存在するのは,直接正犯の実行の着手時期についての判例の結論に概ね学説から異論のないことからすると顕著な特色といえよう。

2　このような対立の根底にあるのは,未遂犯の処罰根拠としての法益侵害の危険性の性質・判断構造についての理解の相違であると考えられる。①行為無価値論の立場から未遂の危険は行為の属性であって,事前の判断に服し,したがって必然的に行為者の主観的事情も判断資料となり,実行の着手時期は法益侵害の危険性が切迫したと評価される行為者の行為について考えると解すべきか（行為の属性としての危険説）,または,②結果無価値論の立場からこれは行為の結果であって,事後的な判断に服し,しかも客観的事情のみで判断できるものであり,実行の着手時期を行為者の行為とは区別された法益侵害の具体的危険の発生した場合に認めると解すべきか（結果としての危険説）である。

本件判決は,毒物を被害者が受領したときにおいてこれが食用し得べき状態に置かれたことが殺害行為に密接する行為であることを理由として,形式

的客観説の若干の拡張であると理解する見解もあるが[4]，法益侵害の危険の観点から言えば，つまりこの時点で殺人の結果発生の現実的危険が発生したことを理由に実行の着手を肯定したもの，すなわち結果としての危険説の立場に従ったものと考えられる。このような考え方は，下級審の判例ながら，殺意をもって被害者の住居付近の農道上にビニール袋入りの毒入りジュースを置いたという事案[5]において，実行の着手については，「行為が結果発生のおそれある客観的状態に至った場合，換言すれば保護客体を直接危険ならしめるような法益侵害に対する現実的危険性を発生せしめた場合」であるとし，毒入りジュースを単に農道上に置いただけでは他人に拾得される危険はあるが，いまだ「他人の食用に供されたとはいえない」のであり，「被害者らによって右ジュースが拾得飲用される直前に」実行の着手があるとしたことに明確に現れている。

　学説においてもこのような判例の立場を支持するものが有力である。例えば，実質的客観説の立場から，佐伯教授は，未遂の違法性の実質（可罰的違法性）の問題として可罰的未遂が成立するためには託送行為のほかに結果発生の危険の具体化が必要であるとし[6]，また平野教授は，実行の着手概念は当該行為が結果発生の具体的危険を生じたときに処罰するという段階を画する概念であると解すべきであるから，実行「行為」と実行の着手「時期」とは必ずしも同時である必要はなく，利用行為を処罰の対象たる実行行為としつつ，その着手時期は被利用者の行為を基準として決定することができるのであり，当該利用行為は結果発生の具体的危険の生じた段階において実行行為性を取得するとされる[7]。

　しかし，間接正犯の場合には行為者の行為としては利用行為以外には存在しないのであるから，それ以外の被利用者の行為に実行の着手を認めることは不可能であり，またそれが可能であるとしてもそのような理解は実行の着手は実行行為の開始とするこれまでの考え方と著しく異なるものであり，妥当ではない。さらに間接正犯について実行従属性を肯定すればそもそも教唆犯との区別が客観的にはできないことになる。

　3　ところで，実行の着手は犯罪の実現過程における行為の一段階と解す

べきであり，しかも不能犯については具体的危険説を妥当と解することから，事前の判断によって肯定された危険が処罰に値するべき危険であり，その切迫した程度の危険のある行為が実行行為であると考えるべきである。このことは結果としての危険ではなく，行為の属性としての危険とその程度を考え（行為の属性としての危険説），あくまでも行為者の行為について実行の着手を求めることを意味することになる（利用者説）。

　そして実行行為概念は自然主義的に把握すべきものではなく，規範的観点からこれを理解すべきものであるが，利用行為について切迫した危険性が肯定できる場合のみ間接正犯の成立を肯定し，被利用者の行為が行われた段階において初めて危険が切迫したと認められる場合には間接正犯の成立を否定し，これを共犯（教唆犯）と解すべきである[8]。例えば，前述の宇都宮地裁の事案においては，農道上に置かれた飲み物を飲用することには通常過失が考えられるのであり，この場合には被害者の過失行為を利用する教唆犯であると解して実行従属性の下に被利用者が現実に飲用しようとしたときに着手を肯定すべきものと考える。そして教唆犯は規範的障害たり得る他人の行為を利用して自己の犯罪を実現する正犯の一態様と解すべきものであって，この場合に「正犯の刑を科する」（刑法61条）にいわゆる「正犯」とは実行従属性の制約を受けない狭義の「正犯」と解すべきであるから，想定された正犯，したがって正犯のない共犯を認めるとの批判[9]は私見には妥当しないと考える。

　4　このような観点から本件の事案をみると，郵便に付した場合には一般的に偶然的な障害がないかぎりは相手方に配達されて受領されるのであるから，「食用シ得ヘキ状態ノ下ニ置カレ」，相手方の法益侵害を必然化するものと考えられるので，郵便に付したとき，すなわち行為者（利用者）の行為について実行の着手を肯定できるものと考える。この点で，郵便物の宛名を書き換えて郵便物配達区分棚に置き，情を知らない配達担当者に記達させてこれを窃取しようとした事案[10]につき，配達されなかった一部の郵便物について窃盗罪の未遂を認めたのは注目すべきものである。控訴趣意書にもあるように従来の判例の見解によれば，「郵便物が被告人の自宅に配達されたと

きか又はこれに近接した状態に至ったときに初めて実行の着手があったものと」すべきであるのに，宛名を書き換えて郵便物区分棚に置いたときにすなわち利用者の行為に窃盗罪の実行の着手を肯定したものと考えられるからである[11]。このほかにもこれまでも利用者説に立っていると指摘された判例[12]がないわけではない。

いずれにしても，この点についての最高裁判所の明確な判断が期待される。

 （1） 大判明治43年6月23日刑録16輯1276頁〈誣告状を送付した事案〉，大判大正3年6月20日刑録20輯1289頁〈欺罔文書を送付した事案〉，大判大正5年8月28日刑録22輯1332頁〈恐喝文書を送付した事案〉参照。
 （2） 例えば，牧野英一『日本刑法上巻（総論）』（重訂版，1937）469頁，木村・後掲148頁，江家義男『刑法〔総則〕』（1952）157頁など。
 （3） 例えば，団藤重光『刑法綱要総論』（第3版，1990）330頁注4，福田平『刑法総論』（全訂第3版，1996）223頁，大塚仁『刑法概説〔総論〕』（改訂版，1986）158頁など。
 （4） 大沼邦弘『判例刑法研究4巻』26頁。
 （5） 宇都宮地判昭和40年12月9日下刑集7巻12号2189頁。
 （6） 佐伯千仭『刑法講義総論』（4訂版，1981）306頁。なお，曽根威彦『刑法総論』（新版補正版，1996）254-255頁。
 （7） 平野龍一『刑法総論Ⅱ』（1975）319頁。なお，西田「間接正犯論の周辺」Law School 48号（1982）32頁以下，同・『刑法判例百選Ⅰ総論』（第2版，1984）147頁，川端博『刑法総論25講』（1990）344頁。
 （8） 野村稔『未遂犯の研究』（1984）317頁，319頁注12，同『刑法総論』（1990）380頁参照。
 （9） 平野・前掲注（7）362頁。
 （10） 東京高判昭和42年3月24日高刑集20巻3号229頁。
 （11） 大沼・前掲注（4）47頁，団藤・前掲注（3）330頁。
 （12） 大判昭和11年2月24日刑集15巻162頁。

〈その他の参考文献〉
　本判決の解説として
木村亀二『刑法活きている判例』（1962）142頁以下
平野龍一ほか編『判例演習刑法総論』（増補版，1969）148頁以下〔福田平〕
　などがある。
　そのほか主要なものとして
大塚仁『刑法論集(1)』（1976）84頁以下
西原春夫「間接正犯と原因において自由な行為」法学教室25号（1982）32頁以下
芝原邦爾編『刑法の基本判例』（1988）52頁以下〔野村稔〕
　などがある。

第17章 不能犯

第1節 問題点

　不能犯については，違法論におけるいわゆる結果無価値論と行為無価値論の対立・抗争の中で結果無価値を重視する立場より，今日では通説とされている具体的危険説に対して，とくにその事前の一般人の立場からする危険判断に再検討が加えられるようになり，新たに事後的な客観的危険判断を中核とした客観的危険説が再評価され，主張されるようになった一方で，具体的危険説の立場からもその妥当性を論証しようとする動きがみられ，また客観的危険説の有力な主張者が具体的危険説に改説するなど，具体的危険説はその通説としての立場を確固たるものにしているというのが学説の現状である。

　他方で，判例もかつては絶対不能・相対不能説に立脚していたと評価されていたが，今日ではむしろ具体的危険説によっているとの見方も有力に主張されているなかで，明確に具体的危険説に従った最高裁判所の判決もみられるのが判例の現状である。

　ここで争われているのは，危険性判断の構造であって，事前の判断によるべきか，事後の判断によるべきか，自然科学的・物理的危険性か，一般人の立場からの危険性か，判断にあたって行為を一般化して判断すべきか，具体的事情の下でこれを判断すべきか，後者によるとしても行為者の認識事情を考慮すべきか，などの点である。

第2節　学説・判例

　1　未遂犯と不能犯とを分かつ基準については，未遂犯の可罰性の根拠に

ついての考え方の違い[1]を反映して，種々の見解が対立している[2]。これを，まず主観説と客観説とに分け，さらに前者を純主観説と抽象的危険説に，後者を絶対不能・相対不能説（客観的危険説）と具体的危険説とにそれぞれ分類するのが一般である。

(1) 純主観説は，未遂犯の可罰性の根拠を行為者の性格の危険性に求め，犯罪意思が外部的に明確に現れた以上未遂犯として処罰することができるとするものであり，これによれば原則として不能犯は否定されることになる。ただ，丑の時参などの迷信犯のように超自然的方法を用いる者の性格は怯懦であり，処罰の必要を認めないから不能犯だとされている[3]。

(2) 抽象的危険説は，主観的危険説ともいわれ，未遂犯の可罰性の根拠を行為者の意思の危険性に求め，行為者の認識したことが現実であったとした場合に一般人の立場より結果発生の危険があるとされる場合には未遂犯とし，これがない場合には不能犯を認めるものである[4]。純主観説との差異は行為者の意思の危険性を一般人の観点から判断する点にあり，その結果，迷信犯はもとより，砂糖で人を殺せると行為者が考えてこれを食させた場合には，一般人は砂糖で人を殺せるとは考えていないのであるから不能犯であるとする。これに対し，行為者が砂糖を青酸カリと思ってこれを飲ませた場合は，たとえ一般人はこのような思い違いをしない場合でも未遂犯であるとされるのである。またこれによれば，主体の欠缺の場合も未遂犯であると考えられている[5]。

(3) 絶対不能・相対不能説とは，未遂犯の可罰性の根拠を行為の法益侵害の危険性に求めるものであるが，これを具体的事情を離れて抽象的一般的にしかも事後的に判断するものであり，およそ結果の発生が不能の場合に不能犯を認め，たまたま結果の発生が不能であったときには未遂犯とするのである。例えば，死者を生きていると思ってこれに対し殺害行為をなした場合，およそ殺害の結果は発生しないので不能犯（客体の絶対不能）とされ，人を殺そうとして発砲したところ，相手が射程距離外にいたため殺害の目的を遂げなかったときには，たまたま結果が発生しなかったのであるから，未遂犯とされる（客体の相対不能）。また人を毒殺しようとして致死量の毒薬を飲ませるつもりが誤って，砂糖を飲ませた場合にはおよそ殺害の結果は発生しない

ので，不能犯とされるが（手段の絶対不能），飲ませた毒薬が致死量に達していなかったので殺害の目的を遂げなかったときには，たまたま結果が発生しなかったのであるから未遂犯とされるのである（手段の相対不能）。

この所説によれば，例えば，客体の相対不能の事例でも，「射程距離外にいた人」を基準として考えれば，およそ殺害の結果は発生しないというべきであり，絶対不能とせざるをえず，また手段の相対不能の事例においても，毒薬そのものの投与ではなく，「致死量に達しない毒薬の投与」を基準として考えれば，この場合にもおよそ結果の発生は不可能であったのであるから，絶対不能とされるべきである。このように，事態をどの程度抽象化するかにより結論の相異をもたらすものであるところに区別の基準が一義的でないとの批判がある。しかし，他方で，この所説が事後的にしかも行為者の意思から独立して客観的に判断することが結果無価値論に立つ論者より再び評価されているところである。

(4) 具体的危険説は，同じく未遂犯の処罰根拠を行為の法益侵害の危険性に求めるのであるが，行為時において，一般人が認識できた事情および行為者が特に認識していた事情を基礎として，一般人の立場より，結果発生の可能性があると判断される場合には未遂犯の成立を認め，これがないと判断される場合には不能犯を肯定するものである[6]。絶対不能・相対不能説と異なり，行為のもつ結果発生の可能性を具体的事情の下で，しかも一般人の事前の立場より判断する点に特徴がある。したがって，客体の絶対不能の事例である，死体に対する殺害行為の場合にも一般人からみても，生きていると考える状況があるようなときには，殺人罪の結果発生の可能性があるから殺人未遂罪が成立し，また手段の絶対不能とされる，空ピストルによる殺人行為の場合にもそれが勤務中の警察官から奪ったなど通常弾が装填されていると考えられる状況にあるときには，同じく殺人未遂罪が成立するのである。

これに対し，抽象的危険説との関係では，行為時における一般人の立場からする危険判断である点は共通であるが（従って，両者は危険説と言われる），その資料の範囲に違いがあるのである。抽象的危険説によれば，行為者の計画ないし意思内容がそのまま判断資料として用いられるのであるが，具体的危険説においては，行為者の計画内容が現実的でない場合には，一般人の立場

からみてもその計画内容が現実的であると考えられるものに限って判断資料となるのである[7]。例えば、行為者が砂糖を青酸カリと思ってこれを飲ませた場合には、一般人も飲ませた粉末が青酸カリと思うような状況がある場合にのみ、また死体に対して殺害行為を行った場合にも、一般人も行為当時生きていると考える状況にある場合に限って、それぞれ未遂犯が肯定されるのに対し、抽象的危険説ではこれらの場合には常に未遂犯の成立を認めることになるのである。

　2　不能犯に関する見解は、このようにかっては複雑な対立状況にあったが、今日においては刑法における客観主義的見解により主観主義的なそれが克服されたことに伴い、客観説、その中でも具体的危険説が通説の地位を占めているのが現状である。

　(1)　しかし、最近、違法論における客観的把握、すなわち結果無価値を強調する立場から、具体的危険説は行為無価値を処罰するものであり、また実際上結論が抽象的危険説のそれと変わりがなく、不能犯を認める範囲が狭すぎるとの批判が加えられるようになり[8]、その結果、具体的危険説の論者の中にも、構成要件の欠缺論を併用したり[9]、事後的判断によって判明した事情による事前判断の修正を肯定したり[10]、行為者の主観を排除して行為およびその外部的事情により危険性を判断し、これと併せて構成要件の欠缺論を認めたり[11]することにより、具体的危険説を修正しようとするものである。

　(2)　このように具体的危険説を修正することよりも更に一歩進んで事後的な客観的判断を中核とする客観的危険説が主張されるようになったのは注目に値する。しかし、これらの論者の中でも事後判断の点は同じでありながら、判断対象たる実在的事実について一定の抽象化を肯定するか否か、また科学的に危険を判断するとはいえそこに規範的判断の余地を肯定するか否か、という点で差異があり、その具体的結論が異なっているのである[12]。客体の不能の場合、死体に対する殺害行為の事例については不能犯とし[13]、空ポケットに対する窃盗の事例については、懐中無一物の場合には不能犯とされるが、そうでない場合は未遂犯とされる[14]。また方法の不能の場合、

空ピストルによる殺人の事例については不能犯とされ[15]，致死量以下の毒薬を投与した事例においては，全くの健康人にごく微量の毒薬を投与したに過ぎない場合には不能犯とされている[16]。

3　(1)　判例は，例えば，最高裁判所が，「犯罪行為の性質上結果発生の危険を絶対に不能ならしめるもの」と述べているように[17]，少なくとも表現上は，大審院の判例以来，絶対不能・相対不能説によって未遂犯と不能犯とを分かつ基準としているのである[18]が，実際の結論はむしろ具体的危険説のそれであるといってよいように思われるのである[19]。

さらに明文で具体的危険説に従った判例も見られるのである。大審院の判例ではないが，朝鮮高等法院は，苛性曹達を魚汁の中に入れて服用させて殺害しようとしたが苦味のため魚汁を飲まなかったため殺害の目的を果たせなかったという事案につき，まず，未遂犯の可罰性の根拠を「法益侵害ノ結果ヲ生スヘキ可能性」に求め，それは，「行為当時ニ於ケル具体的事情ヲ基礎トシ社会観念ニ従テ評価セラレタル一般的性質ニ依リ」判断されるべきものとした[20]。さらに下級審の判例であるが，拳銃で射殺された直後に日本刀で突き刺したという事案につき，「単に被告人が行為当時被害者の生存を信じていたという丈けでなく，一般人も亦当時その死亡を知り得なかった」という事情にあり，したがって，一般人も「被告人の前記のような加害行為により被害者が死亡するであろうとの危険を感ずるであろうことはいずれも極めて当然」であるとする[21]。また近くは，いわゆるピース缶爆弾事件判決[22]において，直接的には不能犯が問題となったのではないが，危険犯である挙動犯に必要とされる危険の内容として，被告人は「導火線に点火すれば確実に爆発する構造，性質を有する爆弾であると信じており，また，一般人においてもそのように信ずるのが当然であると認められる状況にあった」場合に，爆発物取締罰則第１条の「使用」を，「爆発の可能性を有する物件」を「爆発すべき状態におく」ことと解し，これに該当するかどうかは，「単に物理的な爆発可能性の観点のみから判断されるべきではなく，本条の立法趣旨，罪質及び保護法益を考慮しつつ，…本件爆弾の構造上，性質上の危険性と導火線に点火して投げつける行為の危険性の両面から，法的な意味にお

いて，右構成要件を実現する危険性があったと評価できるかどうかが判断されなければならない」として，明示的に具体的危険説の危険判断の構造を採用したのである。

(2) これまでに不能犯を肯定した判例として，客体の不能については，傍論ではあるが，胎児がすでに死亡しているときには堕胎罪の対象にならないとするもの[23]，方法の不能については，硫黄で人を殺害することは絶対に不能であるとしたもの[24]，永らく地中に埋没していたため雷管と導火線の結合がわるく，質的な変化をおこしていた手りゅう弾を投げつけた事案[25]，覚醒剤の主原料が真正の原料でなかったために覚醒剤を製造することができなかった事案[26]などの判例がある。

第3節　総　括

1　ところで，違法性の本質については，行為無価値論と結果無価値論の対立が存在することは周知のことであるが，判断形式としての違法二元論の立場からすれば，人間の行為の評価は，行為自体の価値・無価値と行為のもたらした結果の価値・無価値とから行われるべきであり，刑法規範の動態（刑法規範は法益の侵害される過程に応じて，行為規範，制裁規範および裁判規範として動的に機能する）もこのような行為評価の二元性を前提にすべきものである。

(1) すなわち，刑法規範は，ある行為が行われるに際し，まず行為規範（行為規範は法益の保護のために一般人からみて法益侵害の危険を感じるような行為を禁止し，またその危険がある場合にはその危険を排除するように命令するのであり，相対的・目的的機能を持つもので，事前の判断に服する）として，その評価機能が働き，行為を無価値と評価したときには，次いで，決定機能が働き，そのような行為に出ないように命ずるのであり，結果が発生したときには，刑法規範はもはや行為規範としては機能せず，制裁規範（制裁規範は規範の自己保存本能から違法の最終的確定機能とともに規範の回復・確認機能という絶対的機能を持ち，事後の判断に服する）として，その評価機能が働き，結果の無価値を判断するとともに行為自体の無価値とを併せて，行為全体の無価値の評価を確定するのである。前者の評価が行為自体の違法性，後者の評価が結果の違法性に関するも

のであり，行為自体の違法性は，行為自体の持つある性質に着眼して法的な無価値判断が下されるものであるから，その判断構造の要点は事前の判断たることにあると考えられるのに対し，結果の違法性の判断は，発生した結果について法的無価値判断を下すものであるから，事後の判断たることに要点がある。

そして，行為自体の違法性を判断するには，その行為の意味を認識しなければならず，必然的に意思をも判断資料に加えなければならないのであり(故意も主観的違法要素である)，したがって，行為自体の違法性の判断は，行為時における事前の判断であって，行為時に存在する主観的・客観的事情を基礎とした判断である。これに反して，結果の違法性の判断は，客観的事情に基づく事後的な判断である。

(2) 次に，刑法規範は，社会生活上重要な利益保護のために存在すると解するべきであるから，一般人の観点より行為が法益侵害の危険性を持っていると判断される場合にはじめて違法と判断すべきである。そして，その危険性の判断にあたっては，犯罪の故意のみならず，その具体的な形態での所為計画も判断材料となるのであって，主観的事情を考慮する際には，行為時に客観的に存在する事情については，一般人は認識できないが行為者がとくに知っていた事情は考慮するべきであり，また客観的に存在しない事情については，行為者が存在すると考えた場合でも一般人の立場からみて存在するのが合理的と考えられるものに限って考慮するべきである[27]。

(3) 要するに，かような立場より前述した諸説をみた場合に，主観説，抽象的危険説は，行為者または計画ないし意思の危険性を処罰しようとするものであり妥当ではない。また客観的危険説は，行為時に一般人が法益侵害の危険を感じる行為を違法とするのでなく，事後的にみて危険と判断された行為のみを違法と判断するので，法益保護の点より十分でなく，社会生活において刑法が行為規範として機能していることを無視するもので，いずれも採用できず，本来的な具体的危険説をもって妥当とするべきである。

2 このように，構成要件の欠缺論を併用しない具体的危険説による場合に問題となるのは，自己の所有物に対する窃盗罪の成否と，主体の欠缺の場

合である。

(1) 自己の所有物に対する窃盗罪の成否については，構成要件の欠缺論を併用する論者はこれを不可罰とする[28]が，具体的危険説に立脚する以上，他の客体の欠缺の場合と区別するべき理由はなく，窃盗罪の未遂が成立すると解するべきである[29]。

(2) 次に，主体の欠缺の場合にも構成要件の欠缺論を併用して，これを不可罰とする見解もある[30]が，この場合に主体の欠缺と客体の欠缺とを区別する理由はないと言わざるを得ない。事実，背任罪などにおいては，身分の有無につき一般人も行為者と同様の錯誤に陥ることがあるのは否定することが出来ない。したがって，事前の判断を前提とする具体的危険説の立場からは，その限りで法益侵害の危険性を否定することは出来ない。しかし，このことが直ちに主体の欠缺の場合に身分犯の未遂が成立することにはならないのである。身分犯の違法要素は法益侵害の危険性と義務違反性の両者に求めるべきであり，後者の有無はすぐれて法的評価そのものであり，これは専権的に裁判官の法的解釈に属するものであり，事後的に確定されるべきものであるからである。

結局，主体の欠缺の場合には，法益侵害の危険性は肯定されるが，義務違反性が否定されることにより，可罰的違法性が欠けることになり，未遂犯は成立しないと解するべきである。

(1) 大沼邦弘「未遂犯の実質的処罰根拠」上智法学論集18巻1号 (1974) 63頁以下が詳しい。
(2) 詳細は，日本刑法学会編『刑事法講座（第2巻）』(1952) 421頁〔木村亀二〕以下，竹田直平『不能犯』刑法講座4巻 (1963) 36頁以下参照。
(3) 宮本英脩『刑法大綱』(1935) 190-2頁。
(4) 木村亀二『刑法総論』(1959) 356頁，牧野英一『日本刑法・上巻（総論）』（重訂版，1937) 331頁。
(5) 木村亀二『犯罪論の新構造（下）』(1968) 28頁。
(6) 通説である。例えば，団藤重光『刑法綱要総論』（改訂版，1979) 151頁，大塚仁『刑法概説（総論）』（改訂版，1986) 231頁，福田平『刑法総論』（全訂版，1984) 223頁，西原春夫『刑法総論』(1977) 301頁，大谷実『刑法講義総論』(1984) 387-8頁〈なお，後述するように，大谷教授はかっては客観的危険説を採用されていたが，最近本書で具体的危険説に改説された〉など。
(7) 詳しくは，野村稔『未遂犯の研究』(1984) 374頁参照。
(8) 例えば，中山研一『刑法総論』(1982) 424-5頁。
(9) 佐伯千仭「刑法講義〔総論〕」（4訂版，1981) 303-5頁は，主体，行為状況，法定手段

第17章　不能犯　　161

の欠缺につきこれを認める。
(10) 平野龍一「刑法の基礎」法学セミナー139号（1967）49頁は，客体の不能の事例につきこれを認められる。
(11) 大沼・前掲注（1）112-3頁，同「構成要件の欠缺と可罰未遂の限界（3・完）」成城法学7号（1980）92頁以下。大沼・前掲注（1）101頁は，死体に対する殺人行為の場合には，「死体」であった以上「人」という客体の存在を構成要件の欠缺論から否定する。なお，大沼邦弘「判批」『刑法判例百選Ⅰ総論』（第2版，1984）150頁以下参照。
(12) 詳細につき，中山研一「不能犯における危険（1）」Law School 39号（1981）14頁以下，26頁以下，野村・前掲注（7）346頁以下参照。
(13) 中山・前掲注（8）426頁注2，中義勝編『論争刑法（1）』（1976）146-7頁〔大谷〕，大谷実「不能犯（再論）」同志社法学30巻2＝3号（1975）42-3頁，山口厚『危険犯の研究』（1982）168頁，植松正ほか『現代刑法論争Ⅰ』（1983）279-80頁〔曽根〕。
(14) 大谷・前掲注（13）「不能犯（再論）」44頁，曽根・前掲注（13）280-1頁。
(15) 中山・前掲426頁注2，大谷・後掲「不能犯（再論）」46-7頁，同・後掲「不能犯」143-4頁，曽根・後掲282頁。なお，山口・前掲171頁は，弾丸が装填されていることが十分にありえた場合には不能犯の成立を否定する。
(16) 中山・前掲注（8）426頁注2，大谷・前掲注（13）「不能犯（再論）」45-6頁，曽根・前掲注（13）284頁。なお，宗岡嗣郎「吾国における未遂論の客観主義的再構成」刑法雑誌25巻3＝4号（1983）52頁は，端的に致死量以下であったことを理由として不能犯とする。
(17) 最判昭和25年8月31日刑集4巻9号15号1593頁。
(18) 例えば，大判明治44年10月12日刑録17輯1672頁，大判大正6年9月10日刑録23輯999頁，大判昭和12年12月22日刑集16巻1690頁など。
(19) 野村・前掲注（7）378頁参照。
(20) 朝鮮高等法院判昭和8年7月17日判決録20巻585頁。本判決につき，野村・前掲注（7）404頁以下参照。
(21) 広島高判昭和36年7月10日高刑集14巻5号310頁。
(22) 最判昭和51年3月16日刑集30巻2号146頁。これにつき，野村・前掲注（7）426頁以下参照。
(23) 大判昭和2年6月17日刑集6巻208頁。
(24) 大判大正6年9月10日刑録23輯999頁。
(25) 東京高判昭和29年6月16日高刑集7巻7号1053頁。
(26) 東京高判昭和37年4月24日高刑集15巻4号210頁。
(27) ちなみに，筆者は実行の着手については折衷説を採用するが，その際に考慮されるべき所為計画もこのような限定が加えられるべきものと解する〈野村・前掲注（7）294頁，299-300頁〉。
(28) 団藤・前掲注（6）149頁注2，福田・前掲注（6）226頁，大塚・前掲注（6）185頁。
(29) 柏木千秋「不能犯について」研修363号（1978）16頁，西村克彦「未遂犯についての省察」判例時報1057号（1982）19頁，25頁注39参照。
(30) 団藤・前掲注（6）113頁，内田文昭『刑法Ⅰ』（改訂版，1986）154頁。

〈その他の参考文献〉
　生田勝義「不能犯における不能の意味」刑法学3　97頁以下，奥村正雄「不能犯論の予備的考察」同志社法学32巻5号（1981）98頁以下，中義勝編『論争刑法』（1976）114頁以下〔中〕，西山富夫「不能犯(1)」『刑法判例百選Ⅰ総論』（第2版，1984）148頁以下。

第18章　不能犯と事実の欠缺

第1節　問題の提起

1　不能犯・不可罰的未遂・事実の欠缺

　不能犯とは，外形的には犯罪の実行に着手したような外観があるが，もともと結果発生の危険が存在しないために未遂犯として処罰できない場合をいう。また，事実の欠缺[1]というのは，構成要件の欠缺とも呼ばれるが，未遂犯は結果が発生しない場合に過ぎないのであるから，結果以外の構成要件要素の欠ける場合には未遂犯にもならないのであり，構成要件要素の中で，結果，すなわち因果関係に属する部分と単に因果関係の経過するべき事実とを区別して，後者が欠ける場合を事実の欠缺の場合として未遂犯にもならないとされる。これに対して，不能犯・事実の欠缺の場合は，結果発生の危険があるにもかかわらず，当該犯罪の未遂犯が処罰されていないために未遂犯として処罰されない不可罰的未遂の場合（44条参照）とは異なることに注意しなければならない。

　ところで，事実の欠缺をもたらす構成要件要素の存否の判断は形式的に，しかも客観的・事後的に行われるところから[2]，事実の欠缺の理論はもともとは不能犯の問題を解決する理論として，とくに不能犯に関する客観説の一種として主張されてきたのである。しかし，構成要件要素の中で，単に因果関係の経過するべき事実が欠ける場合にすべて未遂犯の成立を否定するとすれば，あまりにも未遂犯の成立範囲が狭くなり妥当ではないとされる。たとえば，団藤教授は，構成要件的定型がそれにかかっているところの本質的な構成要件要素が欠け，そのために実行行為としての定型性が認められない場合，したがって，未遂罪にもならない場合を事実の欠缺とされ，行為の主体と行為の状況が欠ける場合にこれを肯定される[3]。このように今日では

事実の欠缺の理論は限定的に肯定され，しかもこれを独立に主張する者はほとんどなく[4]，論者の不能犯理論と併用される形で主張されているのが現状である[5]。そこで，筆者が事前判断を中核とする具体的危険説を妥当と考えることとあいまって，本稿では不能犯問題を中心として論じることにする。

2 不能犯における争点——行為の属性としての危険と結果としての危険

不能犯については，実行の着手と同様に，未遂犯を処罰する根拠を行為者の犯罪的意思の危険性に求め，犯意を徴表する外形的行為が行われたときに未遂の成立を認める主観的未遂論と，未遂犯の処罰根拠を行為の持つ法益侵害の危険性に求め，未遂の成立を客観的基準によって定めようとする客観的未遂論との間において後述のような厳しい学説の対立があった。

しかし，主観主義刑法理論に基づく主観的未遂論が克服された今日では，客観説の中で具体的危険説と客観的危険説の対立が重要である[6]。さらに，違法論におけるいわゆる結果無価値論と行為無価値論の対立・抗争の中で結果無価値を重視する立場より，今日では通説とされている具体的危険説に対して，とくにその事前の一般人の立場からする危険判断に再検討が加えられるようになり，新たに事後的・客観的な危険判断を中核とした客観的危険説が再評価されるにいたり，またこれに反して具体的危険説の主張者からもその妥当性を論証しようとする動きがみられ，また客観的危険説の有力な主張者が具体的危険説に改説するなど，具体的危険説はその通説としての立場を確固たるものにしているというのが学説の現状である。

他方で，判例もかつては絶対不能・相対不能説に立脚していたと評価されていたが，今日ではむしろ具体的危険説によっているとの見方も有力に主張されているなかで，明確に具体的危険説に従った最高裁判所の判決もみられるのが判例の現状である。

そして，これらの所説の内容について論者により異なるところがあるのは，違法論における結果無価値論と行為無価値論との対立を背景としつつ，未遂犯の処罰根拠である法益侵害の危険性の性質や，その判断構造を巡る見解の差異を反映するからである。その要点は，行為無価値論の立場から，未遂の危険は行為の属性であって，事前の判断に服し，したがって必然的に行

為者の主観的事情も判断資料となるのか，また結果無価値論の立場から，これは行為の結果であり，事後的な判断に服し，しかも客観的事情のみで判断できるものと解すべきか，などである[7]。

ここで争われているのは，危険性判断の構造であって，事前の判断によるべきか，事後の判断によるべきか，自然科学的・物理的危険性か，一般人の立場からの危険性か，判断にあたって行為を一般化して判断すべきか，具体的事情の下でこれを判断すべきか，後者によるとしても行為者の認識事情を考慮すべきか，などの点である。そしてこのことは，結局，未遂犯の処罰根拠である危険概念を行為の属性としての危険と理解するか，また行為の結果としての危険と理解するかということに帰着するのであり[8]，さらにこのことが，実行の着手と不能犯との関係，さらには未遂犯の構造についても見解の差異を導いている。

第2節 判例の状況

1 判例の概要

判例は，たとえば，最高裁判所が，「行為の性質上結果発生の危険を絶対に不能ならしめるもの」と述べているように[9]，少なくとも表現上は，大審院の判例以来，絶対不能・相対不能説によって未遂犯と不能犯とを分かつ基準としているのである[10]が，実際の結論はむしろ具体的危険説のそれであるといってよいように思われるのである[11]。

さらに明文で具体的危険説に従った判例もみられるのである。大審院の判例ではないが，①朝鮮高等法院は，苛性曹達を魚汁の中に入れて服用させて殺害しようとしたが苦味のため魚汁を飲まなかったため殺害の目的を果たせなかったという事案につき，まず，未遂犯の可罰性を「法益侵害ノ結果ヲ生スヘキ可能性」に求め，それは，「行為当時ニ於ケル具体的事情ヲ基礎トシ社会観念ニ従テ評価セラレタル一般的性質ニ依リ」判断されるべきものとした[12]。

さらに，②下級審の判例であるが，拳銃で射殺された直後に日本刀で突き刺したという事案につき，「単に被告人が行為当時被害者の生存を信じてい

たという丈けでなく，一般人も亦当時その死亡を知り得なかった」という事情にあり，したがって，一般人も「被告人の前記のような加害行為により被害者が死亡するであろうとの危険を感ずるであろうことはいずれも極めて当然」であるとする[13]。

また近くは，③いわゆるピース缶爆弾事件判決[14]において，直接的には不能犯が問題となったのではないが，危険犯である挙動犯に必要とされる危険の内容として，被告人は「導火線に点火すれば確実に爆発する構造，性質を有する爆弾であると信じており，また，一般人においてもそのように信ずるのが当然であると認められる状況にあった」場合に，爆発物取締罰則第1条の「使用」を，「爆発の可能性を有する物件」を「爆発すべき状態におく」ことと解し，これに該当するかどうかは，「単に物理的な爆発可能性の観点のみから判断されるべきではなく，本条の立法趣旨，罪質及び保護法益を考慮しつつ，……本件爆弾の構造上，性質上の危険性と導火線に点火して投げつける行為の危険性の両面から，法的な意味において右構成要件を実現する危険性があったと評価できるかどうかが判断されなければならない」として，明示的に具体的危険説の危険判断の構造を採用したのである。

2 不能犯を肯定した判例

これまでに不能犯を肯定した判例として，たとえば，①客体の不能については，傍論ではあるが，胎児がすでに死亡しているときには堕胎罪の対象にならないとする判例[15]，②方法の不能については，硫黄で人を殺害することは絶対に不能であるとする判例[16]，永らく地中に埋没していたため雷管と導火線の結合がわるく，質的な変化をおこしていた手りゅう弾を投げ付けた事案[17]，覚醒剤の主原料が真正の原料でなかったために覚醒剤を製造することができなかった事案[18]に関する判例などがある。

第3節　学説の状況

1　不能犯と実行の着手との関係

　刑法43条によれば未遂犯は，犯罪の実行に着手したがこれを遂げなかった場合であり，また不能犯は外見的には犯罪の実行の着手があるかにみえるけれどももともと結果発生の危険を欠くために未遂犯として処罰できないもの，言い換えれば，実行の着手を欠くものである。したがって，実行の着手と不能犯とは表裏の関係にあるというべきである。また，未遂犯の処罰根拠としての危険概念が行為とは区別された結果としての危険であり，かつ，未遂犯が具体的危険犯であるとすれば，その危険の程度は切迫したものでなければならない。したがって，未遂犯もこのような意味での結果すなわち切迫した危険結果の発生を必要とする結果犯であると考えることになる。これによれば，未遂犯と不能犯とを分かつ基準としては結果としての危険の有無を問題にする客観的危険説によることになり，また実行の着手も行為者の行為とは別の外界の事象に求めることができることになる。

　これに反して，未遂犯の処罰根拠としての危険が当該行為に一般人が法益が侵害されるという危険を感じること，すなわち行為の属性としての危険であり，しかも未遂犯が具体的危険犯であるとすれば，この危険が切迫した程度でなければならない。したがって，これによれば切迫した危険な行為が未遂犯として理解されるのであり，実行の着手も行為者の行為に認められることになる。

　ところで，実行の着手と不能犯との関係はこのような意味で表裏のそれにあると考えられるが，最近では必ずしもこのようには考えられていない。たとえば，佐伯教授は，実行の着手については，とりわけ間接正犯においては，実質的客観説の立場から，未遂の違法性の実質（可罰的違法性）の問題として可罰未遂が成立するためには託送行為のほかに結果発生の危険の具体化が必要であるとして[19]，被利用者の行為により危険が具体化したときに実行の着手を肯定されている。これに対して，不能犯については具体的危険説を採用されている。実行の着手については，結果発生の危険の具体化とい

う結果としての危険が考慮されているのに対して，不能犯については事前の判断に基づく行為の属性としての危険が考慮されている。佐伯教授の所説においてこの両者の危険がどのような関係に立つのか明らかではないが，矛盾するものではないであろうか。同じことは平野教授の所説にもいえる。平野教授は，実行の着手概念は，当該行為が結果発生の具体的危険を生じたときに処罰するという段階を画する概念であると解すべきであるから，実行「行為」と実行の着手「時期」とは必ずしも同時である必要はなく，利用行為を処罰の対象たる実行行為としつつ，その着手時期は被利用者の行為を基準として決定することができるのであり，当該利用行為は結果発生の具体的危険の生じた段階において実行行為性を取得するとされる[20]。この所説は実行行為は法益侵害の直接に切迫した行為であり，しかも，この危険は行為の属性としてのそれではなく，結果としての危険であると解し，結果としての危険が発生したときに実行の着手を認めるものであり，この考えを不能犯について貫くときは客観的危険説によることになるであろう。しかし，平野教授は，不能犯については後述するように具体的危険説によっているのである[21]。

　これに対して，明確に実行の着手と不能犯とを別な原理で，すなわち二段階処理する見解が有力に主張されている。たとえば，曽根教授は，未遂犯の成否につき，いわば実行行為（構成要件該当性）と可罰的違法性（違法性）とを分離され，実行の着手を行為者の行為に認め，その法益侵害の危険性は事前の判断に服するとしつつ，しかし，実行の着手が肯定されても，それが可罰的未遂となるためには結果としての危険が具体的に発生しなければならないとし，間接正犯の場合において利用行為に実行の着手を肯定し，被利用者の行為が行われたことにより危険の具体的実現があった場合に可罰的違法性を肯定される[22]。また不能犯においては，実行の着手は構成要件該当性における問題であり，その場合には事前の判断による危険を肯定され（具体的危険説），すなわち死体に対する殺人行為の場合にも殺人罪の実行の着手を肯定されるのであるが，違法性判断において可罰的違法性が肯定されるためには結果として危険が発生していなければならず，したがって死体に対する殺人行為の場合にはこの危険が発生していない（客観的危険説）のであるから不

能犯として不可罰とされる。実行の着手が肯定されても不能犯の場合がある。したがって，この所説によれば不能犯の場合にも実行の着手が肯定されるが，可罰的違法性が欠けるから不可罰とされ，実行の着手と不能犯とが構成要件該当性と違法性という異なったレベル・原理で処理されることになるので，実行の着手が肯定されても，未遂にならない場合を認めることになる。しかし，それは刑法の規定と合わない[23]といわざるをえない。

2　未遂犯と不能犯とを分かつ基準

これについては，未遂犯の可罰性の根拠についての考え方の違い[24]を反映して，種々の見解が対立している[25]。これを，まず主観説と客観説とに分け，さらに前者を純主観説と抽象的危険説に，後者を絶対不能・相対不能説（客観的危険説）と具体的危険説とにそれぞれ分類するのが一般である。

(1)　純主観説は，未遂犯の可罰性の根拠を行為者の性格の危険性に求め，犯罪意思が外部的に明確に現れた以上未遂犯として処罰することができるとするものであり，これによれば原則として不能犯は否定されることになる。ただ，丑の時参りなどの迷信犯のように超自然的方法を用いる者の性格は怯懦であり，処罰の必要を認めないから不能犯だとされている[26]。

(2)　抽象的危険説は，主観的客観説ともいわれ，未遂犯の可罰性の根拠を行為者の意思の危険性に求め，行為者の認識したことが現実であったとした場合に一般人の立場より結果発生の危険があるとされる場合には未遂犯とし，これがない場合には不能犯を認めるものである[27]。純主観説との差異は行為者の意思の危険性を一般人の観点から制約する点にあり，その結果，迷信犯はもとより，砂糖で人を殺せると行為者が考えてこれを食させた場合には，一般人は砂糖で人を殺せるとは考えていないのであるから不能犯であるとする。これに対し，行為者が砂糖を青酸カリと思ってこれを飲ませた場合は，たとえ一般人はこのような思い違いをしない場合でも未遂犯であるとされるのである。またこれによれば，主体の欠缺の場合も未遂犯であると考えられている[28]。

(3)　絶対不能・相対不能説とは，未遂犯の可罰性の根拠を行為の法益侵害の危険性に求めるものであるが，これを具体的事情を離れて抽象的一般的に

しかも事後的に判断するものであり、およそ結果の発生が不能の場合に不能犯を認め、たまたま結果の発生が不能であったときには未遂犯とするのである[29]。たとえば、死者を生きていると思ってこれに対し殺害行為をなした場合、およそ殺害の結果は発生しないので不能犯とされ（客体の絶対不能）、人を殺そうとして発砲したところ、相手が射程距離外にいたため殺害の目的を遂げなかったときには、たまたま結果が発生しなかったのであるから、未遂犯とされる（客体の相対不能）。また人を毒殺しようとして致死量の毒薬を飲ませるつもりが誤って、砂糖を飲ませた場合にはおよそ殺害の結果は発生しないので、不能犯とされる（手段の絶対不能）が、飲ませた毒薬が致死量に達していなかったので殺害の目的を遂げなかったときには、たまたま結果が発生しなかったのであるから未遂犯とされるのである（手段の相対不能）。

この所説によれば、たとえば、客体の相対不能の事例でも、「射程距離外にいた人」を基準として考えれば、およそ殺害の結果は発生しないというべきであり、絶対不能とせざるをえず、また手段の相対不能の事例においても、毒薬そのものの投与ではなく、「致死量に達しない毒薬の投与」を基準として考えれば、この場合にもおよそ結果の発生は不可能であったのであるから、絶対不能とされるべきである。このように、事態をどの程度抽象化するかにより結論の相違をもたらすものであるところに区別の基準が一義的でないとの批判がある。しかし、他方で、この所説が事後的に、しかも行為者の意思から独立して客観的に判断することが結果無価値論に立つ論者より再び評価されているところである。

(4) 具体的危険説は、同じく未遂犯の処罰根拠を行為の法益侵害の危険性に求めるのであるが、行為時において、一般人が認識できた事情および行為者がとくに認識していた事情を基礎として、一般人の立場より、結果発生の可能性があると判断される場合には未遂犯の成立を認め、これがないと判断される場合には不能犯を肯定するものである[30]。絶対不能・相対不能説と異なり、行為の持つ結果発生の可能性を具体的事情の下で、しかも一般人の立場より事前の判断により判断する点に特徴がある。したがって、客体の絶対不能の事例である、死体に対する殺害行為の場合にも一般人からみても、生きていると考える状況があるようなときには、殺人罪の結果発生の可能性

があるから殺人未遂罪が成立し，また手段の絶対不能とされる，空ピストルによる殺人行為の場合にもそれが勤務中の警察官から奪ったなど通常弾が装填されていると考えられる状況にあるときには，同じく殺人未遂罪が成立するのである。

これに対し，抽象的危険説との関係では，行為時における一般人の立場からする危険判断である点は共通であるが（したがって，両者は危険説といわれる），その資料の範囲に違いがあるのである。抽象的危険説によれば，行為者の計画ないし意思内容がそのまま判断資料として用いられるのであるが，具体的危険説においては，行為者の所為計画内容が現実的でない場合には，一般人の立場からみてもその所為計画内容が現実的であると考えられるものに限って判断資料となるのである[31]。たとえば，行為者が砂糖を青酸カリと思ってこれを飲ませた場合には，一般人も飲ませた粉末が青酸カリと思うような状況がある場合にのみ，また死体に対して殺害行為を行った場合にも，一般人も行為当時生きていると考える状況がある場合に限って，それぞれ未遂犯が肯定されるのに対し，抽象的危険説ではこれらの場合にはつねに未遂犯の成立を認めることになるのである。

そして，今日においては刑法における客観主義的見解により主観主義的なそれが克服されたことに伴い，客観説，その中でも具体的危険説が通説の地位を占めているのが現状である。

(5) しかし，最近，違法論における客観的把握，すなわち結果無価値を強調する立場から，具体的危険説は行為無価値を処罰するものであり，また実際上結論が抽象的危険説のそれと変りがなく，不能犯を認める範囲が狭すぎるとの批判が加えられるようになり[32]，その結果，具体的危険説の論者の中にも，構成要件の欠缺論を併用したり[33]，事後的判断によって判明した事情による事前判断の修正を肯定したり[34]，行為者の主観を排除して行為およびその外部的事情により危険性を判断し，これと併せて構成要件の欠缺論を認めたり[35]することにより，具体的危険説を修正しようとする所説（修正具体的危険説）を主張する者がある。

(6) このように具体的危険説を修正することよりも，さらに一歩進んで事後的な客観的判断を中核とする客観的危険説が主張されるようになったのは

注目に値する。しかし，これらの論者の中でも事後判断の点は同じでありながら，判断対象たる実在的事実について一定の抽象化を肯定するか否か，また科学的に危険を判断するとはいえそこに規範的判断の余地を肯定するか否か，という点で差異があり，その具体的結論が異なっているのである[36]。

たとえば，客体の不能の場合，死体に対する殺害行為の事例については不能犯とし[37]，空ポケットに対する窃盗の事例については，懐中無一物の場合には不能犯とされるが，そうでない場合は未遂犯とされる[38]。また方法の不能の場合，空ピストルによる殺人の事例については不能犯とされ[39]，致死量以下の毒薬を投与した事例においては，全くの健康人にごく微量の毒薬を投与したに過ぎない場合には不能犯とされている[40]。

第4節 理論の展開

1 判断形式としての違法二元論と不能犯

ところで，違法性の本質については，行為無価値論と結果無価値論の対立が存在することは周知のことであるが，本稿の判断形式としての違法二元論の立場からすれば，人間の行為の評価は，行為自体の価値・無価値と行為のもたらした結果の価値・無価値とから行われるべきであり，刑法規範の動態（刑法規範は法益の侵害される過程に応じて，行為規範，制裁規範および裁判規範として動的に機能する）もこのような行為評価の二元性を前提にすべきものである。

すなわち，刑法規範は，ある行為が行われるに際し，まず行為規範（行為規範は法益の保護のために一般人からみて法益侵害の危険を感じるような行為を禁止し，またその危険がある場合にはその危険を排除するように命令するのであり，相対的・目的的機能を持つもので，事前の判断を要請する）として，その評価機能が働き，行為を無価値と評価したときには，次いで，決定機能が働き，そのような行為に出ないように命ずるのであり，結果が発生したときには，刑法規範はもはや行為規範としては機能せず，制裁規範（制裁規範は規範の自己保存本能から違法の最終的確定機能とともに規範の回復・確認機能という絶対的機能を持ち，事後の判断を要請する）として，その評価機能が働き，結果の無価値を判断するとともに行為自体の無価値とを併せて，行為全体の無価値の評価を確定するのである。

前者の評価が行為自体の違法性，後者の評価が結果の違法性に関するものであり，行為自体の違法性は，行為自体の持つある性質に着眼して法的な無価値判断が下されるものであるから，その判断構造の要点は事前の判断たることにあると考えられるのに対し，結果の違法性は，発生した結果について法的無価値判断を下すものであるから，事後の判断たることに要点がある。

そして，行為自体の違法性を判断するには，その行為の意味を認識しなければならず，必然的に意思をも判断資料に加えなければならないのであり（故意も主観的違法要素である），したがって，行為自体の違法性の判断は，行為時における事前の判断であって，行為時に存在する主観的・客観的事情を基礎とした判断である。これに反して，結果の違法性の判断は，客観的事情に基づく事後的な判断である。

次に，刑法規範は社会生活上重要な利益保護のために存在すると解するべきであるから，一般人の観点より行為が法益侵害の危険性を持っていると判断される場合にはじめてその行為を違法と判断すべきである（行為の属性としての危険説[41]）。そして，その危険性の判断にあたっては，犯罪の故意のみならず，その具体的な形態での所為計画もつねに判断材料となるのであって，その際に客観的に存在しない事情が所為計画に取り込まれている場合にはその事情が一般人の立場からみて存在するのが合理的と考えられるものに限って考慮するべきである。

要するに，かような立場より前述した諸説をみた場合に，主観説，抽象的危険説は，行為者または計画ないし意思の危険性を処罰しようとするものであり妥当ではない。また客観的危険説は，行為時に一般人か法益侵害の危険と感じる行為を違法とするのでなく，事後的にみて危険と判断された行為のみを違法と判断するので（結果としての危険説），法益保護の点より十分でなく，社会生活において刑法が行為規範として機能していることを無視するもので，いずれも採用できず，本来的な具体的危険説をもって妥当とするべきである。

2 不能犯と実行の着手の関係

ところで，実行の着手は犯罪の実現過程における行為の一段階と解すべき

であり，しかも不能犯については前述したように具体的危険説を妥当と解することから，事前の判断によって肯定された法益侵害の危険が処罰に値するべき危険であり，その切迫した程度の危険のある行為者の行為が実行行為であると考えるべきである。このことは結果としての危険ではなく，行為の属性としての危険とその程度を考え（行為の属性としての危険説），あくまでも行為者の行為について実行の着手を求めること，さらには実行の着手と不能犯の問題を同一のレベルで，しかも違法論において論じることを意味する[42]。したがって，一方で実行の着手を肯定しつつ，他方で不能犯を認めるというのは妥当ではない。この点において，村井教授が，それぞれ実行の着手につき実質的客観説を，不能犯につき客観的危険説を採用することはさておき，実行の着手と不能犯は共に未遂犯の処罰根拠の問題で，両者は表裏の関係にあるとされるのは妥当である[43]。つまり，実行の着手があるという判断には不能犯ではないという判断が併せ含まれていると考えるべきである。この意味で，不能犯論は実行の着手論の1つのミクロコスモスであると考える[44]。これを具体的にいえば，実行の着手に関する折衷説において考慮される行為者の所為計画には行為時に客観的に存在する事情については，一般人の認識できない事情でも行為者がとくに認識していた事情はそのまま含めるが，客観的に存在しない事情については，行為者が存在すると考えた事情でも一般人の立場からみて存在するのが不合理と考えられるものを排除することを意味する。

3 自己所有物に対する窃盗罪の成否と主体の欠缺

このように，構成要件の欠缺論を併用しない具体的危険説による場合に問題となるのは，自己の所有物に対する窃盗罪の成否と，主体の欠缺の場合である。

(1) まず，自己の所有物に対する窃盗罪の成否については，構成要件の欠缺論を併用する論者はこれを不可罰とするが[45]，具体的危険説に立脚する以上，他の客体の欠缺の場合と区別するべき理由はなく，窃盗罪の未遂が成立すると解するべきである[46]。

(2) 次に，主体の欠缺の場合にも構成要件の欠缺論を併用して，これを不

可罰とする見解もある[47]が，この場合に主体の欠缺と客体の欠缺とを区別する理由はないといわざるをえない。事実，背任罪などにおいては，身分の有無につき一般人も行為者と同様の錯誤に陥ることがあるのは否定することができない。したがって，事前の判断を前提とする具体的危険説の立場からは，その限りで法益侵害の危険性を否定することはできない。しかし，このことが直ちに主体の欠缺の場合に身分犯の未遂が成立することにはならないのである。身分犯の違法要素は法益侵害の危険性と義務違反性の両者に求めるべきであり，後者の有無はすぐれて法的評価そのものであり，これは専権的に裁判官の法的解釈に属するものであり，事後的に確定されるべきものであるからである。結局，主体の欠缺の場合には，法益侵害の危険性は肯定されるが，義務違反性が否定されることにより，可罰的違法性が欠けることになり，未遂犯は成立しないと解するべきである。

(1) 事実の欠缺につき，たとえば，木村亀二「不能犯及び事実の欠缺」日本刑法学会編『刑事法講座2巻』(1952) 421頁以下，大沼邦弘「構成要件の欠缺と可罰未遂の限界（1〜3・完)」成城法学1号 (1978) 313頁以下，2号 (1978) 59頁以下，7号 (1980) 69頁以下，中野正剛「定型説の立場からの事実の欠如における『本質的な構成要件要素』に関する一試論」東洋大学大学院紀要24号 (1988) 110頁以下，など参照。
(2) 事実の欠缺の理論は，因果的危険性の吟味によって確認される不能犯と異なり，発展的・動的過程を実質的に吟味するまでもなく，静的に形式的判断によって無罪となし得るとされ（内田文昭『改訂刑法Ⅰ（総論)』(1986) 155頁)，また，その理論には客観的な事後判断の契機が存在しているのであり，事前判断を特徴とする具体的危険説の発想および方式とは本来異質のものがあるとされている（中山研一『刑法総論』(1982) 425頁注3)。
(3) 団藤重光『刑法綱要総論』（第3版，1990) 165頁以下参照。
(4) たとえば，大塚教授によれば，事実の欠缺の場合が不可罰なのは当該要素が欠如することにより実質的に犯罪実現への現実的危険性が欠如し，実行行為，したがって構成要件該当性が欠如するからであり，この点では不能犯と軌を一にしているので，不能犯と区別して事実の欠缺という観念を用いる実質的理由は存在しないとされる（大塚仁『刑法概説（総論)』（改訂版，1986) 236頁)。
(5) たとえば，佐伯千仭『刑法講義（総論)』(4訂版，1981) 303〜5頁は，主体，行為状況，法定手段について認められる。さらに，大沼邦弘教授が未遂犯の成立範囲を確定するに際して，不能犯論による違法性のレベルでの実質的確定に先立って構成要件欠缺論による構成要件のレベルでの形式的確定を重視する立場から，主体，行為状況，法定手段の外に広く，客体，法定されていない手段，規範的・主観的要素にも認められる（大沼・前掲注（1)「構成要件の欠缺と可罰未遂の限界（3・完)」92頁以下)。
(6) ちなみに，実行の着手については，これに対応する形で，実質的客観説と折衷説が重要である（詳細は，野村稔『未遂犯の研究』(1984) 292頁以下，同『刑法総論』(1990) 324頁)。
(7) 前者によれば，実行の着手時期は，法益侵害の危険性が切迫したと評価される行為者の

行為について考えられることになるが，後者によれば，それは行為者の行為とは区別された法益侵害の具体的危険という結果の発生した場合に認めることになる。
(8) 野村「実行の着手」芝原邦爾編『刑法の基本判例』(1988) 52頁。
(9) 最判昭和25年8月31日刑集4巻9号1593頁。
(10) たとえば，大判明治44年10月12日刑録17輯1672頁，大判大正6年9月10日刑録23輯999頁，大判昭和12年12月22日刑集16巻1690頁など。
(11) 野村・前掲注(6)『研究』378頁以下，同・前掲注(6)『総論』344～5頁参照。
(12) 朝鮮高等法院判昭和8年7月17日判決録20巻585頁。本判決につき，野村・前掲注(6)『研究』404頁以下参照。
(13) 広島高判昭和36年7月10日高刑集14巻5号310頁。なお，東京高判昭和58年8月23日判時1106号158頁，岐阜地判昭和62年10月15日判夕654号261頁。
(14) 最判昭和51年3月16日刑集30巻2号146頁。これにつき，野村・前掲注(6)『研究』426頁以下参照。
(15) 大判昭和2年6月17日刑集6巻208頁。
(16) 大判大正6年9月10日刑録23輯999頁。
(17) 東京高判昭和29年6月16日東高刑時報5巻6号236頁。
(18) 東京高判昭和37年4月24日高刑集15巻4号210頁。
(19) 佐伯・前掲注(5)『総論』306頁。
(20) 平野龍一『刑法総論II』(1975) 319頁，同「正犯と実行」『佐伯千仭博士還暦祝賀犯罪と刑罰(上)』(1968) 456頁。なお，西田典之「間接正犯論の周辺」Law School 48号 (1982) 32頁以下，同「間接正犯の実行の着手時期」平野龍一=松尾浩也編『刑法判例百選I総論』(第2版，1984) 147頁，山口厚『危険犯の研究』(1982) 56頁以下，同「未遂犯——実行の着手」町野朔ほか編『考える刑法』(1986) 263頁以下，大越義久「実行の着手」芝原邦爾ほか編『刑法理論の現代的展開総論II』(1990) 140頁以下，内藤謙「実行の着手」法学教室105号 (1989) 73頁。村井敏邦「不能犯」芝原邦爾ほか編『刑法理論の現代的展開総論II』(1990) 165頁以下。
(21) これに対して，たとえば，山口・前掲注(20)『研究』164頁以下，内藤謙「不能犯」法学教室109号 (1989) 82頁，などが不能犯につき客観的危険説を採用しているのは首尾一貫しているといえる。
(22) 曽根威彦『刑法総論』(1987) 241頁，同「間接正犯」『刑法における実行・危険・錯誤』(1991) 156頁。同旨，西山富夫「未遂犯の違法性と責任性」『井上正治博士還暦祝賀刑事法学の諸相(上)』(1981) 73頁以下。
(23) 村井・前掲注(20)論文172頁。
(24) 大沼邦弘「未遂犯の実質的処罰根拠」上智法学論集18巻1号 (1974) 63頁以下が詳しい。
(25) 詳細は，本村・前掲注(1)論文421頁以下，竹田直平「不能犯」日本刑法学会編『刑法講座4巻』(1963) 36頁以下参照。
(26) 宮本英脩『刑法大綱』(1935) 190～2頁。
(27) 木村亀二『刑法総論』(増補版，1978) 356頁，牧野英一『重訂日本刑法上』(1934) 331頁，岡野光雄「不能犯」下村康正=八木國之編『法学演習講座⑧刑法総論』(1960) 310頁。
(28) 本村亀二『犯罪論の新構造下』(1968) 28, 32頁。
(29) たとえば，大場茂馬『刑法総論下巻』(1932) 851頁，勝本勘三郎『刑法要論総則』(1913) 177頁など。
(30) 通説である。たとえば，団藤・前掲注(3)『総論』168頁，大塚・前掲注(4)『総論』231頁，福田平『刑法総論』(全訂版，1984) 223頁，西原春夫『刑法総論』(1977) 301頁，中義勝『講述犯罪総論』(1980) 201～2頁，同『刑法の諸問題』(1991) 237頁以下，256頁以下，大谷實『刑法講義総論』(第3版，1991) 376頁以下(ちなみに，大谷教授は，後述

するように，かつては客観的危険説を採用されていたが，『刑法講義総論』（1988）387〜8頁で，具体的危険説に改説された）など．
(31) 野村・前掲注（6）『総論』347頁，同・前掲注（6）『研究』294, 299〜300頁．
(32) たとえば，中山・前掲注（2）『総論』424〜5頁．
(33) 佐伯・前掲注（5）『総論』303〜5頁は，主体，行為状況，法定手段の欠缺につきこれを認める．
(34) 平野龍一「刑法の基礎」法学セミナー139号（1967）49頁は，客体の不能の事例につきこれを認められる．
(35) 大沼・前掲注（24）論文112〜3頁，同・前掲注（1）「構成要件の欠缺と可罰未遂の限界（3・完）」92頁以下．大沼・同論文101頁は，死体に対する殺人行為の場合には，「死体」であった以上「人」という客体の存在を構成要件の欠缺論から否定する．なお，大沼「不能犯(2)」平野龍一＝松尾浩也編『刑法判例百選総論Ⅰ』（第2版，1984）150頁以下参照．
(36) 詳細につき，中山研一「不能犯における危険(1)」Law School 39号（1981）14頁以下，西原春夫「刑法における危険概念」法学セミナー346号（1983）26頁以下，野村・前掲注（6）『研究』346頁以下参照．
(37) 中山・前掲注（2）『総論』426頁注2，大谷實「不能犯」中義勝編『論争刑法』（1975）131頁以下，同「不能犯（再論）」同志社法学30巻2＝3号（1988）42〜3頁，山口・前掲注（20）『研究』168頁，曽根威彦「不能犯」植松正ほか『現代刑法論争Ⅰ』（1983）279〜80頁．
(38) 大谷・前掲（37）「不能犯（再論）」44頁，曽根・前掲注（37）論文280〜1頁．
(39) 中山・前掲注（2）『総論』426頁注2，大谷・前掲注（37）「不能犯」143〜4頁，同・前掲注（37）「不能犯（再論）」46〜7頁，曽根・前掲注（37）論文282頁．なお，山口・前掲注（20）『研究』171頁は，弾丸が装填されていることが十分にありえた場合には不能犯の成立を否定する．
(40) 中山・前掲注（2）『総論』426頁注2，大谷・前掲注（37）「不能犯（再論）」45〜6頁，曽根・前掲注（37）論文284頁．なお，宗岡嗣郎『客観的未遂論の基本構造』（1990）24頁は，端的に致死量以下であったことを理由として不能犯とされる．
(41) その実体は「行為時の法益保全を反映した安心感」（藤岡一朗「不能犯(2)」平野龍一ほか編『刑法判例百選Ⅰ総論』（第3版，1991）141頁．
(42) 野村・前掲注（6）『研究』373頁以下，同・前掲注（6）『総論』347頁．したがって，処罰に値する危険は，不能犯においても実行の着手においても同一であり，筆者は，それは科学的・客観的危険ではなく，行為当時に一般人が法益侵害の危険を感じること（社会通念上の危険）であり，後者の危険は前者のそれが存在しない場合にも肯定できるのであり，またこの社会通念上の危険の程度により予備と実行の着手とが区別されると考える．その意味で，懐炉灰を用いた時限発火装置による連続放火未遂事件（東京高判昭和58年8月23日判時1106号158頁15巻7＝8号357頁：本判決につき，的場純男「不能犯と実行の着手」研修431号53頁以下（1984），沢登佳人「現住建造物等放火罪における『未遂犯と不能犯の区別の基準』と『実行の着手の有無の判断基準』との間に矛盾が生じた事例」判評306号225頁以下（1984）参照）において懐炉灰に点火して喫茶店の便所の内壁と外壁の間に吊るした行為（甲事件）につき，同所は密閉された状態で通風の悪い構造であったため可燃物に燃焼する可能性が科学的・客観的になかったにもかかわらず，行為者は行為当時そのような事情に気がつかず燃焼の可能性を信じていたこと，および行為者の立場におかれた一般人もその事情に気がつかずその可能性を信じると認められることを理由に社会通念上の危険の存在を認定し不能犯の主張を退けたのは妥当であるが，これに対して時限発火装置を喫茶店の床の上に置いた際にその装置の中の懐炉灰がすでに立ち消えになっていた疑いがある行為（乙事件）につき，実行の着手については「あくまでも客観的にみて，現実

に焼燬の結果発生のおそれある状態を生ぜしめる行為が開始されたか否か」により決定されるべきであるとして，科学的・客観的危険を基礎に実行の着手を否定したのは，妥当ではなく，また甲事件の見解と矛盾するものである。むしろこの場合には行為者が懐炉灰が燃焼していると信じていただけではなく，一般人もそのように信じるのが当然と考えられる状況にあったとして，社会通念上の危険を基礎に実行の着手を肯定した原判決を妥当と考える。

(43) 村井・前掲注（20）論文172頁参照。
(44) 詳しくは，野村・前掲注（6）『研究』294頁，同・前掲注（6）『総論』330頁注2参照。
(45) 団藤・前掲注（3）『総論』165頁注2，福田・前掲注（30）『総論』226頁，大塚・前掲注（4）『総論』236頁。
(46) 柏木千秋「不能犯について」研修363号（1978）16頁，西村克彦「未遂犯についての省察」判時1057号（1982）19，25頁注39参照。
(47) 団藤・前掲注（3）『総論』165頁，内田・前掲注（2）『総論』154頁。

共犯論

第19章　組織的詐欺罪における正犯と幇助犯の区別について

第1節　執筆の経緯

　筆者は，ゴルフ会員権の販売を巡る，組織的犯罪処罰法違反被疑・被告事件（詐欺）につき，国選弁護人として被告人の一人（甲）の弁護活動を行った。その際に被告人甲は，形式的には，判決が認定するとおり，「X社の意思決定に基づく行為であって，詐取した金銭は同社に帰属するものとして，前記のとおり，指揮命令に基づき，あらかじめ定められた任務の分担に従い，同社の構成員が一体として行動する結合体により」，詐欺罪の実行行為を行ったものであるが，「実態においてはあたかも，鵜匠の鵜のごとく，A社長の指示のもとその手足として使われていたに過ぎない事案であるとの観点より，本件は組織的詐欺に関する事案であり，被告人は形式的に見ればその全体に責任を負うべきものであるが，実質的には被告人の果たした役割に従って責任を判断すべきである。
　販売方法はA社長から直接に，またはA社長からB営業部長を通じて指示され，また嘘のセールストークをして客をだましてでも会員権を取ってこい，警察沙汰になっても後の面倒を見てやるなどと発破をかけられ，被告人甲はA社長の手足として又は会社の業務遂行として行ったものであり，実質的には『故意ある幇助的道具』として量刑上考慮すべき事案である。会社から交付された領収書と引き換えに受領したゴルフ会員権の売却代金はそのまま会社に入金し，または社長に直接に手渡すなどし，本件犯罪による利益は被告人の手元には残っていない。この金を社長が管理し，X社の経費や人件費に使用するほか自己の多額の遊興費に当てていたものである。さらに被告人の収入は手取り月約45万円で，ボーナスはなく，そこから国民保険料

及び国民年金料を控除すると決して高額とは言えない。被告人は本件犯行を自己の必要性から行ったものでなく、また給与はともかくとしてこれによる利益も享受していないのであるから、本件犯行を『自己の犯罪』として行ったものでなく、実質的にはいわゆる故意ある幇助的道具として量刑上評価されるべきものである」、と弁論要旨において主張したが、判決は後記のとおり述べて被告人甲は重要な役割を果たし、共同正犯としての責任を免れないものとした。

そこで筆者は、共謀に参加した者はすべて共同正犯として責任を問われることになるとの共同意思主体説に対する批判を受けての共同意思主体説からの正犯と従犯の区別の試み[1]や最近の企業・組織内犯罪における正犯と従犯の区別の議論[2]を参考に組織的犯罪において正犯と従犯の区別が可能か、可能とすればその基準は何かにつき若干の検討を行い、あわせて正犯概念に関する私見を再検討してみることにする。

第2節 担当事件の経緯

1 本件の事案は、第一審判決[3]が認定した罪となるべき事実によれば、「被告人甲、被告人乙、被告人丙は、X株式会社営業部員として同社のゴルフ会員権販売業務に従事していたもの、被告人丁は、同社管理部次長としてゴルフ会員権の仕入れ先との連絡及び交渉並びに同社からゴルフ会員権を購入した者からの代金返還要求に対応する業務等に従事していたもの、被告人戊は同社管理部員等として同社からゴルフ会員権を購入した者からの代金返還要求に対応する業務等に従事していたものであり、Aは、同社代表取締役として同社の業務全般を統括掌理していたもの、Bは、同社営業部長等として同社のゴルフ会員権販売業務を統括していたもの、Cは、同社常務取締役等として同社の売上の集計及び歩合給の計算、支給などの業務に従事していたもの、D、E及びFは、同社営業部員として被告人5名と同様の業務に従事していたものである。X株式会社は、ゴルフ会員権販売名目で金銭を詐取することなどを共同の目的とする多数人の結合体であって、その目的を実現する行為を、Aを頂点とする指揮命令に基づき、あらかじめ定められ

た任務の分担に従い，被告人5名及び前記Aら同社の構成員が一体として行動する結合体により，反復して行っていた。

　被告人5名は，前記A，B，C，D，E及びFと共謀の上，X社の意思決定に基づく行為であって，詐取した金銭は同社に帰属するものとして，前記のとおり，指揮命令に基づき，あらかじめ定められた任務の分担に従い，同社の構成員が一体として行動する結合体により，別紙一覧表記載のとおり，Gほか15名の被欺罔者に対し，Yゴルフ倶楽部の会員権の購入を勧誘し，その際，真実は，被欺罔者から会員権の代金として受領する金銭を同社の資金繰り等に充てるつもりであり，被欺罔者に会員権を確実に取得させる意思も能力もないのに，被欺罔者に会員権を確実に取得させた上，これらを約束の時期ころにX社が他の者へ転売して被欺罔者に転売益を得させることができるように装って虚偽の事実を申し向け，被欺罔者をして，会員権を確実に取得した上，これらを約束の時期ころに同社が他の者へ転売して，その転売益を得られるものと誤信させ，よって，平成18年8月9日ころから平成20年8月28日ころまでの間，前後47回にわたり，被欺罔者から，会員権合計58口の代金として合計5696万円の交付を受け，もってそれぞれ団体の活動として，詐欺の罪に当たる行為を実行するため組織により人を欺いて財物を交付させた」というものである。

　2　次いで，判決は，弁護人の「被告人甲は，本件犯行を自己の犯罪として行ったものでなく，実質的にはいわゆる『故意ある幇助的道具』として量刑上評価されるべきである」との主張に対しては，被告人甲の量刑理由の中で，判示犯行の利得額ではなく，被告人及び共犯者間での関与や役割の度合いを相対的に評価するための指標として，被告人甲が平成17年4月以降給与として得た金額を総額2000万円以上に上ると認定するほか，「被告人甲が，幹部であるA，Bの指示の下に行動しており，X社の経営や資金管理の実態についても正確には知らされていなかったもので，これらの者との比較でみれば従属的な立場にあったこと」を認めつつ，「被告人甲は，被告人乙や共犯者Dと並び，営業部のリーダー格の一人として，部下を指揮し，あるいは自ら顧客に働き掛けるなどして，本件犯行において重要な役割を果たし

ている。被告人甲に共同正犯が成立することはもとより，量刑上も，共同正犯としての相応の責任を負うべきことは明らかである」とする。

第3節　組織的詐欺罪における正犯と幇助犯の区別は可能か

　ところで，組織的詐欺（組織犯罪処罰法3条1項9号）は，①団体の活動であり，②当該罪に当たる行為を実行するための組織により行われること，及び③詐欺行為の実行が要件とされている[4]。組織的詐欺を遂行する団体の構成員がすべて形式的に詐欺罪の実行行為をする必要はなく，団体の構成員があらかじめ定められた任務に従いそれぞれの任務を遂行し，団体自体が詐欺罪を実行したといえる実態があれば組織的詐欺罪の成立には十分である。

　したがって本件に即して言えば，業務全般を統括掌理していた代表取締役，ゴルフ会員権販売業務を統括していた営業部長，売上の集計及び歩合給の計算，支給などの業務に従事していた常務取締役，ゴルフ会員権の仕入れ先との連絡及び交渉並びに同社からゴルフ会員権を購入した者からの代金返還要求に対応する業務等に従事していた管理部次長，ゴルフ会員権販売業務に従事していた営業部員が組織的詐欺罪の共同正犯であることに異論はない。

　しかし，社内で単なる書類の整理や受付などの事務的任務を行っていたに過ぎない者は，組織的詐欺の遂行に必要であるとしても，そのために重要な役割を果たしたとは言えないであろうし，これを共同正犯として処罰するのは妥当ではない[5]。本件判決は，ゴルフ会員権販売業務に従事していた営業部員である被告人甲は，前記のとおり，重要な役割を果たしているとの認定で共同正犯としているので，団体の構成員が重要な役割を果たしていない場合に正犯を否定する余地を残しているとも解釈できる。

　ところで，例えば，ゴルフ会員権販売業務に従事していた営業部員は重要な役割を果たしたとして，常に共同正犯としての責任を負うべきであろうか。これにつき，本件判決は重要な役割という客観面のみで共同正犯を認定している。重要な役割という客観的側面のみから正犯概念を判断すべきかどうかがさらに検討されるべきである。

第4節 その基準——正犯概念

1 ここに正犯概念とは共犯概念に対するもので,一般的には,直接正犯・間接正犯及び共同正犯が含まれ,共犯概念には教唆犯及び従犯が含まれる。そして,正犯概念については周知のごとく主観説及び客観説の対立がある。

(1) 主観説は,自己の犯罪を行う意思,すなわち正犯者意思をもって犯罪を行う者が正犯であり,他人の犯罪に加担する意思,すなわち加担者意思をもって犯罪を行う者が共犯だとするものである。この主観説は因果関係論において条件説を採用する立場から主張されたものであり,これによれば犯罪の実現に何らかの条件を与えた者はすべて同じであり,客観的には正犯と共犯の区別ができないことから,主観的標識に正犯と共犯の区別の基準を求めるものである。したがって実行行為を行っても加担者意思をもって行う場合は共犯(従犯)とされ,故意ある幇助的道具が肯定されることになる。主観説が行為の主観的側面を考慮するのは妥当であるが,行為の客観的側面を無視するのは妥当ではない。そもそも因果関係論において相当因果関係説を前提とする限り主観説を採用する前提を欠くことになる。

(2) これに対して,客観説は,基本的構成要件に該当する行為,すなわち実行行為を行う者が正犯であり,実行行為以外の行為を行う者が共犯とされ,形式的・客観的に正犯と共犯の区別ができるとされる[6]。したがって,故意があり,かつ,実行行為を行っている以上正犯であり,故意ある幇助的道具は否定されることになる[7]。

(3) しかし,主観説及び客観説はいずれか一方のみを妥当とすることはできない。正犯概念は行為の主観的側面と客観的側面の両者から構成すべきである。しかるときは,正犯とは「自己の犯罪を実現する意思で当該犯罪構成要件を実現し,その実現した犯罪結果につき自ら責任を負う者」と解するべきである[8]。したがって,自己の犯罪を実現する意思で実行行為乃至重要な役割を行った場合は犯罪行為が行われるのが必至であるので,一般予防上からも正犯として重く処罰すべきであるが,自己の犯罪を実現する意思でな

く他人の犯罪に加担するに過ぎない場合には，正犯と比較して犯罪の必至性が低く一般予防上から重く処罰する必要はなく，従犯として，軽く処罰すべきである。そして自己の犯罪を実現する意思は，当該犯罪を行う必要性及び動機が自らにあり，犯罪遂行により利益の帰属する場合に肯定できると考える。これは捜査上犯人の目星をつける指標としても機能している。

2 若干の判例についてみると，実行行為を行った者につき正犯でなく，従犯とするものが存在するのは，周知の事実である。
(1) 運送会社の代表取締役が会社の使用人に命じてヤミ米を運搬したいわゆるヤミ米運搬事件[9]において，最高裁は，代表取締役たる被告人が会社の使用人Ｓ（会社の運転手）に命じて同人を自己の手足として判示米を自ら運搬輸送したものであり，使用人等がその情を知ると否とにかかわらず被告人の行為が運搬輸送の実行正犯たることに変わりはないとする。理由の詳細は不明であるが，使用人がその情を知らなければ，いわゆる情を知らない道具を利用する間接正犯として，被告人が運搬輸送の実行正犯であることになり，また使用人がその情を知っていたとしても（ちなみに弁護人は上告趣意書の中で使用人Ｓが事情を知悉していたとする），被告人が教唆犯でなく実行正犯であるとするには使用人はいわゆる故意ある幇助的道具と理解せざるをえない[10]。
(2) 覚せい剤譲渡仲介事件[11]においては，被告人甲は，親分である乙より依頼され，丙との覚せい剤譲渡の交渉を仲介するに当たり，乙より覚せい剤を受け取り，それを代金と引き換えに丙に譲渡し，代金をそのまま乙に渡したという事案につき，覚せい剤譲渡の実行担当者甲は，覚せい剤譲渡の正犯者意思を欠き，乙の丙に対する覚せい剤譲渡を幇助する意思のみを有したに過ぎず，いわゆる正犯の犯行を容易ならしめる故意のある幇助的道具であり，正犯に問擬できないとする。これは丙との覚せい剤譲渡の交渉についてはすべて乙の指示により，覚せい剤も乙から受取ったものであり，丙より受け取った代金もそのまま乙に引き渡し，譲渡後も乙より何ら謝礼を受け取っていないことにより，覚せい剤譲渡の必要性・動機及びこれによる利益の取得がないことを考慮し正犯者意思を否定したものと考えられる。
(3) いわゆる藤田観光株事件[12]においては，著名な仕手筋の被告人甲が

藤田観光株の買い付けに当たり従来から株取引について名義を借りていた被告人乙に指示して証券会社に発注させることにより行っていたところ，被告人甲は「藤田観光株の本件買付けである売買取引全体の実行について意思決定をし，個々の買付け注文の発注についても決定し，買付けの結果による経済的効果も自ら享受していたといえるのであり，被告人甲が本件藤田観光株の売買取引を行ったといえる」のであり，相場操縦罪の実行犯である「被告乙は，藤田観光株の株価の引き上げを図る自ら固有の必要性を有せず，また，被告人甲と相協力して同株の株価の引き上げを図る動機も有しなかった……，個々の買付けの値段の指定や発注の仕方も被告人甲の指示に基づいて行っており，買付けの結果についても経済的効果を享受する関係になかったといえるから，被告人乙が……藤田観光株の売買取引を主体的に行ったとはいえず，ただ同被告人は，被告人甲の本件買付けの目的を認識した後において，その買付けのための証券会社への注文の発注など，被告人甲の売買取引を幇助する役割を果たしたに過ぎないと認められるので，相場操縦罪の幇助犯の責任を負うと解される」と判示して，共同正犯として起訴された被告人乙を幇助犯と認定した。

これは客観的に実行行為を行ったかどうかではなく，自己の犯罪を行う意思（正犯者意思）をもって実行行為を行った者を正犯とし，実行行為を行った被告人乙が正犯者意思を欠き故意ある幇助的道具として理解しているものと考えられ，もとより妥当である[13]。正犯者意思を欠く理由として株価の引き上げを図る自らに固有の必要性，及び，株価の引き上げを図る動機もなかったこと，並びに，買付けの結果についても経済的効果を享受する関係になかったことをあげているのは，犯罪遂行の必要性・動機及び犯罪遂行による利益の取得にみられる自己の犯罪を遂行する意思を欠くとしているのであり，このことは経済犯罪のみならず，すべての犯罪に当てはまるものであると考える[14]。

第5節 まとめ

組織的詐欺は，詐欺行為の実行行為が団体の活動として当該罪にあたる行

為を実行するための組織により行われる。当該団体における地位及び権限，実行行為への加功の有無，態様，程度などにより，重要な役割とそうでない役割の区別が可能であり，また私見によれば重要な役割でも自己の犯罪を実現する意思で行う必要があるので，これを欠く場合には従犯とするべきであろう。そして，自己の犯罪を実現する意思を認定するには，前述のように犯罪遂行の必要性・動機及び犯罪遂行による利益の取得が必要であると解するところ，本件被告人甲は判決によれば重要な役割を果たしたと認定し共同正犯としての責任を負うべきとしているが，被告人甲は求人雑誌をみて就職したのであり，営業活動に従事するうちに詐欺行為を行わされているとの認識を抱いたものの，家族の生活維持のため辞職することも思うに任せず，実際に辞職の申し出を社長Ａにしたところ，東京へ転居するに際して社長Ａより借りた金銭の返還を求められるなどの事情にあり，しかも，決して高いとは言えない給与以外に格別犯行による報酬等を受けていたものではなく，かような者は犯行への必至性は低く一般予防上も正犯として重く処罰する必要はないものと考える。

（１）　たとえば，「犯罪事実の実現に対し重要な役割を演じたものが共同正犯であり，軽微な役割を演じたものが従犯である……。……共同犯行の意識の有無，共同意思主体内部における地位，実行行為への加功の有無，態様，程度などがその標準となる」とされる（西原春夫『刑法総論（下巻）』（改訂準備版，1993）403頁。なお，396-397頁。
（２）　たとえば，田川靖紘「企業・組織内犯罪における正犯と共犯の区別(1)（2・完)」早稲田大学大学院法研論集132号（2009）153頁以下，134号（2010）123頁以下。
（３）　東京地判平成22年12月7日（公刊物未登載）。なお，筆者が一審で国選弁護人を努めた被告人甲は，懲役3年の実刑の言い渡しを受け，量刑不当を理由として控訴したところ，控訴棄却され（東京高判平成23年7月7日)，一審判決が確定した。
（４）　三浦守＝松並孝二＝八澤健三郎＝加藤市太郎『組織的犯罪対策関連三法の解説』（2001）86-87頁。
（５）　もっとも，このような者は組織的詐欺罪では起訴されないであろう。本件においても，詐欺の事情を知っていた女性事務員が事情聴取されたが，起訴されていない。なお，単なる機械的事務処理者は故意ある幇助的道具であり，従犯であるとされる（大谷實『刑法講義総論』（新版第4版，2012）148頁。
（６）　団藤重光『刑法綱要』（第3版，1990）372頁，大塚仁『刑法概説（総論)』（第4版，2008）281頁，福田平『刑法総論』（全訂第5版，2011）252頁。
（７）　福田・前掲注（６）253頁注（５）。もっとも，大塚・前掲注（６）162-163頁注（二四）は，これを肯定し，故意ある幇助的道具を利用する者を間接正犯とされる。しかし，故意ある幇助的道具を肯定するのは妥当であるが，故意ある幇助的道具は完全な規範的障害とはいえず，実行従属性の制約のある正犯の犯行態様である教唆犯をもって問擬すべきであ

る（野村稔『刑法総論』（補訂版，1998）382頁注（2），383頁注（1），413頁注（2））。
（8）　野村・前掲注（7）381頁。
（9）　最判昭和25年7月6日刑集4巻7号1178頁。本判決は，故意ある幇助的道具の観念を用いることによって，初めてその趣旨を肯定できるとされる（大塚・前掲注（6）163頁注（二四）。なお，大谷・前掲注（5）149頁。
（10）　本件では社長である被告人と会社の運転手という会社の組織内の関係が考慮されたものと思われる。
（11）　横浜地川崎支判昭和51年11月25日判時842号127頁。この判決につき，香川達夫「判批」重要判例解説昭和52年度（1978）155頁以下参照。
（12）　東京地判平成5年5月19日判夕817号221頁。この判決につき，野村稔『経済刑法の論点』（2002）88-89頁，93頁注（18）記載の文献参照。
（13）　野村・前掲注（12）89頁，野村・前掲注（8）381頁。なお，故意ある幇助的道具につき，野村・前掲注（8）413頁注（2）。
（14）　野村・前掲注（12）89頁。これに対して，経済行為的性格が強く，経済的利益の帰属が重視される犯罪に限るとするのは，藤木英雄「幇助利用の間接正犯」研修343号（1977）15-16頁，同『刑法講義総論』（1975）278頁。なお，田川・前掲注（2）（2・完）140頁は，適法な企業・組織体の内部で，上司と部下の関係を用いて犯罪が行われた場合に肯定の可能性ありとされる。

第20章　共謀共同正犯

第1節　はじめに

　共謀共同正犯とは，2人以上の者が特定の犯罪の遂行を共謀し，共謀者中の1人がその共謀に基づいてその犯罪の実行行為に出た場合には実行行為を分担しなかった他の共謀参加者も共同正犯としての責任を負うとするものである。まず判例が共謀共同正犯を旧刑法時代以来首尾一貫して肯定してきたのに対して，学説はこれの是非をめぐって厳しい論争を繰り広げてきたのである[1]。これまで共謀共同正犯を根拠づけるものとしては共同意思主体説がほとんど唯一のものであったため，その論争は必然的に共同意思主体説が主張するように共謀共同正犯を団体責任の法理でもって基礎づけることの当否に主眼が置かれていたのであるが，最近では共謀共同正犯も後述の練馬事件判決を契機として共同意思主体説とは異なった個人責任の立場に立って行為支配ないしは間接正犯類似の理論から根拠づけられるようになり，さらにこれまで共同意思主体説に対する批判の代表的主張者であった論者がこのような考え方を肯定するようになり，共謀共同正犯の理論は判例の上で活ける法として確固たる存在であると同時に，学説の上でも大方において決着を見たものとされている[2]。

　個人責任の立場から，このように共謀共同正犯を基礎づけるためには，実行行為概念を規範的・実質的に把握し，共謀に参加したが実行行為を分担しない者もなお実行行為を行った者として，これを実行共同正犯の中で理解する場合には，必然的に実行行為概念が弛緩し，現行刑法の規定する共同正犯と教唆犯，従犯の区別も明確でなくなるといえよう。また，実行共同正犯をはみ出すものとしてこれを理解する場合には，従来の実行行為概念を中核とする正犯概念を変更せざるをえず，さらに実行行為担当者は正犯であるから

その背後にある実行行為を分担しない共謀参加者は正犯の背後にある正犯ということになり，これを承認すれば結局間接正犯の成立範囲も拡大することになる。

そこで，今日的理論状況の上で考察しなければならないのは，実行行為概念を中核として正犯概念を構成し，現行法の共犯規定の立場と調和する正犯概念を構成しつつ実行行為概念の過度の規範化・実質化をすることなく間接正犯の成立範囲を妥当なものとする理論構成である。さらには，判例や共謀共同正犯を肯定する立場には，いうまでもなく実行行為を分担はしないが実質的には犯罪の実現に対してそれに勝る役割を果たした黒幕的存在である背後の大物を，単に教唆犯として正犯に適用される罰条を適用して処罰するだけでは，量刑上の妥当性はともかく，これを正犯として正面から処罰できないのでは健全なる法的感情の上からも妥当ではないという配慮があるのである。そこで，このような配慮が妥当であるとしても実践的には何よりも判例・学説の上で共謀共同正犯の肯定されている範囲を明確にして，このような実践的要請に沿うものであるかどうかが問われなければならない。しかしさらには，そもそも教唆犯が正犯ではなく，単に正犯に適用される罰条を適用して処罰するものに過ぎないものであるかどうかということが教唆犯の処罰根拠・違法性の実体との関係で考察されなければならない。

本稿においては，このような観点から共謀共同正犯をめぐる最近の学説・判例の動向を概観し，若干の私見を明らかにしようとするものである。

第2節　判例の動向

1　大審院連合部判決

判例において共謀共同正犯の理論を確立したのは，昭和11年の大審院連合部の判決[3]である。同判決は，「凡ソ共同正犯ノ本質ハ2人以上ノ者一心同体ノ如ク互ニ相倚リ相援ケテ各自ノ犯意ヲ共同的ニ実現シ以テ特定ノ犯罪ヲ実行スルニ在リ共同者カ皆既成ノ事実ニ対シ全責任ヲ負担セサルヘカラサル理由滋ニ存ス若シ夫レ其ノ共同実現ノ手段ニ至リテハ必スシモ一律ニ非ス或ハ倶ニ手ヲ下シテ犯意ヲ遂行スルコトアリ或ハ又共ニ謀議ヲ凝シタル上其一

部ノ者ニ於テ之カ遂行ノ衝ニ当タルコトアリ其ノ態様同シカラスト雖ニ者均シク協心協力ノ作用タルニ於テハ其ノ価値異ナルトコロナシ従テ其ノ孰レノ場合ニ於テモ共同正犯ノ関係ヲ認ムヘキヲ以テ原則ナリトス但シ各本条ノ特別ノ規定ニ依リ之ト異ナリタル解釈ヲ下スヘキ場合ノ存スルハ言ヲ須タサルトコロナリ而シテ窃盗罪並強盗罪ノ共同正犯関係ハ殺人傷害及放火等ノ罪ニ於ケルト同シク上叙原則ニ従フヘキモノニシテ之カ例外ヲ為スヘキ特質ヲ存スルモノニ非ス即チ2人以上ノ窃盗又ハ強盗ノ罪ヲ犯サンコトヲ謀議シ其ノ中或者ニ於テ之ヲ実行シタルトキハ爾余ノ者亦由テ自己ノ犯意ヲ実現シタルモノトシテ共同正犯タルノ責ヲ負フヘキモノト解セサルヘカラス」と判示した。

　ここでは，共同正犯の本質は2人以上の者が一心同体のように互いに相寄り相援けて各自の犯意を共同的に実現して犯罪を実行することにあり，共謀者の1人のみが実行者に過ぎなくても他の共謀者も共同正犯に外ならないものであるとされているのであり，その表現や当時大審院判事であった草野博士がこの判決に関与されたことからも明らかなように，共同意思主体説に立脚したものと一般的には理解されている。しかし，また，共同正犯の本質は2人以上の者が一心同体のように互いに相寄り相援けて各自の犯意を共同的に実現して犯罪を実行することにあるところ，その犯罪実現の態様は実行行為を現に担当することであったり，単に謀議に参加しただけで実行行為は分担しないことであったりなど異なるにしても，これらはいずれも犯罪実現に対する関係では「均シク協心協力ノ作用タルニ於テハ其ノ価値異ナルトコロナシ」とされていることからすると，謀議に参加して実行行為を担当しない者でも，犯罪実現との関係では価値的には実行担当者と同じに評価できるものであると考えているようにも解釈できる[4]。そして，このように解釈することができれば大審院連合部判決においても共謀共同正犯を認めるためには，形式的な謀議参加ではなく，犯罪実現に対する協心・協力の作用の点で，換言すれば，正犯結果に対する心理的因果性の点で実行行為の分担と価値的に比すべき実質をもった内容の謀議を行ったことが必要となるのであり，共謀を限定することにより共謀共同正犯の成立範囲を限定しようとする後述の練馬事件判決の萌芽を読み取ることができるであろう。

2 練馬事件判決

　しかし，この連合部判決においては共謀の意義がかような観点から明示されなかったこともあり，その後最高裁判所は共謀共同正犯を認め，前述の大審院連合部判決をほぼそのまま踏襲していた[5]が，最高裁の判例に見られる共謀が通常の実行共同正犯の主観的要件と同じに意思の連絡あるいは共同犯行の認識と理解されてきたこともあり[6]，共謀共同正犯の成立の範囲が広すぎるとの批判を考慮して，練馬事件の判決において，「共謀共同正犯が成立するためには，2人以上の者が，特定の犯罪を行うため，共同意思の下に一体となって互いに他人の行為を利用し，各自の意思を実行に移すことを内容とする謀議をこなし，よって犯罪を実行した事実が認められなければならない。したがって右のような関係において共謀に参加した事実が認められる以上，直接実行行為に関与しない者でも，他人の行為をいわば自己の手段として犯罪を行ったという意味において，その間刑責の成立に差異を生ずると解すべき理由はない。されば，この関係において実行行為に直接関与したかどうか，その分担または役割のいかんは右共犯の刑責自体の成立を左右するものではないと解するのを相当とする」と判示し，併せて共謀の事実は罪となるべき事実として厳格な証明の対象となるとした[7]。この練馬事件判決は，共謀を限定し，罪となるべき事実として客観的要件として把握すると同時に，厳格な証明の対象とすることにより，これまでやや広く共謀共同正犯を認め過ぎていた判例の傾向に重要な歯止めをかけたものと評価されている[8]。

　いまこの判決を前述の大審院連合部判決と比較してみると，謀議の内容が「2人以上の者が，特定の犯罪を行うため，共同意思の下に一体となって互いに他人の行為を利用し，各自の意思を実行に移すことを内容とする」ものであると明示され，また共謀に加わったが実行行為を担当しなかった者が共同正犯とされる理由につき，連合部判決においては犯罪実現に対する関係では「均シク協心協力ノ作用タルニ於テハ其ノ価値異ナルトコロナシ」としていたのとは異なり，「他人の行為をいわば自己の手段として犯罪を行った」ということにその根拠を求めている。後者の点が，これまでの共同意思主体説とは異なり，個人責任の原則の立場から共謀共同正犯を理由づけるもので

あると理解され，その後行為支配説ないし間接正犯類似説の手掛かりとなったものであることは周知のことである[9]。いずれにしても，この判決によれば，「2人以上の者が，特定の犯罪を行うため，共同意思の下に一体となって互いに他人の行為を利用し，各自の意思を実行に移すことを内容とする」謀議を行えば，他人の行為をいわば自己の手段として犯罪を行ったということを根拠にして実行行為を行わない謀議参加者を共同正犯とするのであるから，この謀議は他人の行為を自己の手段とするようなものでなければならないと考えられる[10]が，それがどのような場合に認められるのかまたそれをどのように認定するのかが問題である。さらに，このような共謀が肯定された場合，実行行為を担当した者は故意のある責任能力者であって，他の共謀者との関係で心理的拘束を受けるとしても規範的障害となる正犯者であるから，この者の行為を利用して自己の犯罪を実現した共謀参加者を（共同）正犯とするのに間接正犯の法理を援用するとすれば，結局，そのためにはいわゆる正犯の背後にある正犯の観念を認めざるをえない。したがって，同じく規範的障害となる正犯者の行為を利用する教唆犯とは客観的には区別できず，その区別のメルクマールは結局自己の犯罪を行うかどうかという主観的なものに求めざるをえないであろう[11]。

3　練馬事件判決以後の状況

その後，朝霞駐屯地自衛官殺害事件判決[12]が，共謀の意味につき前記練馬事件判決を引用し，「右共謀が成立したというには，単なる意思の連絡または共同犯行の認識があるだけでは足りず，特定の犯罪を志向する共同者の意思が指示，命令，提案等によって他の共同者に具体的に明らかにされ，他の共同者が右指示，命令，提案等を了承，賛同するなど，各自の意思が特定の犯罪を行なうことを目的とした1個の共同意思と認められるまでに一体化するに至ることを要すると言うべきである」とし，また，被告人の意思内容や犯罪遂行過程において具体的に果たした役割などを総合して「謀議を遂げたもの」と認定した最高裁決定[13]などが注目に値するとされている。

このような判例の動向からすれば，すでに指摘されているように，共謀共同正犯は判例法として確立しているものであり，残された問題は，そのいわ

ゆる謀議にあたる事例判例を積み重ねていくことが必要とされるのである。

第3節　学説の動向

　共謀共同正犯を肯定する立場は，大きく分けて団体的責任論の立場からのものと，個人的責任論の立場からのものがある。前者は共同意思主体説であり，後者は行為支配説ないし間接正犯類似説である。

1　共同意思主体説

　これは，共犯現象を共同意思主体という超個人的な社会的心理的存在の活動と見るところにその特徴がある。例えば，西原教授によれば[14]，異心別体である2人以上の者が特定の犯罪を実現しようとする共同目的の下に合一したときに，そこに同心一体の共同意思主体が形成され，その共同意思主体中の1人以上の者が共同目的の下に犯罪を実行したとき，そこに共同意思主体の活動が認められ，これによって共同意思主体を構成する全員に共同正犯が成立するのであり，ただ責任は，共同意思主体の各構成員が，その共同意思主体の活動への寄与の仕方[15]によって負うものであるとされる。これに対しては，共同意思主体説が犯罪の実行行為の主体を超個人的な共同意思主体としながらも，刑罰は自然人を予定しているものであり，また犯罪を目的とする違法的な一時的存在である共同意思主体にその責任を負わせることができないので，共同意思主体を構成する各人に負担させることは団体責任を認めるものであり，個人責任の原則に反するとの周知の批判[16]があるが，西原教授は，内乱罪や騒擾罪のごとく，その集団内部における役割に応じて責任を問うているのはまさしく団体責任を認めるものであり，また共犯従属性の立場によれば教唆犯や従犯は正犯者の実行行為を通じて可罰性を獲得するのであるから，刑法は純粋に個人責任の原則を貫いていないのであり，また例えば甲，乙が強盗を共謀し，甲が暴行，乙が財物奪取を行った場合において共に強盗罪の責任を問われるのは結局甲，乙の行為が1つの強盗という実行行為にまで総合されるからであり，その場合の実行行為の主体は甲，乙という自然人を超えた法的に意味のある人的結合である社会的存在であっ

て，この存在を援用しなければ一部行為の全部責任も説明できないのであり，結局，団体責任の法理を肯定せざるをえないと詳細に反論されている[17]。

　思うに内乱罪や騒擾罪はいわゆる集団犯とされるがその責任の基礎は，例えば，騒擾罪においては刑法106条各号に規定する役割の内容となる行為を実行行為と解し，これを行うことによって，結果である多衆の暴行・脅迫が生じたもの[18]と構成すれば，必ずしも団体責任の法理を援用する必要はなく，後述するように，行為共同説に立脚して共犯にも固有の犯罪性があるとする私見によれば，例えば，教唆犯においてもその犯罪性は正犯の実行行為の可罰性に由来するものではなく，自己の犯罪意思を実現する際にその所為計画のなかに他人の行為を予定・計算に入れて，つまり，その行為の結果を引き受けるという意思に基づいて正犯結果を実現したからこそ，その責任を負うべきものであるのであり，さらに一部行為の全部責任の法理を説明するにしても甲，乙という自然人を超えた人的結合としての社会的存在が行った1つの強盗という実行行為を考えるのは犯罪共同説に基づくものであり，行為共同説に立脚して甲，乙各人が自己の強盗罪の犯罪意思を実現する際にそれぞれ互いの行為を利用して，予定・計算に入れて実現したものと考えるので，この場合には甲，乙各人が強盗罪の実行行為の主体なのであり，甲，乙という自然人を超える社会的存在の行為と考える必要はないのである。いずれにしても，共同意思主体説においては，実行行為の主体である共同意思主体が本来負うべき責任をその構成員が負うとする実質的理由は，団体の責任をその構成員が負うという団体責任の法理以外にはなく，個人責任の原則に反するとの批判は妥当せざるをえない。共同意思主体説は，団体責任を肯定することを前提にすれば，共謀共同正犯を正当に理由づけるものとしては優れており，また，実際にも共同意思主体説が主張するごとく，個人の存在を超えた社会的心理的存在としての共同意思主体なるものの存在も肯定できると考えるが，共同意思主体説が犯罪共同説を前提にしていること[19]，および，このことから一身専属的な違法要素である，義務違反性についてもその連帯性を認めること[20]は，後述するように，私見からは是認できない。また，共謀共同正犯を正犯と解したとしても，共謀のみに止まり，誰も実行行

為に出なかった場合には，未遂にもならないのであるから，その実体は，実行従属性の制約を受ける教唆犯という正犯の一態様に含まれるものと考えられる。

2 行為支配説ないし間接正犯類似説

まず平場教授は，構成要件的行為に対する目的的支配を有するものが正犯であるとして，共同正犯は構成要件的行為の全体に対する共同的支配の存在する場合であるから，極限的には自分としては何ら手を下さなくとも，他人の行為を支配して犯罪を遂げる共同正犯がありうるとして共謀共同正犯を肯定され[21]，さらにこれに示唆されて藤木教授は，練馬事件判決が，共謀者は「他人の行為をいわば自己の手段として犯罪を行った」と判示したことは，当該判決が共同意思主体説を離れ，個人責任の見地から共謀者の正犯性を基礎づけようという努力のあらわれとみるべきであるとされ[22]，共謀者の間に犯罪遂行の確定的同意が成立しているときは，共謀者は実行担当者の将来の行動を方向づけ支配することを通じ，結局これを介して犯罪を実行したものと認められるのであり，この利用形態は教唆とは異なり間接正犯のそれと質的に同じであるとして，間接正犯類似説を主張された[23]。これに対しては，共犯を単独犯の理論で論じることは妥当でないとする原理的批判が共同意思主体説から加えられているのはもとより[24]，個人的共犯論の立場からも，間接正犯の利用者と被利用者の関係と，共謀共同正犯における共謀者と実行担当者の関係は異なったものであるとの批判[25]があるのは周知のことである。

さらに，注目すべきことは，正犯とは実行行為をするものであるとして，その定型性の観点からそのメルクマールの欠ける共謀共同正犯について強く反対の立場を採ってこられた論者[26]も，基本的にはこの行為支配説に立ち，共謀共同正犯を肯定するにいたったことである。団藤教授は，実行行為を行った者が正犯であるとするこれまでの見解[27]を変更し，「構成要件該当事実について支配をもった者―つまり構成要件該当事実の実現についてみずから主となった者―こそが」正犯であるとして，行為支配理論の応用によって共謀共同正犯を部分的に肯定する旨示唆していたところ[28]，前掲最決昭和57

年7月16日に付された意見において，本人が共同者に実行行為をさせるについて自分の思うように行動させ，本人自身がその犯罪実現の主体となったといえるような場合には，利用された共同者が実行行為者として正犯となるのはもちろんであるが，実行行為をさせた本人も，基本的構成要件該当事実について支配をもった者，つまり構成要件該当事実の実現についてみずから主となった者が正犯であるから，基本的構成要件該当事実の共同実現者として共同正犯となるというべきである，と述べられて共謀共同正犯を肯定されるにいたった[29]。

さらに，大塚教授は，実行行為を担当しない単なる共謀者は刑法60条により共同正犯とはできないとして，基本的には否定説によりながらも，実行行為は犯罪実現の現実的危険性を含む行為であり，ある程度の規範的理解が可能でありまた必要であるとし，たとえば，暴力団の親分が子分に犯罪を行うことを命じた場合のように，「実行を担当しない共謀者が，社会通念上，実行担当者と比べて圧倒的な優位に立ち，実行担当者に強い心理的拘束を与えて実行にいたらせている場合には」，間接正犯者の誘致行為に準じる強制的性質の行為であり，法律上実行行為にあたるものとして評価できるのであり，間接正犯に準じるものであることを理由として共同正犯を肯定し，これは共謀共同正犯とは別個な観念であり，これを優越支配共同正犯とされる[30]。これは，実行行為の規範的理解を前提として，実行担当者に対して優越支配する者にもなお実行行為を認め，間接正犯に準じるものとして実行共同正犯を肯定するのであるから，優越支配の認められる共謀共同正犯の一部にのみ共同正犯が肯定されると同時に，その場合には正犯の背後にある正犯を認めることになり，間接正犯の成立範囲を拡大するものである[31]。

3 否定説

以上の肯定説に対しては，依然として，共謀共同正犯を否定する見解も健在である[32]。実行行為を正犯の概念要素とする立場からは，刑法60条が共同して犯罪を実行したというのは，少なくとも実行行為の一部を分担する必要があること，また団体的共犯論により共謀共同正犯を肯定することは，近代刑法の原則である個人責任の法理に反するものであること，また単独犯の

原理によりながらも実行行為を規範化・実質化・価値化して共謀共同正犯を肯定することは，実行行為概念を過度に弛緩させ間接正犯の拡大をもたらし共犯の三分類を曖昧にするものであり，実際の量刑上も教唆犯として正犯に準じて処罰が可能であるから共謀共同正犯を肯定する必要はなく，共謀共同正犯を認めると従犯にしか問えないような者が正犯に格上げされることになる恐れがあるなどがその理由となっている[33]。

このように実行行為を行う者のみが正犯であるとする限縮的正犯概念を前提とすれば，自己の犯罪を行うつもりで謀議に参加したが実行行為を分担しない共謀参加者は，正犯とはならずに教唆犯として「正犯ニ準シテ」，つまり正犯について規定する罰条を適用して処罰されるに過ぎない。この場合に教唆者は実行行為をしていないのであるからその実体において正犯と異なるもの，当罰性の低いものといわなければならず，何故正犯に準じて処罰することが許されるかの説明ができないことになる。したがって，共謀者を教唆犯として処罰することが正犯としての処罰の実質を充たすためには，一方で限縮的正犯概念を基礎にしながらも，教唆犯が正犯に準じて処罰されるべき実質を明らかにしなければならないと考える。つまり，教唆犯をも包括するような正犯概念が要請されているのである。

第4節　私　見

1　個人責任の原則と一部行為全部責任の原則

近代法における個人責任・意思自由の原則によれば自己の行った行為，したがって，それから生じた結果についてのみ責任を負担することを意味する。この個人責任の原則といえども，全く他人の行った行為の結果について責任を負担させることを否定するものではない。みずからの自由な意思に基づかない，いわば縁座・連座による責任の負担を否定するに過ぎない。自由な意思に基づいて他人の行為を自己の行為の延長として予定・計算に入れてある目的を実現しようとした場合には，その行為の結果を引き受ける意思が認められるのであり，この意思に基づいて，その他人の行為から生じた結果をも含めてその実現した結果全体につき責任を負担するのである。行為者の

意思内容に応じた法律効果を認める意思表示制度・法律行為制度と趣旨は同じである。

　もちろん，刑法において犯罪を実現しようとする際にも同じことが当てはまるのである。行為者が自由な意思により，その犯罪意思を実現するためにその所為計画に取り込んだ，あるいはその遂行に当たって予定・計算に入れた他人の行為が行われた場合には，その他人の行った行為の結果についても責任を負わなければならない。すなわち，自己の犯罪を実現する意思で犯罪構成要件を実現した者は，正犯としてその結果につき責任を負担し，自己の犯罪を実現する意思ではなく単に他人の犯罪に加担する意思で行為を行った場合には，共犯（幇助犯）としてそのなした行為のいかんを問わずにその加担の限度で責任を負担するのであり，したがって，その責任の程度は正犯に比較して常に軽いのである（刑法63条）。これが個人責任の原則からする，犯罪の実現に関与した場合の責任の負担形式である。

2　個人責任の原則と正犯概念

　現行刑法は，直接的に正犯概念につき積極的に規定していないが，未遂犯を犯罪の実行に着手したがこれを遂げない場合であると規定しているところ（刑法43条）から判断すると，行為者が犯罪の実行行為を行い犯罪構成要件を実現した場合（もちろん私見によれば，このような客観的要件のみならず主観的に自己の犯罪を実現する意思が必要であると解する）が典型的な正犯の場合であることを自明の前提として，さらに，行為者が他の者と実行行為を共同に行うことにより犯罪構成要件を実現する共同正犯の場合と，自らは実行行為を行わないが他人の行う実行行為を予定・計算に入れて犯罪構成要件を実現する教唆犯の場合につき，これらはいずれの場合にも，規範的障害となる者の行う実行行為を予定・計算に入れて自己の犯罪を実現しようとするものであるので，実際にその他人が実行行為を行った場合にはじめてその結果についても責任を負うものであること，つまり，他人の現に行った行為に従属してその行為の結果につき責任を負うことを明らかにするために，規定を設けているのである。つまり共犯規定は，いわゆる実行従属性を明示するものであると解するべきものである。そしてこの従属性は，他人が実行行為を行った場合には

じめて共犯が成立することを意味するのは当然のことであるが，その主要な点は，他人が実行行為を行った場合に，その結果についても責任を負担しなければならないことを意味するのであり，それは共同正犯の場合であれ教唆犯の場合であれ，行為者が自己の犯罪を実現する際に他人と意思疎通を行うことにより，その他人の行う行為をも計算・予定に入れて，つまり，その結果をも引き受けるという意思をもって犯罪を実現したからにほかならないのである。したがって，共同正犯の場合における意思の連絡において他の共同者に対する心理的因果性を考える必要はなく，意思連絡，意思疎通の中で重要なのは，相互に各人が各自の犯罪を実現する際に，所為計画の中に自己の行為のみならず相手の行為をも予定・計算に入れて犯罪を実現しようとしたことである。

　正犯とは，自己の犯罪を実現する意思で犯罪構成要件を実現し，これにつき自ら責任を負担する者であり，必ずしも自ら実行行為を行う必要はない。その犯罪構成要件を実現する態様・方法のいかんにより，さらに細分されるのである。行為者が自ら実行行為を行い犯罪構成要件を実現する者が単独犯としての正犯であり，これには実行行為を自ら直接に行う直接正犯と，規範的障害とならない者の行為を利用して実行行為を行い犯罪構成要件を実現する間接正犯（したがって，他人を利用する行為者の行為が実行行為と認められない場合には，間接正犯は認められない）とがあり，また，自らは実行行為は行わないが，規範的障害となる他人の行う実行行為を通じてこれを利用して犯罪構成要件を実現する教唆犯の場合がある（刑法61条）。この場合には間接正犯の場合と異なり，規範的障害となる他人の行為を自己の行為に取り込むことにより犯罪構成要件を実現するものであるため，その他人の行為に従属する形で犯罪構成要件が実現される点に差異があるのである。さらに，規範的障害となる他人と共同して実行行為を行い，犯罪構成要件を実現する共同正犯の場合がある（刑法60条）。

　刑法60条が，単に2人以上共同して犯罪を実現したと規定するのではなく，2人以上共同して犯罪を実行したと規定しているのは，2人以上によって犯罪が実現される場合の態様として，2人以上のいずれもが実行行為の全部または一部を行ったことを要する趣旨であると考えられる。この場合に，

個人責任の立場から他人の行為による結果についても責任を負う理由は，行為者が自己の犯罪を実現する際に，その所為計画の中に他の規範的障害となる行為者の行う実行行為の全部またはその一部を予定・計算に入れて，実行行為の全部またはその一部を行ったからである。この場合には，行為者が予定・計算に入れた他の者の行った行為の結果を引き受ける意思をもっていたことに基づいて，他人の行為についても責任を負担するのである。この意味で共同正犯は，単独犯の部分と教唆犯の部分の融合した犯罪実現態様であり，予定・計算に入れた行為の行為者が規範的障害であることから，その行為者が当該行為を行った場合にはじめてその者の行為について責任を負うのである。共同正犯における実行従属性は，この教唆犯という犯罪実現態様の実行従属性に由来するのである。したがって，例えば，甲，乙が強盗罪を実現する際に，甲は被害者に対する暴行を行い，乙はこれにより反抗を抑圧されている被害者から財物を奪取するという行為を行った場合において，甲，乙の行為が相互に補いあって，いわば「甲，乙の行為」が合わさって１つの強盗罪の構成要件を充足すると考えるのは，犯罪共同説に立脚して，単独犯ではなく団体犯の法理によって一部行為の全部責任を理由づけるものといえよう。この場合には，甲は自己の強盗罪を実現するためにその所為計画の中に自己の行う暴行行為の外，規範的障害である乙が行う財物奪取行為を予定・計算にいれて強盗罪を実現したというように考えるべきものである。すなわち刑法60条が規定する共同正犯は，少なくとも実行行為の一部を自ら行っているという意味で，単独犯の部分と予定・計算に入れた他の規範的障害となる者の行為に対する教唆犯との複合形態である。この意味で，単に共謀に参加したが実行行為の分担をしない者は，刑法60条により共同正犯としては処罰されないと解する。

　このように現行刑法の規定からは，実行行為を正犯のメルクマールとしていることは明らかであるが，しかし，刑法がこのような実行行為を中心に据えた正犯概念のみを前提にしていると考えるべきものではないことは，刑法が依拠する個人責任の原則とそれに基づく諸規定に沿うものである。このように考えることにより，実行行為概念の過度の規範化・実質化に陥ることなく，間接正犯の成立範囲を明確にすると同時に刑法の規定する共同正犯，教

唆犯および従犯の区別を明確にするものといえよう。

3 教唆犯の性格

さて，私見によれば，共謀共同正犯は正犯の一態様である教唆犯として処罰されるべきものであるが，その教唆犯が正犯の一態様であることから生じる特徴につき，若干補足的に論じておこう。

(1) 教唆犯の違法性の構造

刑法61条において教唆犯は正犯に準じるものとされているその正犯とは，実行従属性の制約を受けない犯罪実現形式である直接正犯である。しかし，それが直接正犯に準じて処罰されるからには，その違法性の実体・構造は直接正犯と同じものでなければならない[34]。教唆者は他人の決意に基づく違法行為を通して構成要件を実現するものであり，教唆行為も正犯と同じく構成要件の実現（正犯結果）と因果性を持つものである。

ところで，共犯の処罰根拠については，周知のように，共犯者は正犯者を堕落させ罪責と刑罰に陥れたから処罰される，すなわち，共犯者は犯罪人を作り上げ，正犯者は犯罪を行ったと考える責任共犯説と，共犯者が正犯者の実現した結果（正犯結果，法益侵害，危殆化）を共に惹起したことを理由として，共犯が処罰されると解する因果共犯説（惹起説）とに分かれ，後者はさらに共犯の違法性を正犯行為のそれと独立に考えるかどうかにより，大別して純粋惹起説と修正された惹起説とに区別される[35]。教唆犯は正犯の一態様であり，自己の犯罪を実現するために，規範的障害となる他人の何らかの意味で違法な行為を自己の行為に取り込んで当該犯罪構成要件を実現するものと考えるので，教唆犯の処罰根拠については，惹起説が妥当であると考える。しかも，他人の行為は，その者にとって規範的障害の契機たりうるものであれば，必ずしも構成要件に該当し違法である必要はないと考えるので，純粋惹起説をもって妥当と考える。そして，判断形式としての違法二元論[36]によれば，教唆犯の行為自体の違法性は，教唆行為そのものと，それに加えて，被教唆者が何らかの意味で違法な行為を行ったことであり，結果の違法性は，被教唆者の実現した正犯結果である法益侵害結果である[37]。

(2) 教唆犯の正犯メルクマール

　教唆犯が正犯の一態様であることから，教唆者には自己の犯罪を実現しようとする正犯意思がなければならないが，それのみにとどまらずその他の正犯メルクマールを備えている必要がある。例えば，教唆にかかる犯罪が目的犯であったり，義務違反性が犯罪要素となっている場合には，教唆者もかかる目的や義務を持つことが必要であると考える。予備罪も目的犯的構造を持つものであるので，教唆者が犯罪実現の意思を持っている場合には予備罪の教唆も成立すると考えるが，この意思がないときには予備罪の従犯に過ぎない。また教唆者が作為義務者である場合には，法的作為義務のない第三者に救助行為に出ないように教唆することによって不作為犯の教唆犯が成立すると考えるが，これに対して教唆者が作為義務者でない場合には，作為義務者を教唆して救助行為にでないようにしても，不作為犯の教唆犯は成立せず，従犯に過ぎないと考える[38]。さらに，義務違反性をも違法要素とする身分犯についても，身分者でなければ身分犯の教唆犯は行うことはできないと考える[39]。

第5節　おわりに

　このように，正犯とは自己の犯罪を実現する意思で犯罪構成要件を実現した場合であり，その実現の態様としては，実行従属性の制約を受けない犯罪の実現態様である直接正犯，間接正犯と，実行従属性の制約を受ける犯罪の実現態様である共同正犯，教唆犯とに分けられ，共犯は犯罪構成要件を実現するものではなく他人の犯罪に加担する場合であり，幇助犯がこれに属するものである[40]。したがって，犯罪の実行につき共謀に参加したのみにとどまる者は，その役割のいかんにかかわらず共同正犯ではなく，実行従属性の制約を受ける犯罪の実現形式である（正犯の1種である）教唆犯であると考える。私見によれば，共謀共同正犯も，またそれを理論づけた共同意思主体説も採用するにいたらなかったわけであるが，その主たる理由は前述したように共同意思主体説が犯罪共同説に立脚しており，しかも一身専属的違法要素についてもその連帯性を肯定していることである。個人責任の考え方により

行為共同説にたって共犯にも固有の犯罪性を求めようとする私見からは，これらは是認できないものである。このような私見の萌芽はすでに強盗罪に関する判例研究[41]の中にあったものの，早稲田刑法学の系譜の末席に連なる者としては，共謀共同正犯について正面から考察することは厳しい踏み絵であった。しかし，いずれにしても学問の行く手には終わりはないのであるから，他日に機会を得てあらためて再度共同意思主体説を検討し，さらに併せてここで十分考察できなかった判例における共謀共同正犯の成立の限界を探ってみよう。

(1) これについては，夏目文雄「共謀共同正犯論」刑法雑誌25巻2号 (1983) 211頁以下，西原春夫「共謀共同正犯」中義勝編『論争刑法』(1976) 221頁以下，米田泰邦「共謀共同正犯」同238頁以下，中山研一「共謀共同正犯」『現代刑法講座(3)』(1979) 195頁以下，など参照。
(2) 下村康正「共謀共同正犯論の軌跡」研修423号 (1983) 3頁。
(3) 大連判昭和11年5月28日刑集15巻715頁。なお，共謀共同正犯の判例については，斉藤金作『共犯理論の研究』(1954) 125頁以下，同「共謀共同正犯」総判刑(2) (1956) 3頁以下，下村康正『増補共謀共同正犯と共犯理論』(1983) 48頁以下，三枝有「共同正犯論における共謀共同正犯(2)」中京大学大学院生法学研究論集7号 (1987) 1頁以下，などが詳しい。
(4) 岩田誠「判解」『最高裁判所判例解説刑事篇昭和33年度』(1959) 404頁参照。
(5) 最判昭和22年12月1日裁判集(刑)1号155頁，最判昭和23年5月8日刑集2巻5号478頁。
(6) 意思の連絡と解するものに，例えば，最判昭和23年12月14日刑集2巻13号1751頁，最判昭和25年5月25日特報28号104頁，共同犯行の認識と解するものに，例えば，最判昭和24年2月8日刑集3巻2号113頁がある。またこの共謀は，暗黙のものでもよく（最判昭和25年6月27日刑集4巻6号1096頁），順次共謀でもよいとされている（大判昭和11年6月18日刑集15巻805頁，最大判昭和33年5月28日刑集12巻8号1718頁など）。なお，共謀を意思の連絡または共同犯行の認識と解している前掲最判昭和23年12月14日，最判昭和24年2月8日は練馬事件判決により訂正されたとされる（岩田・前掲注(4) 406頁注2）。
(7) 最大判昭和33年5月28日刑集12巻8号1718頁。本判決につき，岩田・前掲注(4) 399頁以下，下村康正・刑法の判例（第2版，1973）120頁以下，岡野光雄・法学セミナー264号 (1977) 62頁以下，藤木英雄『刑法判例百選I総論』（第2版，1984）158頁以下，堀内捷三『考える刑法』(1986) 290頁以下，など参照。
(8) 団藤重光『刑法綱要総論』（改訂版，1979）374頁注27，大塚仁『刑法概説』（総論，1986）264頁注22，など。
(9) 共謀の意義・内容を従来より厳格に解したところに特色を認めつつも，なお共同意思主体説に基づくものと理解するものに，下村・前掲注(7) 123頁，岡野・前掲注(7) 64頁，間接正犯類似の理論によるとするものに，藤木・前掲注(7) 159頁がある。
(10) 木谷明「判解」『最高裁判所判例解説刑事篇昭和57年度』(1983) 230頁参照。
(11) 練馬事件判決において各自の意思を実行に移すことを内容とする謀議と述べているのはこのことを示すものといえよう。なお，松本時夫「共同正犯——幇助との区別」刑法の基本判例 (1988) 65頁以下，岩田・前掲注(4) 407頁参照。
(12) 東京高判昭和52年6月30日判時886号104頁。本判決につき，藤永幸治「判批」研修357号

(1978) 47頁以下, 358号 (1978) 49頁以下参照。
(13) 最決昭和57年7月16日刑集36巻6号695頁。本決定につき, 木谷・前掲注 (10) 221頁以下, 西田典之「判批」法学教室29号 (1983) 132頁以下, 大越義久「判批」法学セミナー351号 (1984) 61頁, 香川達夫「判批」判例評論289号 (1983) 59頁以下, 中野次雄「判批」警察研究56巻1号 (1985) 70頁以下参照。その後もかような観点から謀議の認定を厳格にして共謀共同正犯の成立範囲を限定しようとする最近の主な判例として, 千葉地松戸支判昭和55年11月20日判時1015号143頁, 東京地昭和57年7月28日判時1073号159頁, 東京高判昭和57年12月21日判時1085号150頁, 札幌高判昭和60年3月20日判時1169号157頁, などがある。
(14) 西原春夫『刑法総論』(1977) 325頁による。詳細は, 西原・前掲注 (14) 339頁以下, 同・前掲注 (1) 221頁以下, 同「共同正犯における犯罪の実行」『現代の共犯理論』(1963) 119頁以下参照。なお, 周知のように共同意思主体説は草野大審院判事によって明確に唱えられたもので (草野豹一郎『刑法要論』(1956) 124頁以下, 同『刑事判例研究(1)』(1934) 83頁以下など), その後, 斉藤金作『刑法総論』(改訂版, 1955) 226頁以下, 同「共謀共同正犯の理論」『刑事法講座(3)』(1952) 457頁以下), 下村康正 (『犯罪論の基本的思想』(1960) 183頁以下), 西原春夫, 岡野光雄 (前掲注 (7) 64頁以下) 各教授により継承・展開されたものである。これらの一連の共同意思主体説を分析したものに, 木田純一『戦後民主主義と刑法学』(1978) 137頁以下がある。これらの外共同意思主体説を採用するものとして, 植松正『再訂刑法概論Ⅰ総論』(1974) 369頁以下, 同「共謀共同正犯」『刑法講座(4)』(1963) 105頁以下があり, 最近ではシステム論の立場より, 松村格「刑法と刑事政策の理論」駒沢法学論集22号 (1981) 88頁以下がある。
(15) 西原教授が, 実行担当者に勝るとも劣らない重要な役割を分担した者に限って共同正犯を肯定し, 責任の個別化を行い (西原・前掲注 (1) 221頁), 共同正犯の実行行為の主体を共同意思主体という, 超個人的存在としての活動の成果である実行行為を措定した上でその実現に対する各人の寄与を各人の刑事責任の基礎とすることは, これまで犯罪共同説が自覚していなかった全体的考察方法を明らかにした点で, 共同意思主体説は学説史的意義を有するに過ぎないものであるとすること (西原・前掲注 (1) 232頁) は, これまでの共同意思主体説とは異なり, 実質的には個人責任の法理に基づいて実行行為概念を規範化し, 実質化し価値的に把握することにより共謀共同正犯を肯定する後述の立場に近付くものといえよう。これに反して曽根教授は共同意思主体説を採用されながらもそれは一部実行全部責任の原則を説明する限度で意義があるに過ぎず, 個人責任の原理を徹底し, 理論上共犯たるべき者が実務上正犯として扱われる可能性を排除するという実践的・政策の観点から共謀共同正犯を否定される (曽根威彦『刑法総論』(1987) 283頁)。しかし本文で述べたように一部実行全部責任の原則を共同意思主体説でもって説明するのは個人責任の法理に反するものであり, 共同正犯を正犯と解し, 実行行為の一部分担を要求することは共同意思主体説の前提に沿うものかどうか疑問である。
(16) 例えば, 団藤・前掲注 (8) 371頁, 大塚・前掲注 (8) 262頁など。この論争につき, 鈴木裕文「集団的犯罪現象の理論と個人責任の原理」日本大学法学研究年報10号 (1980) 18頁以下参照。
(17) 西原・前掲注 (1) 224～231頁。
(18) 野村稔「判批」Law School 6号 (1979) 120頁, 藤永幸治・法律のひろば32巻1号 (1979) 23頁参照。
(19) 「犯罪共同説の中にありながら, 共犯者が責任を負うべき実態の存在構造を明らかにし, これを強調した学説」(西原・前掲注 (14) 326頁) とされる。植松・前掲注 (14) 370頁など。
(20) 例えば, 真正身分犯に身分なきものが加功した場合に身分犯の共同正犯を肯定する (西原・前掲注 (14) 360頁)。

(21) 平場安治『刑法講義総論』(1961) 155頁以下。そして,共同正犯と教唆犯ないし従犯との区別に関して直接実行者が他の仲間との約束で自分だけでは中止できない場合が共同正犯であり,これに拘束されることなく自分1人の意思で中止できる場合は教唆犯ないし従犯であるとされる(同158頁)。なお,実行担当者に対する「強い心理的因果性を根拠に」共謀共同正犯を肯定される前田教授も同趣旨であろう(前田雅英『刑法総論講義』(1988) 418頁)。
(22) 藤木英雄「共謀共同正犯」『刑法判例百選』(新版,1970) 91頁。
(23) 藤木英雄「共謀共同正犯」『可罰的違法性の理論』(1963) 318頁以下。同旨,大谷実『刑法講義総論』(1986) 423頁。なお,正犯の背後にある正犯の法理により共謀者の間接正犯性を基礎付けることにつき,大久保隆志「共謀共同正犯に関する1考察(1)(2)」大阪市立大学法学雑誌28巻1号 (1981),2号 (1982) 所載参照。
(24) 例えば,斉藤金作「共謀共同正犯と間接正犯類似の理論」研修254号 (1969) 11頁以下。
(25) 例えば,大塚・前掲注(8) 263頁,団藤・前掲注(8) 374頁注27。
(26) 団藤・前掲注(8) 371頁,大塚・前掲注(8) 264頁。
(27) 団藤重光『刑法綱要総論』(1957) 280頁。
(28) 団藤重光『刑法綱要総論』(改訂版,1977) 347頁以下,372頁。
(29) 最決昭和57年7月16日刑集36巻6号698頁。なお,団藤教授の見解につき,中山研一「共謀共同正犯論の帰趨」研修440号 (1985) 6頁以下,中野・前掲注(13) 72頁,橋本正博「共謀共同正犯と行為支配論」一橋研究11巻1号 (1986) 31頁以下,など参照。
(30) 大塚・前掲注(8) 265頁,同『犯罪論の基本問題』(1982) 340~341頁。
(31) この場合親分の命令があっただけで子分の行為がなくても実行の着手を肯定するおそれがあるとの指摘があるが(中山・前掲注(29) 16頁注13),子分の行為と相まって当該犯罪を実現したものと考えられている(大塚・前掲注(30) 340頁)ことおよび間接正犯の実行の着手時期につき不作為犯的構成を肯定されるにいたっていることからすると,実行の着手時期は被利用者たる子分の行為が行われた場合にその時点における親分の不作為に肯定される趣旨であると考えられる(大塚・前掲注(30) 108頁,同・前掲注(8) 159頁注(12))。
(32) 例えば,滝川春雄『新訂刑法総論講義』(1960) 190頁以下,吉川経夫『改訂刑法総論』(1972) 252頁以下,香川達夫『刑法講義(総論)』(第2版,1987) 343頁以下,福田平『全訂刑法総論』(1984) 252頁以下,佐伯千仭『刑法講義(総論)』(4訂版,1984) 351頁以下,米田・前掲注(1) 238頁,大塚仁『注釈刑法(2)Ⅱ』(1968) 761頁,神山敏雄『刑法Ⅰ総論』〔中・吉川・中山編〕(1984) 286頁,曽根・前掲注(15) 283頁,など。
(33) 否定説の論拠を整理したものとして,米田・前掲注(1),中山・前掲注(1) 196頁以下参照。
(34) 正犯に適用される基本的構成要件に規定された法定刑を基準として処罰される趣旨であるとする(最判昭和25年12月19日刑集4巻12号2586頁,大塚・前掲注(8) 272頁,団藤・前掲注(8) 385頁)のはこの意味で妥当ではない。
(35) 共犯の処罰根拠については,大越義久『共犯の処罰根拠』(1981),高橋則夫『共犯体系と共犯理論』(1988) 93頁以下,香川達夫「共犯処罰の根拠」学習院大学法学部研究年報19 (1984) 1頁以下,平野龍一『犯罪論の諸問題(上) 総論』(1981) 167頁以下,大越義久「共犯の処罰根拠と限定性」刑法雑誌27巻1号 (1986) 116頁以下,山中敬一「『共犯の処罰根拠』論」同132頁以下,西田典之「共犯の処罰根拠と共犯理論」同144頁以下,など参照。
(36) 野村稔『未遂犯の研究』(1984) 143頁以下,同『刑法総論』(1990) 156頁以下参照。
(37) ちなみに,教唆にかかる犯罪が実害犯である場合には行為自体の違法性と結果の違法性が,危険犯である場合は行為自体の違法性が,それぞれ,その内容となり,教唆にかかる実害犯が未遂に終わった場合には,その違法性の内容は行為自体の違法性のそれである。

なお,共犯の行為無価値と結果無価値の内容については,高橋・前掲注(35)280頁以下参照。
(38)　母親をそそのかして嬰児に授乳させず餓死にいたらせる場合に,不作為の殺人罪の教唆犯の成立を肯定されるが(大塚・前掲注(8)271頁),この場合には従犯と考えるべきである。
(39)　従犯は正犯を容易ならしめる危険犯と考えるので,この場合には広い意味で正犯(身分犯)の実現を容易ならしめたものとして,従犯の規定を準用すべきであると考える。
(40)　幇助犯は,およそ正犯が行われる際に(正犯の存在は幇助行為の行為状況である)その実行を容易ならしめる行為を行うこと自体が,法益を間接的に危険ならしめるものであることを理由として処罰されるものと解するべきであり,したがって,幇助犯は犯罪構成要件を実現するものではなく,正犯結果および正犯行為との間に因果関係は不要であり,その違法性の本質は抽象的危険犯である。
(41)　西原春夫＝野村稔「暴行・脅迫後に財物奪取の意思を生じた場合と強盗罪の成否」判例タイムズ329号(1976)22頁以下,野村稔「承継的共犯」『判例百選Ⅰ総論』(第2版,1984)168頁以下。

第21章　予備罪の従犯について

第1節　はじめに

　甲が，自らは殺人の意思を持つことなく単に殺人の手段として使用されることを知りながら，乙に毒薬を渡したが，乙は被害者を絞殺して殺害の目的を果たしたがため，その毒薬は使用されなかったという事案につき，周知のごとく最高裁判例は，これを殺人予備罪の従犯ではなく，殺人予備罪の共同正犯としており[1]，また学説も同様に解するのが一般的である。これに反して，筆者はかつてこの場合には殺人予備罪の従犯であるとした[2]。しかし，その際には十分論旨を展開することができなかったことでもあるので，この判例を手掛かりにして改めてその論旨を検討することにより共犯論につき再思熟考してみる次第である[3]。

第2節　判例の経緯

　1　第1審判決[4]は，この事案を殺人予備罪の単独正犯とする検察官の起訴に対して，予備的訴因として追加された殺人予備罪の幇助を認め，殺人予備罪の法定刑について法律上の減軽をした（刑法63条，68条3号）刑期の範囲内で懲役1年に処した。その理由とするところは以下のとおりである。
　①予備罪は自らが基本的構成要件を実現しようとする意思を有する者にのみ成立する。被告人には自ら構成要件を実現する意思はない。
　②予備罪は修正された構成要件であり，予備罪にも実行行為を想定することが可能である。したがって，これについても刑法総則の規定の適用があり，これに関する共犯は可能である。
　③被告人は自ら構成要件を実現する意図はなく他人の犯罪に加功したにす

ぎず，殺人予備罪の正犯ではなく，その幇助である。

④刑法79条の内乱予備罪の幇助を処罰する規定は刑を加重するものであり，予備罪の幇助を処罰しない趣旨ではない。

2 これに対して，被告人が予備罪には幇助があり得ないとして控訴したところ，控訴審判決[5]は，理論的には予備罪についても幇助が可能であるとしつつ，以下の理由をもって予備罪の共同正犯の成立を認めた。

①予備罪についても実行行為を想定することは可能である。したがって，理論的には予備罪についても幇助が可能である。

②予備罪の実行行為は独立して処罰される場合でも無限定・無定型であり，また幇助行為も無限定・無定型であるから，予備罪の幇助を処罰すると処罰範囲が著しく拡大されてしまう。

③予備罪は既遂・未遂に比較して刑が軽く，違法性・可罰性がさらに軽減されるその従犯まで処罰するについては，例えば，刑法79条のような明文の規定が必要である。このような明文の規定がないかぎり予備罪の幇助は処罰すべきではないというのが刑法全体の精神である。

④正犯と幇助の区別は行為者の主観的な意思のみならず，「行為者の意思とその外部に表現された行為の形式の双方」に求められるべきであるので，このことゆえに，刑法153条の通貨偽造準備罪には他人が通貨偽造をする意思がある場合にこの者のために器械・原料を準備することも含まれると解釈できるとして，予備罪の成立に既遂の故意を要求せず，すなわち他人予備行為を肯定することを理由として殺人予備罪の共同正犯を認めた。

しかし，予備罪の幇助は，無限定・無定型であり，また未遂より刑が軽く，その違法性・可罰性がさらに軽減されるのであるから，明文の規定がない限り処罰しないのが刑法全体の精神であるとしつつ，予備罪の幇助よりも重い予備罪の共同正犯で処罰するのは妥当ではない。また，予備罪の共同正犯を基礎づけるために判例・通説により他人予備行為が認められている通貨偽造準備罪を援用し，他人予備行為を肯定し，既遂の故意を持たない者にまで予備罪の共同正犯を肯定するのは妥当ではない。さらに他人予備行為を認めるのであれば，起訴時の罪名のように殺人予備罪の単独正犯とすれば十分

であったと考えられる。

　3　上告審は,「被告人の判示所為を殺人予備罪の共同正犯に問擬した原判決の判断は正当と認める」として, 積極的に理由を明示することなく, 上告を棄却し, 控訴審の結論を是認したが, その趣旨とするところは, 殺人の目的を有する者からこれに使用する毒物の入手を依頼され, その使途を認識しながら右毒物を入手して依頼者に手交した者は, 右毒物による殺人が予備に終わった場合に殺人予備罪の（実行）共同正犯としての責任を負うものとするものである[6]。このことは, 正犯と従犯の区別につきいかなる立場を採用するかは必ずしも明確ではないが, 自らは殺人の目的を有しない者が, 共同者が殺人目的を持っていることおよびそれの手段となることを認識しながら毒物を手渡す行為を,「殺人の目的をもってその予備をなした」（刑法201条）場合に当たるとしたことを意味し, 結局は実質的に他人予備行為を認める結果となるものである。そのためには, 予備罪にも実行行為を考えることができ, したがって予備行為という実行行為を共同して実行できること[7], しかも予備罪は既遂犯の故意を超過的主観的違法要素として含む目的犯であるから, このような主観的違法要素も連帯が可能であることを前提とするものであると考えられる[8]。

第3節　学　説

　1　まず, 共犯独立性説によれば, 甲は, 乙が殺人の意思を持っていることを知りながら, 乙の依頼を受けて乙に対してその殺人の行為に利用させるために毒薬を調達してやったが, 乙は殺人の実行行為を行わなかった場合（いわゆる効果のない幇助）についても, 殺人幇助の未遂を認めることになる[9]。

　しかし, この所説は, 犯罪の所為計画に規範的障害となる第三者の行為が介在することが予定されているときには法益の侵害は間接的であって, 実行の着手は肯定されないことを無視するものである。したがって, 実行行為の従属性は肯定すべきであり, この場合を幇助の未遂とするのは妥当ではない[10]。

2 これに反して、共犯従属性説に従い、実行従属性を前提にした場合には見解が分かれている。

(1) まず、実行行為は刑法43条にいわゆる実行行為に限られるのであり、実行の着手以前の段階にある予備に共犯の成立はないとする形式的否定説である。すなわち、予備罪は刑法43条の「犯罪ノ実行」以前の段階であり、そして、刑法43条、および同60、61、62条の実行は同じ内容のものとして解釈するべきであるから、予備罪には刑法60条以下の共犯に関する規定は適用にならず、したがって、予備罪の共犯を処罰する特別の規定がないかぎり、予備罪の共犯は認められないというものである[11]。

(2) これに対して、肯定説は、まず予備罪についても修正された構成要件としての実行行為を考えることができること（実行行為の相対性）を前提とし、共犯の成立を実行の着手に至った以後に限定する必要はないとする[12]。そして、実質的には共犯従属性の見地から正犯が予備として処罰し得る程度の危険を発生させた以上は、教唆・幇助によってこのような危険を発生させた者もその教唆・幇助として処罰するのが自然であるとするのである[13]。このように予備罪にも実行行為を観念することができる以上、予備罪にも共犯の成立を肯定するのは妥当である。ただ、殺害の意思のない者が殺害の意思ある者のために毒薬の調達などの行為に出た場合について、これを共同正犯とするのか、従犯とするのかについてはさらに共同正犯と従犯の区別が問題となろう。

(3) 次に、二分説は、予備罪を一定の基準で構成要件の修正形式と独立罪の2つに分け、前者の予備罪には共犯の成立を否定するが、後者の独立罪としての予備罪には共犯の成立を肯定する見解である。例えば、基本的構成要件が存在しないのにその予備だけが独立に処罰されているかどうかを標準として、私戦予備罪を独立罪とする見解[14]、予備罪処罰規定が、単に基本的構成要件の修正形式として存在するのではなく、積極的に行為を明確に規定しているかどうかを標準として、通貨偽造準備罪（刑法153条）を独立罪とする見解である[15]。いずれにせよ、この立場によれば殺人予備罪は、構成要件の修正形式であり、その共犯は否定されることになる。

(4) ところで、予備および未遂は発展的実現の異時的段階・態様であるの

に対し，共犯はこれらの犯罪の発展的実現の各段階において同時的にこれに従属して成立可能なものであり[16]，両者はその本質を異にするので，刑法43，60，61，62条の「犯罪ノ実行」を同一内容のものとして解釈する，換言すれば，共犯従属性説の立場から共犯の成立を実行の着手に至った以後に限定する必要はないのである。刑法上何らかの意味で違法な行為に従属して共犯が成立すると解する立場からは，犯罪の現実の各段階の行為に従属して，これに対する共犯が成立するのである[17]。したがって，予備罪についても，共犯の成立を認める肯定説を妥当と考える。また，予備罪は，犯罪の発展的実現の一態様であって，犯罪意思実現のためにする物的準備行為であり，未遂犯と同じく基本たる構成要件の修正形式であって，このことは，基本たる構成要件が，観念上考えられる限り，刑法上処罰されていない場合でも，同じであると考えるべきである。したがって，基本たる構成要件が，刑法上たまたま処罰されていない一事をもって取り扱いを異にする理由はないし，またそもそも予備行為が明確に規定されているかどうかにより取り扱いを異にする理由もないものと考える。

　(5)　最後に他人予備行為を肯定する見解によれば，予備罪は単なる実行正犯の直線的な前段階と解すべきではなく，正犯の実現に向かってなされる目的的な準備過程であり，正犯の実行の着手を分水嶺として正犯の実行そのものとは区別され，これと別異の性格を持つものであり，予備罪は既遂の故意がない者にも成立するとされる[18]。したがって，冒頭で述べた，甲が，自らは殺人の意思を持つことなく単に殺人の手段として使用されることを知りながら，乙に毒薬を渡したが，乙は被害者を絞殺して殺害の目的を果たしたがため，その毒薬は使用されなかったという事案については，端的に殺人予備罪の正犯の成立が認められることになる。

　なるほど，通貨偽造準備罪（刑法153条）については，同条が他の予備罪と規定形式を異にすること，および行為態様が明文上限定されていることが理由とされて[19]，通説・判例[20]は，他人予備行為を認める。しかし，犯罪実現意思を持っている者が行う自己予備と犯罪実現意思を持っている他人のためにする他人予備行為を比較してみると，その他人が規範的障害となり得る者であるために後者の危険性の方が前者のそれよりも低いと考えられるので

あり，したがって，他人予備行為と自己予備を同じく予備罪で処罰するのは妥当ではない。仮に他人予備行為を認めると，正犯が実行に着手したかどうかで，同じ行為が予備になったり幇助になったりすることになるので妥当ではない[21]。この場合には後述するように予備罪の従犯を認めるべきである。このことは通貨偽造準備罪についても同様であると解するべきである[22]。

第4節　おわりに

　このように予備罪の共犯につき見解が分かれるのは，予備罪の性質をどのように理解するか，予備罪にはいわゆる他人予備行為を含むかどうか，さらには予備罪についても実行行為を想定することができるかどうか，予備罪について実行行為が考えられるとした場合，予備罪の共同正犯と従犯をいかなる基準により区別するか，などの点について見解を異にするからである。

　ところで，予備罪は，犯罪の発展的実現の一態様であって，犯罪意思実現のためにする物的準備行為であり，未遂犯と同じく基本たる構成要件の修正形式である。このことは，基本たる構成要件が，観念上考えられる限り，刑法上処罰されていない場合でも（例えば，私戦予備罪）同じである。

　このように予備罪は基本たる構成要件の修正形式であるから，未遂犯と同様に基本的構成要件の故意が，通常の目的犯と同じく，超過的内心傾向として必要とされ，規定上もこのことが明示されている[23]。この目的は自己が基本的構成要件を自ら実現する目的であり，したがって他人がこれを実現する場合，すなわち，他人の実行行為のためにする，いわゆる他人予備行為を含まないものと考える。また他方で，予備罪も修正された構成要件についてそれ自体実行行為を観念することができるのであり，この物的準備行為をすることが予備罪の客観面として故意の対象となる。

　予備罪について前述したように他人予備行為を否定し，自己が実行行為をする目的を必要とする目的犯と解することからすると，甲，乙共にそれぞれ実行行為をする目的をもっていなければ予備罪の共同正犯は成立しないと考える。なぜなら，主観的目的は連帯しえず，目的のない者には共同正犯は成立しないと解するからである[24]。したがって，自ら実行行為を行う意思の

ない者が正犯者の予備行為を幇助した場合には，予備罪の従犯が成立するものと考える。例えば，殺人罪の目的を持つ甲とこれを持たない乙とが，一緒に毒薬または凶器を準備したが，甲が殺人罪の実行に着手しなかった場合，甲は殺人予備罪の共同正犯として，乙は殺人予備罪の従犯として，それぞれ責任を負うものと解する。この意味で，大阪高判昭和38年1月22日[25]が，「予備罪の共同正犯とは，基本的構成要件の共同正犯たるべき者が予備の段階にとどまった場合であり，基本的構成要件について従犯たるべき者が予備の段階にとどまった場合は予備罪の従犯である」とするのは妥当である。

結局，前述の最高裁判例が，自らは殺人の意思を持つことなく，単に，殺人の手段として使用されることを知りながら毒薬を渡したが，その相手は被害者を絞殺して殺害の目的を果たしたがため，その毒薬は使用されなかったという事案につき，殺人予備罪の共同正犯を肯定したのは妥当ではない。殺人予備罪の従犯と解する第1審判決の立場を妥当と考えるべきである。

（1） 最決昭和37年11月8日刑集16巻11号1522頁。この判例につき，西川潔『最高裁判所判例解説刑事篇昭和37年度』（1973）213頁以下，相内信「判批」『刑法判例百選Ⅰ総論』（第3版，1991）166頁以下，斉藤誠二「判批」『刑法判例百選Ⅰ総論』（第2版，1984）166頁以下，など参照。
（2） 野村稔・刑法総論議義案（中）（1987）69頁以下，同・刑法総論（1990）370頁以下，420頁註2。
（3） ちなみに，教唆犯は模範的障害である被教唆者の行為を利用することにより正犯結果を惹起したがゆえに処罰されるものであり，また幇助犯は正犯結果の発生にとって抽象的危険が存在するがゆえに処罰されるものと考えるので（野村・前掲注（2）総論389-90頁），正犯者が未遂に止まる場合（いわゆる未遂の教唆として論じられている。これにつき，野村・前掲注（2）総論410頁参照）のみならず予備に止まる場合にも，共犯は成立しない。ここで問題となる予備罪に関与した場合とは，正犯者が正犯結果を惹起するものと予期している場合に正犯者が予備に止まった場合をいい，正犯者が予備に止まることを予期してこれに関与した場合を含まない。
（4） 名古屋地判昭和36年4月28日下刑集3巻3＝4号378頁
（5） 名古屋高判昭和36年11月27日高刑集14巻9号635頁。この判決につき，例えば，井上正治「予備罪の従犯」判例評論47号（1962）1頁以下，津島裕二「予備の従犯」判例時報304号（1962）2頁以下，高橋敏雄「予備の幇助」『刑法の判例』（第2版，1967）142頁以下，西村克彦「予備罪の従犯をめぐる諸問題」判例時報301号（1962）2頁以下，302号（1962）2頁以下，など参照。
（6） 西川・前掲注（1）213頁
（7） 大谷實・刑法論議総論（第3版，1991）。強盗予備罪については，判例も予備罪自体の構成要件該当の行為を実行行為と観念すべきであるとする（最判昭和24年12月24日刑集3巻12号2088頁）。

(8) 目的犯における目的も刑法65条1項にいわゆる身分と解し，しかも同項は，構成的身分犯についての規定であって，その共犯の範囲についても共同正犯を含むと解釈する見解によれば，殺害の目的を持たない甲が，乙が殺害の意思を持っていることを知りつつ，乙の依頼を受けてそれの手段となることを認識しながら毒物を調達してやる行為を行った場合には，甲についても殺人予備罪の共同正犯の成立を肯定できる（藤木英雄『刑法講義総論』(1975) 292-3頁，大谷・前掲注（7）430頁，板倉宏「予備罪の共同正犯」日本法学57巻4号（1992）11-2頁参照）。
(9) 木村亀二『刑法総論』(1959) 396頁。
(10) ちなみに，教唆の場合において正犯が予備に止まった場合には，いわゆる効果のない教唆であり，正犯が予備罪で処罰される限り，その予備罪の教唆で処罰される。また同様に効果のない幇助の場合にも正犯が予備罪で処罰される限り，予備罪の幇助で処罰されると考える（野村・前掲注（2）総論414頁註3，420頁註2）。
(11) 例えば，植松正『刑法概論Ⅰ総論』（再訂版，1974) 383頁，同「従犯」判例時報編集部編『刑法基本問題60講』(1969) 238頁以下，大塚仁・刑法概説（総論）（改訂版，1986）265-6，272，279頁，など。
(12) 例えば，下村康正『続犯罪論の基本的思想』(1965) 151頁，平野龍一『刑法総論Ⅱ』(1975) 351頁，内田文昭『刑法Ⅰ（総論）』（改訂版，1986）262頁，大谷・前掲注（7）405-6頁，前田雅英『刑法総論講義』(1988) 398頁，など。
(13) 平野・前掲注（12）351頁
(14) 西原春夫・刑法総論（1977）270頁。ちなみに，草案126条1項は私戦罪の処罰規定を設けた。
(15) 福田平『刑法総論』（全訂版，1984) 208頁注3。
(16) 下村・前掲注（12）151，153頁参照。
(17) 野村・前掲注（2）総論387頁
(18) 正田満三郎『犯罪論或問』(1969) 14-5頁。なお，136頁以下参照。
(19) 前野育三「予備罪の諸問題」中山研一ほか編『現代刑法講座3巻』(1979) 150頁。
(20) 例えば，大判大正5年12月21日刑録22輯1925頁。
(21) 斉藤誠二『予備罪の研究』(1971) 581頁，前野・前掲注（19）149頁。
(22) 大判昭和4年2月19日刑集8巻84頁。
(23) 前野・前掲注（19）148頁は，基本的構成要件についての故意を必要とすることが予備行為の1つの重要な限定になるとする。なお，内乱罪および外患罪の予備罪（刑法78，88条）についても，規定上この趣旨が明示されていないが同様に解するべきである。
(24) 野村・前掲注（2）総論424頁註（1），428頁。
(25) 高刑集16巻2号177頁（実質上予備にとどまるところの密出国企図罪（出入国管理令25条，71条）の幇助を肯定したもの）。前野・前掲注（23）152頁，萩原玉味「予備罪と共同正犯」『刑法の争点』（新版，1987）141頁も同旨。

第22章　承継的共犯
——大判昭和13年11月18日刑集17巻21号839頁——

【事実の概要】

　本件の事案は，原判決の認定したところによると，「被告人甲ハ夫乙（原審相被告人）カ昭和8年10月5日午後11時過頃地下足袋ヲ穿チマセン棒ヲ携ヘテ自宅ヲ立チ出テタルヲ以テ同人ノ行動ヲ憂慮シ其ノ後ヲ追ヒ判示K方ニ到リ同家住宅ト東側納屋トノ間ニ於テ夫乙ニ出会シタルトコロ同人ハ金員ヲ強取スル為遂ニのと（右Kノ妻）ヲ殺害シタル旨物語リ尚金員ヲ強取スルニ付協力ヲ求メラレ茲ニ已ムナク之ヲ承諾シ直チニ乙カ開キ呉レタルK方住宅表入口ヨリ屋内ニ侵入シ点火シタル蝋燭ヲ手ニシテ乙ニ燈火ヲ送リ乙ノ金品強取ヲ容易ナラシメテ以テ其ノ犯行ヲ幇助シタ」というものである。この事実に対し，原判決は住居侵入罪と強盗幇助との牽連犯をもって問擬し，被告人甲に懲役2年（執行猶予3年）の言渡をしたところ，弁護人は，上告趣意において「犯罪ノ実行中ニ加功スル場合ニ於ケル共犯者ノ責任ハ其ノ共犯ノ意思ノ成立シタル後ノ行為ニ就キ発生ス」べきものであり，「殊ニ正犯行為カ継続的犯罪即チ連続犯結合一罪等ノ如ク形式上一罪ナルモ実質上ハ各独立ノ犯罪行為数個ヲ以テ成リ単ニ科刑上一罪ト目セラルル場合ニハ当然其ノ共犯意思成立以後ノ犯罪行為ノミニ対スル幇助ヲ以テ論ス可ク形式上一罪ナルノ故ヲ以テ該犯罪全部ニ対スル幇助ノ責任ヲ問フヘキモノニ非サルナリ」とし，被告人甲の所為は窃盗幇助罪をもって問擬されるべきであるとして上告した。本件判決は，この上告趣意をしりぞけると同時に，原判決の擬律をも違法として，破棄自判し，次のように判示した。なお，本件上告は被告人のみにかかるものであったため，不利益変更の禁止（旧刑訴法452条）により原判決の刑が維持された。

【判　旨】

「按スルニ刑法第240条後段ノ罪ハ強盗罪ト殺人罪若ハ傷害致死罪ヨリ組成セ

ラレ右各罪種カ結合セラレテ単純一罪ヲ構成スルモノナルヲ以テ他人カ強盗ノ目的ヲ以テ人ヲ殺害シタル事実ヲ知悉シ其ノ企図スル犯行ヲ容易ナラシムル意思ノ下ニ該強盗殺人罪ノ一部タル強取行為ニ加担シ之ヲ幇助シタルトキハ其ノ所為ニ対シテハ強盗殺人罪ノ従犯ヲ以テ問擬スルヲ相当トシ之ヲ以テ単ニ強盗罪若ハ窃盗罪ノ従犯ヲ構成スルニ止マルモノト為スヘキニアラス」

【解　説】
　1　承継的共犯とは，正犯者（先行為者）の実行行為の途中より共犯者（後行為者）が関与する場合をいい，その態様により，承継的共同正犯と承継的従犯とがある。いずれについても，後行為者が関与以前の先行為者の行為をも含めて全体につき共犯としての責任を負うかどうかが問題とされている[1]。本件判決は，後者の場合，すなわち，正犯者が強盗殺人の目的で被害者を殺害した後，その財物奪取行為のみを幇助した事案につき，共犯者は関与以前の正犯者の行為をも含めて強盗殺人全体につき共犯としての責任を負うとし，強盗殺人幇助罪の成立をみとめたものである。当時，この判決をめぐって，原判決，上告趣意および本件判決の三者をそれぞれ支持する評釈[2]がでたことは周知の事実であるが，このことはこの問題の解決の困難性を示すものであり，今日においても，学説・判例上いまだに一義的な解決を見ていないというのが現状である[3]。

　2　ところで，本件判決が強盗殺人幇助罪の成立をみとめた根拠として，次の3点が考えられる。紙数の制約もあるので，これを中心に検討しよう。
　第1に，「刑法第240条後段ノ罪ハ強盗罪ト殺人罪若ハ傷害致死罪ヨリ組成セラレ右各罪種カ結合セラレテ単純一罪ヲ構成スルモノ」とすることである。すなわち，強盗殺人罪のごとき結合犯にあっては，その一部に加功した場合にも全体についての共犯関係をみとめないと単純一罪にたるものを人為的に分割することになり妥当ではないというのである。もっともこれに反し，結合犯を科刑上一罪と同じく把握し，その一部に対する共犯関係をみとめるべきだとの主張もみられる[4]。しかし，いずれにしても，強盗殺人のように，犯罪が2個の行為から成立しており，その一部に加功する事実があ

るのに，結合犯という犯罪形式を理由にこの事実を無視するのは疑問である。むしろこの事実に対して，どのような法的評価をするかが問題とされるべきであろう[5]。

　第2に，共犯の罪名は正犯と同一でなければならないとする犯罪共同説の考え方が背景となっていることである[6]。すなわち，正犯者乙が強盗殺人（刑法240条後段）であるならば，共犯者甲もその従犯となるというのである。承継的共犯の問題を犯罪共同説と行為共同説との対立に結びつけて理解する見解もある[7]が，犯罪共同説の立場においても今日では，構成要件の共通する限度では異なった罪名間に共犯関係をみとめるので（部分的犯罪共同説），関与後の行為についてのみ共犯関係の成立を肯定し[8]，また行為共同説の立場に立っても全体につき共犯関係の成立をみとめる[9]ので，必ずしも必然的にこの対立と結びつくわけではない。が，両者の間に密接な思想的連関のあることを否定しえないことは明らかであろう[10]。

　第3に，「他人カ強盗ノ目的ヲ以テ人ヲ殺害シタル事実ヲ知悉シ……強取行為ニ加担シ」とあるところから明らかなように，後行為者が先行為者の行為を認識して利用するところに，関与以前の行為にも責任をみとめる根拠があるとするのである。学説上，「最初の行為者の意思を了解し，且つ，その成立させた事情を利用する」[11]こと，「先行者がすでに行なった実行行為を認識・認容しつつ，先行者と意思を連絡して，みずからその実行行為を承継しその一部分に参加した」[12]こと，また「既成事実を認識し，之を認容して更に其の発展を企図する」[13]こととされているのも同じである。しかし事前に意思連絡があり，他人の行為を利用し，またその結果につき責任を負うことが予定されている場合と異なり，承継的共犯の場合には後行為者の行為は先行為者の行為に対しては因果の関係に立つものではなく[14]，事後的に先行為者の行為に対する認識・利用があるにすぎないのである。このような事後的な認識・利用ということに行為全体の責任の根拠を求めることになると，あまりにも行為の無価値性また道義的な非難可能性の大なることを強調する結果となり，「これは事後的故意を認めるもので，まさに心情刑法である」[15]との批判があてはまるといわなければならない。それに，本件のように強盗殺人罪の従犯とすると，執行猶予をみとめる余地もなく極めて過酷な

責任を問うことになるが，これが妥当でないことは，前述したように，原判決に対し検察官が上告しなかったので，結局は原判決の刑が維持されたことからも明らかであろう。

3 かくて，後行為者は関与以前の先行為者の行為についてまで責任を負うとするのは妥当でなく，共犯として関与した時点で残存している先行為者の行為の結果と関与以後の行為についてのみ共犯として責任を負うにすぎないと考えるべきである[16]。たとえば，強姦罪の場合，先行為者の暴行脅迫後，姦淫行為のみに関与した後行為者は，先行為者によって惹起された被害者の抵抗不能状態の利用を共同にしたにすぎず，この場合は，準強姦罪の共同正犯または従犯が成立することになる[17]。したがって，本件の事案は，強盗以外の目的で人を殺害した者がその後に財物奪取の意思を生じその財物をとった場合と対照して考えることができる[18]。ただ，前者の場合は正犯者の惹起した状態を利用するのに対し，後者の場合は自己の先行行為の結果を利用する点に差異があるにすぎないのである。行為者は自己の殺害行為という先行行為を認識して，それによって生じた被害者の抵抗不能状態を利用して財物を奪取しているのであって，この場合には不真正不作為犯と並行した論理過程によって強盗罪の成立がみとめられるとする[19]。これは，すでに生じた事情の利用の面から行為者の責任が財物奪取行為以前に生じた事情に遡ることを，殺害した事実でなく，被害者の抵抗不能状態の限度でみとめるものであるが，そうすると，抵抗不能状態に乗じて財物を奪取したといえても，暴行脅迫を手段として抵抗不能の状態に陥らせて財物を奪取したとはいえないであろう。強姦罪のように「抗拒不能ニ乗シ」て姦淫することをも（準）強姦罪とする規定（刑法178条）がない以上，たんに抵抗不能状態に乗じて財物を奪取するのを強盗罪とする解釈は罪刑法定主義の原則上許されないと考えるべきである[20]。この場合はたんに窃盗罪が成立するにすぎない[21]。したがって，本件の事案においても，被告人甲が関与した正犯者乙の金員奪取行為は，甲にとっては窃盗罪であって（正犯者乙にとっては強盗殺人罪となることはいうまでもない），被告人甲には窃盗幇助罪が成立するにとどまると考えるべきであろう[22]。

第22章　承継的共犯　221

（1）　もっとも，荘子邦雄『刑法総論』（1969）731頁は，後者の場合には前者におけるがごとき特殊な問題は生じないとする。
（2）　本件判決の評釈として，草野豹一郎『刑事判例研究・第5巻』（1940）124頁以下，植松正「判批」日本法学5巻5号（1969）68頁以下，小野清一郎『刑事判例評釈・第1巻』（1941）414頁以下，佐伯千仭＝団藤重光編『総合判例研究叢書・刑法(10)』（1958）224頁以下（以上強盗殺人幇助説），竹田直平「判批」『法と経済11巻』4号526頁以下（強盗幇助罪説），牧野英一『刑法研究9巻』（1942）171頁以下，吉田常次郎『刑事法判例研究』（1956）168頁以下（以上窃盗幇助罪説），鈴木享子「判批」『刑法の判例』（第2版，1973）131頁以下がある。
（3）　学説および判例については，鈴木義男『刑法判例研究Ⅲ』（1975）225頁以下，藤木英雄編『判例と学説7〔刑法Ⅰ〕』（1977）26頁以下が詳細である。
（4）　上告趣意，吉田・前掲注（2），竹田・前掲注（2）。
（5）　牧野・前掲注（2）182-183頁。
（6）　中野・前掲注（2）225-226頁，平野『刑法総論Ⅱ』（1975）382頁，同・法学セミナー142号（1968）30頁。なお，共同意思主体説もこの点については犯罪共同説と同じに考えてよい。
（7）　たとえば，前者の立場から，小野・前掲注（2）418頁，後者の立場から牧野・前掲注（2）182-184頁，同『刑法総論（下）』（1959）744-747頁。
（8）　団藤重光『刑法綱要総論』（増補版，1972）298頁，大塚仁『刑法概説総論』（1963）199頁。
（9）　木村亀二『刑法総論』（1959）408頁。
（10）　鈴木・前掲注（3）246-247頁。
（11）　木村・前掲注（9）408頁。
（12）　福田平『刑法総論』（新版，1978）201頁。
（13）　小野・前掲注（2）419頁。
（14）　牧野・前掲注（2）186頁，吉田常次郎「承継的共犯・因果関係」日本刑法学会編『刑法演習〔総論〕』（1987）104頁，平野・前掲注（6）『刑法総論Ⅱ』382頁。
（15）　平野・前掲注（6）法学セミナー30頁。
（16）　平野・前掲注（6）法学セミナー31頁。
（17）　広島高判昭和34年2月27日高刑集12巻1号36頁参照。
（18）　鈴木・前掲注（3）248頁。なお，これら2つの場合の密接な関係を指摘し，同じように扱おうとするものに，長島敦『刑法判例研究Ⅰ』（1966）190-192頁，358-368頁，藤木英雄『刑法演習講座』（新版，1977）397-410頁，団藤重光編『注釈刑法(6)』（1966）95-96頁〔藤木〕，藤木英雄『刑法講義総論』（1975）290-291頁がある。
（19）　藤木・前掲注（18）注釈刑法(6)95-96頁。なお，この問題の詳細については，西原＝野村・判例タイムズ329号（1976）25頁以下参照。
（20）　西原＝野村・前掲注（19）26頁。
（21）　同旨，大判昭和16年11月11日刑集20巻598頁，最判昭和41年4月8日刑集20巻4号207頁。これらの判例につき，西原＝野村・前掲注（19）24頁以下参照。
（22）　なお，鈴木・前掲注（3）250頁は，承継的共同正犯についてであるが，自己の先行行為を利用した場合に窃盗罪とする通説を前提にしても，「共同責任の原理による修正という見地から強盗罪の成立を認めることも不可能ではないであろう」とされる。しかし，このように解することにはすでに述べた意味で疑問があるといわざるをえない。なお，中山研一・Law School 45号（1982）51頁，相内信「承継的共犯について」金沢法学25巻2号（1983）43頁参照。

第23章　共犯関係からの離脱
―― 最決平成元年6月26日刑集43巻6号567頁，判時1315号145頁 ――

【事件の概要】
　本件事案は，被告人は，Ａの舎弟分であるところ，Ａ宅において被害者Ｂの身体に対して暴行を加える意思をＡと通じた上，約1時間ないし1時間半にわたり，竹刀や木刀でこもごも同人の顔面，背部等を多数回殴打するなどの暴行を加えた後，「おれ帰る」といっただけで自分としてはＢに対しこれ以上制裁を加えることを止めるという趣旨のことを告げず，Ａに対しても以後はＢに暴行を加えることを止めるように求めたりなどせずに現場をそのままにして立ち去った後，ほどなくしてＡはＢの言動に再び激昂してＢの顔を木刀で突くなどの暴行を加えたところ，Ｂは頸部圧迫等により窒息死したが，右の死の結果が被告人の帰る前に被告人とＡがこもごも加えた暴行によって生じたものかその後のＡによる前記暴行により生じたものかは断定できない，というものである。

【決定要旨】
　上告棄却。
「右事実関係に照らすと，被告人が帰った時点では，Ａにおいてなお制裁を加えるおそれが消滅していなかったのに，被告人において格別これを防止する措置を構ずることなく，成り行きに任せて現場を去ったに過ぎないのであるから，Ａとの間の当初の共犯関係が右の時点で解消したということはできず，その後のＡの暴行も右の共謀に基づくものと認めるのが相当である。そうすると，原判決がこれと同旨の判断に立ち，かりにＢの死の結果が被告人が帰った後にＡが加えた暴行によって生じていたとしても，被告人は傷害致死の責を負うとしたのは，正当である。」

【解　説】

1　本決定は，被告人が共謀に基づき暴行をAと共同実行した後に，Aにおいてなお制裁を加えるおそれが消滅していなかったのに，被告人において格別これを防止する措置を講ずることなく，成り行きに任せて「おれ帰る」といって立ち去っただけでは，当初の共謀関係は解消したとは認められず，Aが単独で加えた暴行についても被告人は責任を負わなければならないのであるから，かりに乙の死の結果がAの単独で加えた暴行によって生じていたとしても，被告人には傷害致死罪が成立することを認めたものである。

2　ところで，判例は，実行の着手前における共謀関係からの離脱につき，離脱者が離脱の意思を残余の共謀者に表明し，これを残余の共謀者が了承した場合に肯定し，離脱者は残余の共謀者が行った行為につき責任を負わないとする[1]。しかし，実行の着手後においては離脱の意思の表明・了承のみならず，他の共犯者の行為の現実の阻止が必要とされている。例えば，共犯者と監禁行為を継続中に離脱を肯定するためには他の共犯者のそれ以上の監禁行為の継続を現実に阻止しなければならないとし[2]，また劇物所持罪につき，所持継続中に離脱を肯定するためには，現実の所持者から劇物を取り戻すなどして占有を失わせるかまたはそのための真摯な努力をしたにもかかわらず同人がこれを返還するなどせずに以後の所持が当初の共謀とは全く別個な同人の独自の新たな意思に基づくものと認められる特段の事情が必要であるとされる[3]。本決定はこれらの下級審の見解と同趣旨であり，離脱を認めなかったものとはいえ，一連の暴行行為が行われている途中で離脱が認められる要件を正面から論じた初めての上告審の判断を示すものとして意義がある。

3　甲・乙が共同正犯として犯罪を行う場合には，甲は自己の行為のみならず乙の行為をも利用して（いわば自己の行為に取り込んで）自己の犯罪を遂行するものと解するべきであるから，甲が，乙との共犯関係から離脱するためには，自己の行為を止め，乙に離脱の意思，すなわち自己が犯罪の遂行を止め乙の行為を以後自己の犯罪遂行に利用しない旨を表明し，その了承を得な

ければならない。さらに，離脱前に甲・乙の行った行為（およびその結果）は乙が自己の犯罪を遂行するのに利用される関係にあるから，この行為から乙が引き続いて自己の犯罪を遂行する危険が存在している場合には，この危険を排除するかまたはこの危険を利用して乙がさらに犯罪行為を続行することを阻止しなければならないと考える。したがって，本件において，被告人が，「おれ帰る」といってＡ宅を立ち去った行為が上告趣意にあるように黙示の離脱の意思の表明であり，Ａがそれを了承したものと認められるとしても，当初の共謀に基づく暴行の結果から，Ａがさらに制裁・暴行を加えるおそれがあるかぎり，これを排除しなければならないとする本件決定要旨は正当であると考える。

（１）　東京高判昭和25年９月14日高刑集３巻３号407頁。
（２）　東京高判昭和46年４月６日東高刑時報22巻４号156頁。
（３）　東京地判昭和51年12月９日判時864号128頁。

〈その他参考文献〉
　大塚仁『刑法論集(2)』(1976) 31頁以下，芝原邦爾編『刑法の基本判例』(1988) 76頁以下〔大越〕，西原春夫ほか編『刑法学３』(1978) 169頁以下〔西田〕，など参照。なお，本決定の解説に，川端博「判批」法学セミナー419号（1989）124頁，園田寿「判批」法学教室111号（1989）80頁，原判決の解説に，大谷実「判批」法学セミナー412号（1989）134頁がある。

第24章　共同正犯と正当防衛の成否の判断方法
―― 最判平成 6 年12月 6 日刑集48巻 8 号509頁 ――

【事　実】

　本判決が，公訴事実の要旨及び原判決の認定した罪となるべき事実として引用するところによると，被告人はA，K，F，Sとともに送別会後B印刷会館前の歩道上で雑談をしていたところ酩酊して通りかかったIがAとトラブルを起こし，Sの長い髪をつかみ付近を引き回すなどの乱暴を始めたので，A，K及びFと共謀の上，午前 1 時30分から45分ころにかけて，Iの暴行を制止し，Sの髪からIの手を放させようとしてこもごもIの腕，手などを摑んだり，顔面や身体を殴る蹴るなどし，被告人もIの脇腹や肩付近を足蹴りにするなどしたが，IはSの髪を摑んだまま不忍通りを横断して向かい側にある駐車場入口の内側付近まで引っ張っていったのに対して，被告人らはその後を追いかけてSの髪からIの手を放させようとしてIを殴る蹴るなどし，被告人もIの背中を足蹴りにするなどしたところ，ようやくIはSの髪から手を放したものの，近くにいた被告人らに悪態をつきながらなお応戦する気勢を示しながら駐車場奥に移動したところ，AがIの顔面を手拳で殴打しそのためIは転倒してコンクリート床に頭部を打ちつけ，入通院 7 ヶ月半を要する傷害を負わせた，というものである。

　原判決は，本件駐車場奥に移動した際に被告人らがIを駐車場奥に追い詰める格好で追っていったと認定すると同時に，被告人はそこでIに対して暴行を加える意思を有し，AおよびKと共謀があったものと認定し，B印刷会館前におけるSの髪を摑んだ時点からAが駐車場奥でIを殴打するまでの間における被告人らの行為は（本件駐車場中央付近でKの暴行を制止した後のFを除いて）相互の意思連絡のもとに行われた一連一体のものとしてその全体につき傷害罪の共同正犯が成立し，過剰防衛に当たると判断し，これと同一の認定判断をした第 1 審判決を是認し被告人の控訴を棄却した。そこで被告人が上告したところ，最高裁はいずれも適法な上告理由にあたらないとしつ

つ，職権で判旨のごとく判示し，過剰防衛に当たるとした第１審判決を維持した原判決の判断は是認できないとして原判決および第１審判決中被告人に関する部分を破棄し，被告人に無罪の言渡しをした。

【争　点】
①　複数人が共同して防衛行為としての暴行に及び侵害終了後にも一部の者が暴行を続けた場合において侵害終了後に暴行を加えていない者の正当防衛の成否の判断方法。
②　侵害行為時の暴行が正当防衛とされた場合，侵害行為終了後の暴行について新たな共謀が必要か。

【判　旨】
破棄自判。
「相手方の侵害に対し，複数人が共同して防衛行為としての暴行に及び，相手方からの侵害が終了した後に，なおも一部の者が暴行を続けた場合において，後の暴行を加えていない者について正当防衛の成否を検討するに当たっては，侵害現在時と侵害終了後とに分けて考察するのが相当であり，侵害現在時における暴行が正当防衛と認められる場合には，侵害終了後の暴行については，侵害現在時における防衛行為としての暴行の共同意思から離脱したかどうかではなく，新たに共謀が成立したかどうかを検討すべきであって，共謀の成立が認められるときに初めて，侵害現在時及び侵害終了後の一連の行為を全体として考察し，防衛行為としての相当性を検討すべきである。……被告人に関しては，反撃行為については正当防衛が成立し，追撃行為については新たに暴行の共謀が成立したとは認められないのであるから，反撃行為と追撃行為とを一連一体のものとして総合評価する余地はなく，被告人に関して，これらを一連一体のものと認めて，共謀による傷害罪の成立を認め，これが過剰防衛に当たるとした第１審判決を維持した原判決には，判決に影響を及ぼすべき重大な事実誤認があり，これを破棄しなければ著しく正義に反するものと認められる。」

【解　説】
1　本判決が，まず，複数人が共同して防衛行為としての暴行に及び侵害終了後にも一部の者が暴行を続けた場合において，侵害終了後に暴行を加えていない者の正当防衛の成否の判断方法について，侵害現在時と侵害終了後とに分けて考察するのが相当であるとし，次いで，侵害現在時における暴行が正当防衛と認められる場合には，障害終了後の暴行については，侵害現在時における防衛行為としての暴行の共同意思から離脱したかどうかではなく，新たに共謀が成立したかどうかを検討すべきであって，共謀の成立が認められるときに初めて，侵害現在時及び侵害終了後の一連の行為を全体として考察し，防衛行為としての相当性を検討すべきであると具体的に判示した点に判例としての意義がある。これを前提に，Iが髪を放すに至るまでの行為（反撃行為）とその後の行為（追撃行為）とを分けて考察し，反撃行為は防衛手段として相当性の範囲内のものであり，追撃行為については被告人にはAおよびKと共謀があったものと認定することはできないとして，被告人に正当防衛が成立するとの事例判断を示した。

2　本判決が原判決および第1審判決と結論を異にしたのは，後者がいずれも侵害終了後の暴行について被告人にAおよびKとの共謀があったものと認定した結果，侵害現在時の暴行と侵害行為終了後の暴行を一連一体のものとして防衛手段としての相当性の判断を行い，相当性を欠くとして過剰防衛の成立を認めたからであり，その意味では単に共謀の有無に関する事実認定の差異ともいえよう。しかし，理論的に考察すると，本件のような場合の正当防衛の成否については侵害現在時と侵害終了後とに分けて考察し，侵害現在時の暴行が正当防衛と認められる場合には，侵害終了後の暴行については，侵害現在時における防衛行為としての暴行の共同意見から離脱したかどうかではなく，新たに共謀が成立したかどうかを検討すべきであって，共謀の成立が認められるときに初めて，侵害現在時及び侵害終了後の一連の行為を全体として考察し，防衛行為としての相当性を検討すべきであるとする点は注目されるべきである。

ところで，甲，乙が共同で丙に対して暴行を行ったところ，甲が途中で暴

行を止めたが，乙が引き続き暴行を行って丙に傷害の結果が生じた場合に，甲が乙との共犯関係から離脱して丙の傷害結果につき罪責を負わないためには，例えば，甲は単に共犯関係から離脱する意思を表示し自己が暴行を止めるのみでなく，甲，乙の暴行から生じたその後の乙の暴行を引き起こす因果的危険性（心理的・物理的因果性）がある限りこれを除去しなければならないとされている[1]。それでは，甲が暴行を止める以前の甲，乙の暴行が丙の侵害行為に対する正当防衛として正当化された場合にも，甲はその因果的危険性を除去しない限り，その後の乙の暴行の結果について罪責を負わなければならないであろうか。この場合における因果的危険性はいわば適法な行為から生じたものであり，いわば許された危険として当然には罪責を負うべきものではなく，当該暴行につき新たな共犯関係が成立した場合のみ，甲は乙の暴行により丙に生じた傷害の結果について罪責を負うべきものと考えられる。いわば正当防衛などの適法な行為の介入することにより共犯関係は中断するものと考えられる。この意味で，本判決が侵害現在時の暴行が正当防衛と認められる場合には，侵害終了後の暴行については，侵害現在時における防衛行為として暴行の共同意思から離脱したかどうかではなく，新たに共謀が成立したかどうかを検討すべきであって，共謀の成立が認められるときに初めて，侵害現在時及び侵害終了後の一連の行為を全体として考察し，防衛行為としての相当性を検討すべきであるとするのは理解できる。

3　本判決によれば，A及びKについては，侵害現在時の暴行と侵害行為終了後の暴行による傷害を一連一体のものとして防衛手段としての相当性を判断し過剰防衛を認め，他方で被告人については，前述のように正当防衛の成立が肯定されるのであるから，結局外形的には共同正犯において過剰防衛と正当防衛との成立を肯定することになる。共同正犯において過剰防衛が共同者に個別的に成立するものであることは，すでに判例により認められているところである[2]。この判例は，積極的な加害の意思で侵害に臨んだ場合には急迫性の要件が欠けるとする見解[3]により，急迫性の判断に行為者の主観的事情が考慮される結果急迫性の判断が共同者によって異ならざるをえないことがその理由とされている。そうであれば，急迫性の要件は過剰防

衛のみならず正当防衛にも共通の要件であるから正当防衛の成立も共同者について個別的に判断することが認められざるをえない。

　行為自体の違法性と結果の違法性を分けて二元的に考察する私見によれば，前者は行為時に存在する主観的・客観的事情を基礎とする事前の判断であり，後者は客観的事情に基づく事後の判断であるので，前者は人的に相対化されるが，後者は連帯しうる。したがって正当防衛行為そのものの適法性は人的に異なる。例えば，前掲最決平成4年の事案において仮に殺人の実行者甲に正当防衛が成立する場合[4]は，共謀者乙は甲の行為を自己の行為として取り込み殺人を実現しようとしたのであり，甲の行為は甲自身にとっては正当な行為ではあるが，積極的な加害の意思で侵害に臨んだ乙にとって甲の行為を利用して殺人を実現する行為は違法な行為である。いわば甲の正当防衛行為を利用して殺人を実現する間接正犯である。しかし，発生した死の結果の違法性は阻却されるのであるから，偶然防衛と同様に未遂の違法性が肯定されるに過ぎないので殺人未遂規定が準用されると考える[5]。

　さらに，問題は正当防衛という適法行為と過剰防衛という（違法の減少を認めるにせよ）違法行為との共同正犯の成立を肯定できるかである。結論のみを言えば，共同正犯は各人が自己の行為のみならず他の共同者の規範的障害の契機になる行為を利用し合うことによってそれぞれの犯罪を実現するものであると解するべきであり，それゆえ自己の行為から生じた結果のみならず，他の共同者の行為から生じた結果についても罪責を負わなければならないと考えるところ[6]，適法行為は規範的障害の契機にはならないと考えられるので，過剰防衛と正当防衛の共同正犯は肯定できない。したがって，本事案においては，被告人には侵害現在時の暴行につき正当防衛が成立し，AおよびKには共同正犯として侵害現在時の暴行と侵害行為終了後の暴行による傷害を一連一体のものとして傷害罪が成立し，過剰防衛が肯定される。

（1）　西田典之「共犯の中止について」法学協会雑誌100巻2号（1983）221頁以下参照。
（2）　最決平成4年6月5日刑集46巻4号245頁。
（3）　最決昭和52年7月21日刑集31巻4号747頁。
（4）　小川正持「判批」ジュリスト1011号（1992）99頁，なお，前田雅英「正当防衛と共同正犯」『内藤謙先生古希祝賀論文集』（1994）175頁参照。

（5） 野村稔『刑法総論』（1990）224-225頁。
（6） 野村・前掲注（5）391頁以下参照。

第25章　共犯と正当防衛

第1節　はじめに

　正当防衛は，急迫不正の侵害に対する自己または第三者の権利を防衛するための反撃行為である（刑法36条）。正当防衛の成立に防衛の意思が必要であるかどうかについては争いがあるが，判例は周知のように必要説にたち，しかもその内容は希薄化している[1]。また侵害の急迫性とは，法益の侵害が現に存在しているか，あるいは間近に押し迫っていることであり[2]，単なる侵害の予期に止まらず，その際に積極的に加害行為を行う意図があれば，急迫性が失われるとする[3]。したがって防衛の意思という主観的要件が正当防衛の成立要件とされ，また急迫性という要件も積極的加害意思の有無により左右されるのであり，このような主観的事情により正当防衛の成否がかかっている以上，防衛の意思を有する者とこれを有しない者，あるいは積極的加害意思を有する者とこれを有しない者との共犯関係においては，通説・判例である制限従属性説によっても，違法の客観的部分は連帯するとしても主観的な違法要素は本来個別的に判断されるべきであるから，これらの場合に正当防衛の成否はもとより，急迫性および防衛の意思は過剰防衛の要件でもあることから過剰防衛の成否についても個別的に判断されるべきものであることが考えられるのである。

　はたして，判例は，積極的加害意思を有する者とこれを有しない者との共同正犯の事案において，「共同正犯が成立する場合における過剰防衛の成否は，共同正犯者の各人につきそれぞれその要件を満たすかどうかを検討して決するべきであって，共同正犯の一人について過剰防衛が成立したとしても，その結果当然に他の共同正犯者についても過剰防衛が成立することになるものではない。原決定の認定によると，甲は，丙の攻撃を予期し，その機

会を利用して乙をして包丁で丙に反撃を加えさせようとしていたもので，積極的な加害の意思で侵害に臨んだものであるから，丙の乙に対する暴行は，積極的な加害の意思がなかった乙にとっては急迫不正の侵害であるとしても，甲にとっては急迫性を欠くものであって[4]，乙について過剰防衛の成立を認め，甲についてこれを認めなかった原判断は，正当として是認することができる。」と判示して，過剰防衛の成否につき，共同正犯者につき個別的に判断する旨明示した[5]。

この決定において，過剰防衛が共同正犯者の間において連帯的に成立するものではなく，個別的に成立するとする理由は必ずしも明らかではない。共同正犯についても狭義の共犯に関する従属性に関する議論が妥当すると解する場合，過剰防衛の刑の任意的減免の根拠を違法減少に求める立場からは最小限従属形式によらざるをえず，また責任減少に求める立場からは制限従属形式によることになる。さらに共同正犯に独自の従属性を認め，共同正犯においては構成要件該当性の段階すなわち類型的違法性のみが連帯するのであって，違法・責任に関する要素は各関与者独自に考慮されるべきであるとすれば，過剰防衛につき違法減少説によっても，責任減少説によってもその成否は共同正犯者につき個別的に判断されることになる[6]。さらにこの見解によれば正当防衛の成否も個別的に判断されることになるが，その場合正当防衛行為という適法行為と違法行為との共同正犯を肯定することになるが，他方でこの場合共同正犯における一部実行全部責任の基礎を欠くことになり，共同正犯の成立を否定し，自己の単独正犯と他者への教唆犯・幇助犯の問題ともされる[7]。したがって，そもそも共同正犯の本質・構造についても検討する必要がある。以下にはこの判例の提起した問題点を手掛かりに，正当防衛の成立要件，とくに急迫性と積極的加害意思の関係および共同正犯における一部実行全部責任の根拠，共同正犯の従属性，さらには過剰防衛の性質などにつき考えてみよう。

第2節　急迫性と侵害の予期・積極的加害意思

侵害があらかじめ予期されていた場合あるいはその予期された侵害の機会

を利用して積極的に加害する意思を有していた場合に，その予期の有無，また積極的な加害の意思といった行為者の主観的事情によって，本来正当防衛行為の客観的状況たるべき侵害の急迫性の判断が左右されるかどうかである。この点について傍論ながら正面から判示したのは，旅館に止宿していた被告人が，同宿の被害者と口論し旅館を飛び出したが，もう一度同人にあやまって仲直りしようと考えて旅館に戻ったところ，被害者より手拳で顔面を殴打され更に立ち向かってこられたので，咄嗟にくり小刀で被害者の胸を突き刺したという事案に関する昭和46年11月16日最高裁判決（刑集25巻8号996頁）である。同判決は，被告人にとって被害者の侵害は予期されないことではなかったとする原審の事実認定自体に多大の疑問があるとしながら，仮定的に「刑法36条という『急迫』とは法益の侵害が現に存在しているか，または間近に押し迫っていることを意味し，その侵害があらかじめ予期されていたものであるとしても，そのことからただちに急迫性を失うものと解するべきではない」と判示した。さらに，いわゆる中核派に属する被告人らが，集会を開催しようとした際，対立抗争関係にあるいわゆる革マル派の学生らから攻撃をうけこれらを撃退した後，革マル派の再度の来襲に備え，鉄パイプなどの凶器を準備したところ，案の定革マル派が再度攻撃してきたので，これに対し鉄パイプ等で突くなどの暴行をしたという事案に関する，本決定の引用する昭和52年7月21日最高裁決定は，第1に「刑法36条が正当防衛について侵害の急迫性を要件としているのは予期された侵害を避けるべき義務を課する趣旨ではないから，当然又はほとんど確実に侵害が予期されたとしても，そのことからただちに侵害の急迫性が失われるわけではない」として，侵害の予期の程度それ自体は急迫性の成否に直ちに影響するものではないことを明示し，第2に，侵害が予期されている場合には「単に予期された侵害を避けなかったというにとどまらず，その機会を利用して積極的に相手に対して加害行為をする意思で侵害に臨んだときは，もはや侵害の急迫性の要件を充たさない」と判示した。

　積極的加害の目的をもって臨んだ場合については，防衛の意思に関するこれまでの判例の考え方からすれば，防衛の意思そのものが否定されることになるはずであるが，この決定は，侵害の予期自体は急迫性の存否には影響し

ないが，侵害を予期してその機会を利用して積極的に加害する意思で行ったときは急迫性を否定するものである。この問題について，学説はまず，侵害が予期されていたというだけでは，急迫性は否定されないという点に関してはほぼ異論を見ないといってよい。さらに積極的加害の意思という主観的事情が急迫性の存否に影響を与えることを認めてよいかどうかの点については，学説上争いがある。判例と同じように，純粋に未来の侵害を慮り防衛の為の準備をしたものではなしに，場合によっては攻撃・反撃のいずれもなしうるがための準備をなしたものと目することが可能である場合には，その準備行為は，急迫不正の侵害行為に対応する以前において違法性を帯びるものと考えられるから，侵害の急迫性は認められないとする所説[8]が有力であるが，むしろこのような場合には，急迫性が欠けるのではなく，防衛行為としての必要性・相当性，または防衛の意思が欠けるという点に正当防衛を否定する理由があるとして，判例に反対する所説[9]もまた有力である。

　ところで，反撃行為が，正当防衛行為として許容される（違法性が阻却される）ためには，正当防衛を為しうる事態，すなわち急迫不正の侵害という状況の中で，しかも，急迫不正の侵害の存在を認識しつつ，換言すれば，防衛の意思をもって反撃行為がなされたことが必要であると考える。したがって，本来急迫不正の侵害というのは，正当防衛行為の客観的状況であって，しかも加害行為が予期されていたとしても，その加害行為を避けるべき義務が一般的に否定されている以上，急迫性の判断も客観的になすべきであり，侵害の予期のみならず，積極的加害の意図という行為者の主観は，急迫性の判断にあたっては排除すべきである。侵害が予期されていることによって当該行為者にとって官憲の救助をまつ余裕があったかどうかという事情は，おしなべて防衛行為の必要性・相当性の次元で解決すべきである。さらに，予期したうえ，その機会を利用して積極的に加害行為にでたというような行為者の主観も，同じく防衛行為の必要性・相当性の問題に解消されるべきであると考える。したがって，急迫性は客観的に判断されるべきものであるから，積極的な加害意思の有無により相対化されるべきものではない。もっともこの場合過剰防衛になることが多いであろう[10]が，積極的加害意思がある場合は過剰にわたらないことの期待可能性の減少は認められないと考える

ので，刑の任意的減免を否定すべきであると考える。

第3節　共犯・共同正犯の処罰根拠

　共犯の処罰根拠をめぐる諸説[11]は複雑であるが，その中で重要なのは，責任共犯説と因果共犯説（惹起説）である。責任共犯説は，共犯者は正犯者を墜落させ，罪責と刑罰に陥れたから処罰されると解するものである。すなわち，共犯者は犯罪人を作り上げ，正犯者は犯罪を行ったと考えるものである。ここでは共犯行為と正犯結果との関係は直接的には問題とはならない。したがって，例えば，罪責と刑罰に陥れたといえるためには，正犯者の行為に少なくとも極端従属性説の限度で犯罪要素が具備していなければならないとされる。

　これに対して，惹起説は，共犯者が正犯者の実現した結果（正犯結果，法益侵害・危殆化）を共に惹起したことを理由として，共犯が処罰されると解するものである。ここでは責任共犯説と異なり，共犯行為と正犯結果との因果関係が問題とされる。そして，これは，共犯の違法性を正犯行為のそれと独立に考えるかどうかにより，大別して，純粋惹起説と修正された惹起説とに区別される。まず，純粋惹起説によれば，共犯者そのものが刑法典各則で保護されている法益を侵害するものであるから，共犯行為の違法性は正犯行為とは独立して肯定される。したがって，例えば，故意ある身分なき道具を利用する場合や犯人を教唆して証拠隠滅罪を犯させた場合には，正犯のない共犯も肯定されることになる。また要素従属性の観点からみれば，ここでは最小従属性説の要請も前提とされていない。次に，修正惹起説においては，共犯者は正犯行為を介して間接的に正犯結果を惹起したものと考えるので，共犯行為の違法性は正犯行為の違法性に基づいて肯定されることになる（違法の連帯性）。したがって，要素従属性については，制限従属説が前提とされる。

　ところで，共同正犯の正犯性を重視するか，あるいは共犯性を重視するかについては争いがあるが，いずれにしても甲および乙が共同正犯として犯罪を遂行する場合には甲，乙はすべて正犯としての責任を負担するとされている（刑法60条一部行為の全部責任）。私見によれば，共同正犯は，正犯の一種で

あって，甲乙の共同正犯は各人の犯罪目的を遂行するために相互に他者の行為を自己の犯罪目的遂行の手段として取り込むのであり（行為共同説），実行従属性の観点から取り込むべき他人の行為は違法行為である必要はなく，規範的障害になり得る自然的行為でたりる。したがって，行為者は，自己の行った行為以外に，他人の行った行為を自己の行為に取り込むことによって自己の犯罪を実現するものであるので，自己の行為から発生した結果について責任を負うのは当然のことであるが，さらに，自己の行為に取り込んだ他人の行為から生じた結果についても，自己がこれを発生させたものとして責任を負うことになるのである（自己責任の原則）。ここに一部行為の全部責任の原則の根拠がある。その意味で，共同正犯は単独正犯と教唆犯との結合形式であり，犯行形式の種類に過ぎない。そして教唆犯は正犯の一態様であり，自己の犯罪を実現するために，規範的障害となる他人の何らかの意味で違法な行為を自己の行為に取り込んで当該犯罪構成要件を実現するものと考えるので，教唆犯の処罰根拠については，惹起説が妥当であると考える。しかも，他人の行為は，その者にとって規範的障害の契機たりうるものであれば，必ずしも構成要件に該当し，違法である必要はないと考えるので，純粋惹起説をもって妥当と考える。したがって，共同正犯においては規範的障害となりうる自然的行為には従属し，その限度で共同正犯においても，従属性が肯定されるにすぎず，各共同正犯者については違法性も連帯しないと考える。その意味で急迫性は前述したように客観的に判断されるべきと考えるにもかかわらず，共同正犯の成立する場合の正当防衛，したがって過剰防衛の成否も個別的に判断されることになる。また過剰防衛の刑の任意的減免の根拠を責任減少あるいは違法減少さらには違法・責任減少に求めるにせよ[12]この理は同じである。平成4年最高裁決定の事案において，仮に殺人の実行者乙に正当防衛が成立する場合[13]は，甲は乙の行為を自己の行為として取り込み殺人を実現しようとしたのであり，乙の行為は乙自身にとっては正当防衛として正当な行為であり，規範的障害にならないものであり，この意味で積極的な加害の意思で侵害に臨んだ甲にとっては，いわば乙の規範的障害にならない正当防衛行為を利用して殺人を実現する間接正犯である。

第4節　おわりに

　行為共同説に立ち，しかも共同正犯を単独正犯と教唆犯の結合形式とする私見からは，規範的障害となりうる自然的行為に従属するのみで，罪名のみならず違法性・責任も連帯しないので，正当防衛の成否はもとより過剰防衛の成否も個別的に判断されることになる。このような見解は，若干の論稿[14]を通じて形成されたものであり，この小稿においても変更をする必要をみなかったが，折りをみて再検討するつもりである。

---

(1)　最判昭和46年11月16日刑集15巻8号996頁（急迫不正の侵害に対して憤激や逆上して反撃行為を行った事案）は，「刑法36条の防衛行為は，防衛の意思をもってなされたことが必要であるが，相手の加害行為に対し憤激または逆上して反撃を加えたからといって，ただちに防衛の意思を欠くものと解すべきではな」く，「かねてから被告人が（被害者）に対し憎悪の念をもち攻撃をうけたのに乗じ積極的な加害行為に出たなどの特別な事情が認められないかぎり，被告人の反撃行為は防衛の意思をもってなされたものと認めるのが相当である」と判示し，はじめて防衛の意思を明示的に必要とする旨を明らかにした。さらにこれを受けて，最判昭和50年11月28日刑集29巻10号983頁（反撃行為が侵害者に対する攻撃的な意思に出たものである事案）は，防衛に名を借りて侵害者に対し積極的に攻撃を加える行為は，防衛の意思を欠く結果正当防衛のための行為と認めることはできないが，防衛の意思と攻撃の意思とが併存している場合の行為は，防衛の意思を欠くものではないので，これを正当防衛のための行為と評価できるとする。

(2)　最判昭和46年11月16日刑集25巻8号996頁。

(3)　最決昭和52年7月21日刑集31巻4号747頁。

(4)　最決昭和52年7月21日刑集31巻4号747頁参照。

(5)　最決平成4年6月5日刑集46巻4号245頁。この決定につき，小川正持「判批」ジュリスト1011号（1992）98頁以下，高橋則夫「判批」法学教室（1993）148号112頁以下，橋本正博「判批」平成4年度重要判例解説（1993）166頁以下，曽根威彦「判批」判例評論410号（1993）41頁以下，川端博「判批」研修540号（1993）21頁以下，控訴審判決につき，山中敬一「判批」法学セミナー452号（1992）135頁以下参照。なお，ワークショップ「共犯と正当防衛」刑法雑誌34巻3号（1995）128頁以下参照。

(6)　橋本・前掲注（5）167頁。

(7)　高橋・前掲注（5）113頁

(8)　例えば，荘子邦雄『刑法総論』（新版，1981）213頁，団藤重光『刑法綱要総論』（第3版，1990）235頁，なお，平野龍一『刑法Ⅱ』（1975）235頁参照。

(9)　必要性・相当性を欠くとするのは，中山研一『刑法総論』（1982）273頁，前田雅英『刑法総論講義』（改訂版，1994）282頁，曽根威彦『刑法総論』（新版，1993）105頁，曽根・前掲注（5）43頁，防衛の意思が欠けるとするのは，大谷實『刑法講義総論』（1994）261頁，大塚仁『刑法概説（総論）』（改訂版，1986）331頁，福田平『刑法総論』（全訂版，1984）144頁。

(10) 曽根・前掲注（5）43-4頁は，積極的加害意思の存在は過剰防衛の認識を裏付けるとされる。
(11) 共犯の処罰根拠については，大越義久『共犯の処罰根拠』(1981)，高橋則夫『共犯体系と共犯理論』(1988)，香川達夫『共犯処罰の根拠』(1988)，平野龍一『犯罪論の諸問題（上）総論』(1981) 167頁以下，大越義久「共犯の処罰根拠と限定性」刑法雑誌27巻1号 (1986) 116頁以下，山中敬一「『共犯の処罰根拠』論」同132頁以下，西田典之「共犯の処罰根拠と共犯理論」同144頁以下，など参照。
(12) 過剰防衛の刑の任意的減免については責任減少に理由を求めるのが一般である（平野・前掲注（8）245頁，福田・前掲注（9）148頁など）が，違法減少のみに求める説が有力に主張されており（町野朔「誤想防衛・過剰防衛」警察研究50巻 (1979) 50頁以下，前田・前掲注（9）308頁），また違法および責任の現象に認める見解も主張されている（大谷・前掲注（9）274以下，団藤・前掲注（5）241頁，大塚・前掲注（9）342頁，曽根・前掲注（9）110頁など）。過剰防衛の結果は本来の正当防衛のそれでなく，言わば部分的正当防衛になっているのに過ぎないのであるから，結果の違法性は阻却されず，超えた程度に反比例して減少するに過ぎないのである。さらに行為自体の違法性は正当防衛を為しうる事態の認識，すなわち防衛の意思がある反面，防衛行為が過剰に亙る認識があるためで，その違法性の減少の余地は否定できないが，正当防衛として違法性が阻却されないことも明らかである。このように過剰防衛には，単純な侵害行為と比べて違法減少の側面があるが，違法性は阻却されないのであり，行為者には明確に違法性の意識があるのであるが，緊急状態のもとでは，相当な反撃行為にとどまることが期待出来ない場合があるので，その期待可能性の程度に応じて刑を減軽または免除することが出来るとされているのである。
(13) 小川・前掲注（5）99頁，なお，前田「正当防衛と共同正犯」『内藤謙先生古稀祝賀論文集』(1994) 175頁参照）
(14) 西原＝野村「暴行・脅迫後に財物奪取の意思を生じた場合と強盗罪の成否」判例タイムズ329号 (1976) 22頁以下，野村稔「判批」『刑法判例百選Ⅰ総論』(第2版，1984) 168頁以下，野村稔『刑法総論』(1990) 391頁など。

第26章　弁護士法72条違反罪の共犯について

1　先般,弁護士法72条に違反して法律事務を処理する者（いわゆる非弁行為者）に名義貸しを行う弁護士を紹介した弁護士が同条違反（非弁行為）幇助の容疑で逮捕され,その後起訴され,略式命令を受けた[1]。この所為に関する法令適用は,略式命令の謄本によると,弁護士法77条,72条,刑法62条1項が適用されており,刑法65条1項は適用されていない。非弁行為を行う者に弁護士がその名義を貸す行為は,本来は非弁行為の幇助に当たるべきものであるが,弁護士法においては後述のごとくこれを非弁提携の一態様として独立の構成要件を設けて正犯（非弁行為）と同じ刑罰で処罰している。したがって,名義貸しという態様以外の非弁行為の幇助行為は非弁行為の幇助として擬律されるべきものである（この場合は必要的減軽となる〈刑法63条〉）。非弁行為者に名義貸しを行う弁護士を紹介した弁護士に同条違反（非弁行為）の幇助の成立を肯定したのは妥当である。問題はその法令の適用である。周知のごとく,非弁行為の主体は弁護士でない者であり,その意味で,弁護士たる身分は非弁行為の犯罪性（違法性）を阻却する身分（いわゆる消極的身分）である。この弁護士でないという地位を身分と理解すれば,非弁行為は弁護士でないという地位（身分）を必要とする構成的身分犯と考えられ,そうであればその共犯を肯定するためには刑法65条1項の適用が必要である。そこでこのような場合そもそも刑法65条1項を適用すべきかどうか,また教唆犯・従犯のみならず共同正犯も肯定できるかどうかが問題となる。

ところで,刑法65条の身分は,男女の性別,内外国人の別,親族の関係,公務員たるの資格のような関係に限らず,総て一定の犯罪行為に関する犯人の人的関係である特殊の地位または状態とされている[2]。そして,行為者が特定の身分をもつことが犯罪の成否自体に関わる構成的身分と刑罰の軽重に関わる加減的身分は積極的身分とされ,これに対して特定の身分をもつことが犯罪性や処罰を否定する場合にその当該身分は消極的身分といわれ,消

極的身分には違法性阻却身分，責任阻却身分および刑罰阻却身分があるとされるのが一般である[3]。消極的身分を有する者がこれを有しない者の行為に加功した場合について，ここでは弁護士法72条違反罪の共犯を中心として概観してみようと考える。

2　(1)　弁護士法は，弁護士でない者が，報酬を得る目的で，業として，法律事務を取り扱うこと，またはその周旋をすることを禁止し〈非弁行為の禁止・弁護士法72条，罰則は2年以下の懲役又は200万円以下の罰金〈弁護士法77条〉〉，また弁護士法72条に違反する者であることを知りながら，これらのものから事件の周旋を受けることまたはこれらの者に弁護士の名義を貸与することは禁止され〈非弁提携の禁止・弁護士法27条〉，これに違反した場合には非弁行為と同じく処罰されている〈弁護士法77条〉。このように無資格者が当該業務を処理することを禁止する法条や無資格者が当該業務を処理する際に必要とされる資格ないし名義を利用したり，または有資格者がこれらの資格ないし名義を貸与することを禁止する法条は，弁護士法のみならず他の法分野にもある。これについての規制を主な法についてみると，医師法は，医師でない者は医業をすることができず〈医師法17条，罰則は2年以下の懲役又は2万円以下の罰金〈医師法31条1項1号〉〉，医師等の名称を用いてはならないと規定し〈医師法18条，罰則は5千円以下の罰金〈医師法33条・罰金臨時措置法2条により2万円〉〉，またこの場合医師等の名称を使用したときは刑を加重する（3年以下の懲役又は3万円以下の罰金〈医師法31条2項〉）。後者は，無免許医業罪と18条違反罪の結合犯である。非医師に医師の名称を貸した場合は規定がなく，この場合非医師の医業禁止に違反した者が医師等の名称を使用することを知っていたときはこの幇助に当たると考えられる（後出①の判例）。狩猟法〈鳥獣保護及狩猟ニ関スル法律〉は，狩猟免許のない無資格者の狩猟を禁止し〈狩猟法3条，8条ノ3，罰則は1年以下の懲役又は50万円以下の罰金〈狩猟法21条1項1号〉〉，また狩猟登録証等の貸与を行った者は6箇月以下の懲役又は30万円以下の罰金〈狩猟法22条3項〉に処し，狩猟登録証等の使用をした者は6箇月以下の懲役又は30万円以下の罰金〈狩猟法22条4項〉に処する。この場合貸与と借り受ける行為は必要的共犯関係にあるが，借り受けて使用する行為とは事実上の必要的共犯

関係にある。したがって，狩猟免許のない者が他人の狩猟登録証等を使用して無資格狩猟の禁止に違反すれば，その違反罪と狩猟登録証等の使用禁止違反罪の観念的競合となると考える。税理士法は，税理士でない者が税理士業務を行うことを禁止し（税理士法52条，罰則は2年以下の懲役又は30万円以下の罰金〈税理士法59条〉），また税理士でない者が税理士等の名称を使用することを禁止している（税理士法53条1項，罰則20万円以下の罰金〈税理士法62条1号〉）。したがって，非税理士が税理士等の名称を使用して税理士業務を行えば，非税理士の税理士業務の禁止違反罪と税理士等名称使用の禁止違反罪とが観念的競合となると考えられる。公認会計士法は，公認会計士でない者は他人の求めに応じて報酬を得て財務書類の監査・証明の業務を営むことを禁止し（公認会計士法47条の2，罰則は1年以下の懲役又は100万円以下の罰金〈公認会計士法50条〉），また公認会計士でない者は公認会計士の名称等を使用することを禁止している（公認会計士法48条，罰則は100万円以下の罰金〈公認会計士法53条1項2号〉）。

(2) 弁護士，医師，狩猟免許者，税理士，および公認会計士という地位にある者は，それぞれ法律事務または医業等を行うことが許されるのであるから，弁護士，医師等という身分は犯罪性（違法性）を阻却する消極的身分である。問題はこれらの地位・資格がある場合これらの業務を行うことが許される理由である。これを考えるに当たっては例えば，非弁行為や無免許医業が禁止される理由，換言すればこれらの犯罪の保護法益，および犯罪の性質が重要である。例えば，医師法が無資格医業を禁止する理由は，無資格者が用いる診療の方法が人の生命・健康に危険を及ぼすおそれがあるからである。この場合の危険は抽象的危険で足り被診療者の生命・健康が現実に害されたことは必要ではない（抽象的危険犯[4]）。このことは法律事務の処理についても妥当する。つまり，医業または法律事務の処理を行うに当たっては国民の生命・健康に危険を，または法律生活に不測の損害をもたらすおそれがあるのであり，したがって，これらの医業または法律事務の処理が国民のために有益であるとして許容されるためには，一定の専門的知識・経験のある者（当該危険の発生の防止を保証する地位）にのみ，個々の医療行為または法律事務の処理をなすに当たって注意義務（当該危険の発生を具体的に防止する義務）を尽くすことを条件とすることが必要であると考えられる（許された危険の法

理)。このような意味で,これらの当該危険の発生の防止を保証する地位,例えば,医師または弁護士という地位がそれぞれ無免許医業罪または非弁行為罪の違法性を阻却する機能をもつのである。したがって,このような地位にある者が医業または法律事務の処理を行うに当たっては国民の生命・健康または法律生活上に危険を及ぼすおそれがないことが保証されるのであり,このことが医師または弁護士のみがこれらの事務を行うことが許される理由であり[5],これに反して非医師または非弁護士が行う場合にはこれらの保証がないので(換言すれば,国民の生命・健康または法律生活に抽象的危険があると考えられる)ので許されないのである。

3 これらの無資格者が有資格者の業務に関与する場合は,そもそも有資格者の業務はそれぞれの法律により適法とされているので,無資格者がこれに関与しても犯罪とはならない。すなわち,有資格者の業務を補助する場合は当然である。この場合には国民の生命・健康や法律生活に対する危険・損害が発生しないことが,医師や弁護士という保証者的地位により保証されているからである。したがって,医師の免許を有しない者が医師の指揮監督を受けてその手足として診療に従事する,いわゆる代診の行為はそれによって保健衛生上の危害が生じるおそれがないかぎり無免許医業罪にあたらない[6]。これに反して,医師の名義を用いてあるいは自己の名において独立して医業を行う場合はこの保証がないので無免許医業罪が成立する。また例えば,弁護士が多重債務者の債務整理を行う際に,まず法律事務所の事務員が,弁護士の指示に基づきあらかじめ定められた書式に従って依頼者に,借り入れ先,借り入れ金額,返済状況,収入の状況等を記入させること,弁護士が債務整理を引き受けた場合これに基づいて債権者側に債務整理を受任した旨の通知を弁護士名義で行うことなどは許されるべきものである。もちろんこの限度を超えて任意整理をするか自己破産の申し立てをするかを決定し,任意整理をする場合債権者と和解交渉するなどは許されないことである。また弁護士に法律事務の処理を教唆する場合も,それは適法行為を教唆するもので教唆犯は成立しないと考えられる。

第26章　弁護士法72条違反罪の共犯について　*245*

4　(1)　これに反して，問題となるのは有資格者が無資格者の行う業務に関与する場合，例えば，無免許医業罪に消極的身分者（医師）が加功した場合の処理については，判例においては刑法65条1項の適用について見解の対立がある。①大判大正3年9月21日刑録20輯1719頁は，医師が，無免許医業の行為を行うことを知りながら無免許医業者に自己の出張所の看板を貸与した事案について，無免許医業罪の従犯を肯定したが，刑法65条1項の適用については言及されることなく，不明であった。また，②大判昭和14年7月19日刑集18巻417頁[7]は，狩猟免許者が無免許者を教唆して狩猟鳥獣の捕獲行為をなさしめた事案につき，刑法65条1項を適用せずに端的に無免許狩猟行為の教唆を肯定した原判決に対して，被告人が無免許狩猟罪は刑法65条1項の構成的身分犯に当たらず，狩猟免許者に無免許狩猟罪の教唆犯の罪責を肯定するのは不当であるとして上告したところ，この理由には直接に答えずに，狩猟免許は狩猟免許者自ら狩猟する場合に限られ他人に狩猟をさせる権限を含まないものであるとして，上告を棄却した。ところが，③大判昭和12年10月29日刑集16巻1418頁[8]は，衆議院選挙に際して選挙運動を許容された選挙事務長が無資格選挙運動者と共謀して議員候補者を当選させる目的で金員を選挙運動者に供与して選挙運動を行った事案につき，刑法65条1項の趣旨を酌みその精神に則り選挙事務長に無資格選挙運動罪の共同正犯が成立することを認めたが，その際に原判決が刑法65条1項を直接に適用したのは失当であるとした。

これらに対して，④東京高判昭和47年1月25日東高刑時報23巻1号9頁は，「犯人に医師の資格がないということは，刑法第65条第1項にいう身分にあたらないのであるから，その犯人の無免許医業に協力，加功しても，同法にいわゆる身分により構成すべき犯罪行為に加功したことにはならないのであって，従ってその無免許医業に共謀共同正犯の態様において加功した者に対し，法令の適用をするには，関係罰条のほか刑法第60条を適用すれば足り」ると判示して同条の適用を否定する。しかし，⑤東京地判昭和47・4・15（判時692号112頁[9]）は，診療所を開設し，自らこれを管理していた被告人が医師として雇い入れた者が医師の資格のないことを知りながら，これと共謀の上，患者に対する診療，注射，投薬等の診療行為をさせて医業を行った

事案について，身分とは一定の犯罪行為に関する犯人の人的関係である特殊の地位または状態であり，「特殊の地位または状態というのは…特定の地位または状態にある者だけを犯罪の主体とするという意味で」あり，無免許医業罪は「犯罪の主体が医師でない者に限定されているのであるから」，刑法65条1項の（構成的）身分犯であり，したがって，医師である被告人に無免許医業罪の共同正犯の成立を認めるためには，刑法65条1項を適用する必要があると判示した。

(2) 学説上も見解が分かれている。消極的身分犯は，違法身分犯としての構成的身分犯と解すべきであるから刑法65条1項の適用を受けるとされ，有資格者が無資格者の行為に加功した場合に加功の程度の応じて教唆犯・従犯のみならず共同正犯の成立を肯定する[10]。これに対して，刑法65条1項にいう身分はそれを具備することが特殊な場合であり，消極的身分（例えば，医師の身分）を有しないことは一般的場合であるから刑法65条1項の構成的身分にあたらないとして，一般的な共犯の規定により共犯の成立が可能であるとする[11]。

(3) しかし，消極的身分を有しないことは一般的場合であるから刑法65条1項の構成的身分にあたらないとすることは妥当ではない。また犯罪主体が限定されているからとの理由（前出③の判決）で構成的身分犯と考えるのも妥当ではない。この場合犯罪主体が限定されているのは身分犯の違法要素の1つである義務違反性[12]を基礎づけるものではなく，国民の生命・健康または法律生活への抽象的危険を根拠づけるものだからである。しかるときは，無免許医業罪や非弁行為罪は，前述したように国民の生命・健康または法律生活への抽象的危険犯であるから，実質的に身分犯と考えるべきでなく，一般の共犯の成立の問題として処理すれば足りるのであり，結論的には後者の見解を妥当であると考える。したがって，有資格者の無資格者への加功の態様に応じて，教唆犯・従犯のみならず，共同正犯の成立も可能である[13]。

(1) 読売新聞2000年5月24日朝刊，同6月13日朝刊。なお，非弁行為・提携については，野村稔「非弁提携の規制について」現代刑事法2巻10号（2000）102頁以下参照。
(2) 最判昭和27年9月19日刑集6巻8号1083頁。なお，最判昭和42年3月7日刑集21巻2号417頁。

第26章　弁護士法72条違反罪の共犯について　*247*

（3）　例えば，西原春夫『刑法総論』（1977）356頁，361-2頁，大谷實『刑法講義総論』（第4版補訂版，1996）473頁以下。そして，消極的身分犯とは，例えば，無免許運転罪（道路交通法84条・118条1項1号），無免許医業罪（医師法17条・31条1項1号）のように「一定の身分を有しない者の行為についてその犯罪が成立するとされる犯罪類型」（川端博『刑法総論講義』（1995）582頁）とされる。消極的身分をめぐる議論については，例えば，佐伯千仭「消極的身分と共犯」法律時報14巻10号（1942）18頁以下，植田重正「共犯と身分」佐伯千仭＝国藤重光編『総合判例研究叢書（刑法2）』（1956）154頁以下，中山研一「消極的身分と共犯」『井上正浩博士還暦祝賀論文集（上）』（1981）113頁以下，西村克彦「一身的刑罰阻却事由と消極的身分犯」ジュリスト769号（1982）79頁以下，正田満三郎「消極的共犯身分」判例時報1071号（1983）10頁以下，今上益雄「犯人による犯人隠避・証拠隠滅の教唆と共犯の処罰根拠論」東洋法学42巻1号（1998）1頁以下等参照。なお，私見については，野村稔「刑法105条と共犯関係」研修521号（1991）3頁以下，同・法学教室206号（1997）112頁，同『刑法総論』（補訂版，1998）88頁注（1）参照。

（4）　小松進「医師法」平野龍一ほか編『注解特別刑法5-Ⅰ』（1992）37頁。したがって，医学校を卒業した実地習練生（インターン）が実父の開業している病院で代診として独立して自ら医療行為をした場合は無免許医業罪が成立する（最判昭和28年11月20日刑集7巻11号2249頁）。

（5）　無免許医業罪または非弁行為罪はこのような趣旨であるが，他方副次的に医師または弁護士の業務独占となっている。しかし，例えば，弁護士の業務独占の場合でも国民の法律生活上に危険を及ぼすおそれがないことが保証されることを条件として，例えば，司法書士等に開放するのは政策の問題である。

（6）　大判大正2年12月18日録19輯1457頁，大判昭和11年11月6日刑集15巻1378頁，小松・前掲注（4）100頁。

（7）　この判例につき，美濃部達吉「狩猟補助者の使用と無免許狩猟の教唆」国家学会雑誌54巻2号（1940）110頁以下，瀧川幸辰「狩猟免許者の無免許狩猟行為教唆」公法雑誌5巻12号（1939）96頁以下，竹田直平「狩猟行為の補助の依頼と無免許狩猟行為の教唆」法と経済12巻5号（1939）124頁以下，吉田常次郎「狩猟免状受有者の無免許狩猟の教唆」法学新報49巻12号（1939）138頁以下参照。

（8）　この判例につき，草野豹一郎「消極的身分と共犯」刑事判例研究4巻（1939）156頁以下，竹田直平「消極的身分と共犯」法と経済9巻2号（1938）126頁以下参照。

（9）　この判例につき，吉田淳一「無免許医業は身分犯か」警察学論集26巻7号（1973）188頁以下参照。

（10）　大谷實『刑法講義総論』（1986）451頁，平野龍一『刑法総論』（1975）300頁，西原・前掲注（3）361頁。

（11）　福田平『全訂刑法総論』（第3版，1996）285頁註（1），大谷實『刑法講義総論』（第4版補訂版，1996）473頁，吉田・前掲注（9）191頁以下。もっとも，その場合でも刑法65条1項の解釈に応じて（瀧川・前掲注（7）100頁）有資格者による無資格者の行為への共同正犯的加功は否定される（福田・前掲注（11），大塚仁『刑法概説（総論）』（第3版，1997）318-9頁）。

（12）　野村・前掲注（3）総論89頁参照。

（13）　なお，弁護士の名義貸しと非弁行為の共同正犯の差異および後者の事例につき，野村・前掲注（1）104頁参照。

外国刑法・その他

第27章　国際人権B規約第6条と日本および中国の死刑

第1節　はじめに

　中華人民共和国（以下，「中国」と略称する）は国際人権A規約については1997年10月27日に署名し，B規約については1998年10月5日にそれぞれ署名していたところ，中国全国人民代表大会（全人代）常務委員会は，2001年2月26-28日に全体会議を開き，「経済的，社会的及び文化的権利に関する国際規約（国際人権A規約）」の批准に向けた審議を行い[1]，A規約が規定する方向と中国の基本目標は一致しているとして，同28日全人代常務委員会は国際人権A規約を批准した[2]。これに対して，我が国は国際人権A規約およびB規約を1978年5月30日に署名し，1979年6月21日に批准した（A規約＝1979年8月4日条約第6号・発効1979年9月21日，B規約＝1979年8月4日条約第7号・発効1979年9月21日）。B規約締約国は，同第40条1項の規定に基づき，当該締約国に規約が発効したときから1年以内に，その後はB人権規約委員会が要請するとき（現在は，1981年の同委員会の決定により5年毎）に報告書の提出が求められており（第1回1980年，第2回1987年，第3回1992年）我が国は，もっとも最近では1997年6月に第4回報告書を提出した。人権委員会は，1998年10月28日および29日に開催された会合において，この第4回報告書を検討し，11月5日に開催された会合においてこれに対する最終見解を採択した[3]。

　筆者は2001年9月18-19日に早稲田大学比較法研究所と中国社会科学院法学研究所（北京市）との間の学術交流協定に基づいて開催された「司法改革と人権問題」をテーマとするシンポジウムに参加し報告する機会を得た。そして，中国において，B規約の批准に向けて真剣に検討されていることを認識した。そこで，本稿はそこで議論された，国際人権B規約第6条の観点

から，ともに死刑を存置する日本および中国の死刑の状況につき概観すると同時に死刑に関する若干の私見を明らかにするものである[4]。

第2節　わが国の国際人権B規約批准の経緯と日中の死刑制度の状況

1　わが国の国際人権B規約批准の経緯

(1)　国際人権規約は，世界人権宣言（1948年12月10日国際連合総会通過・宣言）を作成した国連人権委員会が，世界人権宣言が理想とする「自由な人間」（宣言第1条）であるためには，市民的及び政治的権利が保証されるのみならず，経済的，社会的及び文化的権利の確保を通じて「欠乏からの自由」が必要であるとの観点から，1954年，これら両者の人権の保証に対応する「経済的，社会的及び文化的権利に関する国際規約」(International Covenant on Civil and Political Rights・国際人権A規約）並びに「市民的及び政治的権利に関する国際規約」(International Covement on Economic, Social, and Cultural Rights・国際人権B規約）の草案を作成し，1954年から1966年の国連総会において第3委員会において逐条審議が行われ，1966年12月16日に総会において全会一致で採択された。同時にB規約に掲げる権利の侵害を締約国が行った場合において締約国の個人がこれについて行った通報をこの規約（28条1項）によって設置された人権委員会が審議する制度（個人通報制度）を規定する「市民的及び政治的権利に関する国際規約の選択議定書」（選択議定書）も採択された。A規約は1976年1月3日に，B規約および選択議定書は1976年3月23日に効力を生じた。その後B規約第6条に規定されている死刑制度についてその廃止を目的とする議定書の草案の作成が1980年の第35回国連総会で開始され，1989年第44回国連総会において「市民的及び政治的権利に関する国際規約の第2選択議定書」（第2選択議定書・いわゆる死刑廃止条約）として採択され，1991年7月10日に効力を生じた[5]。その後，国連人権委員会は，自由権規約の批准国すべてに第2選択議定書の批准を呼びかける決議を行った[6]。

(2)　国際人権規約については憲法の建前より当初より承認・批准すべきであるとの意見があったものの[7]，両規約の内容が広範囲にわたり関係省庁

の検討に時間を要したこともあり⁽⁸⁾，1978年5月30日に署名し，1979年6月21日に批准した。その際承認案件提案理由とされたのは，この規約は，基本的人権のうち，主として，生命に対する固有の権利，身体の自由，思想の自由等のいわゆる自由権がいかなる差別もなしに尊重され及び確保されるように，締約国が必要な立法措置その他の措置をとるため，必要な行動をとることをその主な内容とするものであって，この規約を締結することは，人権の保障に関する我が国の姿勢を内外に示すものとして望ましいと考えられるというものであった[9]。もっとも，B規約6条の問題は衆・参法務委員会においては議論されることはなかったが，条約が批准され発効する前提としては事前に憲法及び法律との整合性の十分なる検討の上国会の承認を受けるものであり，このとき，我が国は，我が国の法律・制度がB規約の規定に抵触しないと判断したものである。このことは1980年10月27日付けのB規約40条に基づく第1回の政府報告書で政府の公式見解とされている。

2　B規約第6条に関する憲法及び法律の状況─死刑制度の状況

(1)　B規約第6条は生命に対する固有の権利につき以下のように規定する。

1　すべての人間は，生命に対する固有の権利を有する。この権利は，法律によって保護される。何人も，恣意的にその生命を奪われない。
2　死刑を廃止していない国においては，死刑は，犯罪が行われた時に効力を有しており，かつ，この規約の規定並びに集団殺害犯罪の防止及び処罰に関する条約の規定に抵触しない法律により，最も重大な犯罪についてのみ科することができる。この刑罰は，権限のある裁判所が言い渡した確定判決によってのみ執行することができる。
3　生命の剥奪が集団殺害犯罪を構成する場合には，この条のいかなる規定も，この規約の締約国が集団殺害犯罪の防止及び処罰に関する条約の規定に基づいて負う義務を方法のいかんを問わず免れることを許すものではないと了解する。
4　死刑を言い渡されたいかなる者も，特赦又は減刑を求める権利を有する。死刑に対する大赦，特赦又は減刑は，すべての場合に与えることが

5 死刑は，18歳未満の者が行った犯罪について科してはならなず，また妊娠中の女子に対して執行してはならない。
6 この条のいかなる規定も，この規約の締約国により死刑の廃止を遅らせ又は妨げるために援用されてはならない。

本条は，まず一般的に「生命の固有の権利」を保障し，この権利を法律によって保護すべきこととしつつ，生命の剥奪は恣意的なもののみを禁止している（生命の固有の権利の一般的保障）。次いで，死刑の廃止を志向しているものの，死刑を存置している場合の実体法・手続法における制約を定めるものである。

死刑を科すことができる要件は，①犯罪が行われた時に効力を有している法律に基づくこと（事後法の禁止・罪刑法定主義），②本規約の規定並びに集団殺害犯罪の防止及び処罰に関する条約の規定に抵触しない法律に基づくこと，③最も重大な犯罪についてのみ科することができること，④18歳未満の者が行った犯罪について科してはならないこと，また死刑執行の要件は，⑤権限のある裁判所が言い渡した確定判決によってのみ執行することができること，⑥妊娠中の女子に対して執行してはならないこと，である。

(2) (ⅰ) 憲法は，「何人も，法律の定める手続によらなければ，その生命若しくは自由を奪はれ，又はその他の刑罰を科せられない。」と規定し(31条)，死刑につき適正なる内容の実体法および手続法を要求しており，また生命の重要性からそれを保護するために，刑法は殺人罪の規定を設けその実害犯を処罰するのみならず（199条），未遂・予備をも処罰し（203, 201条），さらには生命の抽象的危険犯（例えば，遺棄罪〈217, 218条〉。なお特定の人の生命の抽象的危険犯以外に，例えば放火罪のように不特定多数の生命の抽象的危険犯を処罰するものに公共的危険犯がある）をも処罰する。他方で故意犯のみならず，過失犯をも処罰している（過失致死罪〈210条〉，業務上過失・重過失致死罪〈211条〉）。また死の結果の発生したことを理由として加重する犯罪もある（例えば，強盗致死罪〈240条後段〉）。したがって，生命の固有の権利の一般的保障については問題はないと考えられる。

(ⅱ) 死刑を科することができる要件の①の事後法の禁止については，憲

法39条が明文で定め，罪刑法定主義については現行刑法上は明文の規定を欠くが，それは憲法31条の適正手続き条項に含まれているとされ，罪刑法定主義を認めることにも異論はない[10]。②のB規約の規定との抵触がないことについては，規約7条が残虐な取り扱いおよび刑罰を禁止しているが，他方で規約6条2項は死刑の存在を肯定しているのであるから死刑それ自体が残虐な刑罰であるとはされていない。したがって執行方法などから残虐な刑罰にあたるかどうかを判断すべきである。憲法において残虐な刑罰を禁止し(36条)，他方で憲法31条は死刑を予定しているのであるから，我が国憲法上も死刑それ自体は残虐な刑罰ではない。死刑は監獄（刑事施設）内の刑場において絞首して（太政官布告65号〈1873・明治6年〉）これを執行するものとされている（刑法11条1項，旧監獄法71条1項，なお72条。現刑事収容法178，179条）。最高裁も，死刑につき，「生命は，尊貴である。1人の生命は，全地球よりも重い。死刑は，まさにあらゆる刑罰のうちで最も冷厳な刑罰であり，またまことにやむを得ざる出ずる究極の刑罰である」としつつ，その合憲性を肯定し，他方で「死刑といえども，他の刑罰の場合におけるのと同様に，その執行の方法等がその時代と環境とにおいて人道上の見地から一般に残虐性を有するものと認められる場合には，勿論これを残虐な刑といわねばならぬから，将来若し死刑について火あぶり，はりつけ，さらし首，釜ゆでの刑のごとき残虐な執行方法を定める法律が制定されたとするならば，その法律こそは，まさに憲法第36条に違反する」と判示する[11]。さらに，絞首という方法についても他の方法に比して残虐なものではないとする[12]。

④18歳未満の者が行った犯罪については死刑を科してはならないことについては，少年法51条1項は犯行時18歳未満の者について死刑を科すべきときは無期懲役に処することとしている。

（iii）死刑執行の要件は，⑤権限のある裁判所が言い渡した確定判決によってのみ執行することができること，⑥妊娠中の女子に対して執行してはならないことであるが，いずれも問題はない。死刑の執行は法務大臣の命令により，この命令は死刑判決確定後6箇月以内にしなければならず（刑訴法475条1，2項），法務大臣が死刑の執行を命じたときは，5日以内にその執行をしなければならない（刑訴法476条）。また妊娠中の女子に対しては法務大臣の

命令により執行を停止し，出産後の命令がなければ執行できないとされ，この命令は出産の日から6箇月以内にしなければならないとされている（刑訴法479条2，3項）。

（iv）問題となるのは，死刑を科すことができる要件の「最も重大な犯罪」についてのみ科することができることである。ここに最も重大な犯罪の意義については犯罪と刑罰の均衡を考慮しつつ，各国の政治制度もしくは経済制度の在り方または国民の文化的心情を考慮すべきである。しかるときは差し当たり，政治体制を覆すことをはかる政治犯罪，経済的混乱を目的とした経済犯罪，国民の生命を奪う殺人[13]などが考えられる。

このうち経済犯罪は，文化規範の裏付けのない行政犯の一種であり，その防圧に刑罰を借用するとしても死刑は妥当ではなく，むしろ例えば，経済犯罪によって取得した利益の剥奪などの制裁が有用である。政治犯罪とりわけ絶対的政治犯罪は基本的政治体制の在り方について異なる信条を有する者が犯すものであり，価値相対主義に基づく民主主義政治の在り方の下では現在の政治体制の在り方とは異なった信条を持つ者も包容する寛大さが必要であり，死刑は妥当ではないと考える。その意味で，米州人権条約4条がいかなる場合にも政治犯罪に対して死刑を科すことを禁止しているのは理解できる。

これらに対して国民の生命を奪う殺人には死刑を科すことが可能であると考える。そこで「致死的結果を伴う故意の犯罪」（経済社会理事会の死刑囚の権利保護のための保護基準に関する決議・1984年5月25日1984/50決議の付則は，「その範囲は致死的なまたはその他の極度に重大な結果を伴う故意の犯罪を超えてはならない」(their scope should not go beyond intentional crimes with lethal or other extremely grave consequences) とする）が，「最も重大な犯罪（the most serious crimes）」の標準となりうるであろう。

（v）死刑を規定する犯罪は，批准当時（1979年），刑法犯としては内乱罪（77条1項1号），外患誘致罪（81条），外患援助罪（82条），現住建造物等放火罪（108条），激発物破裂罪（117条1項），現住建造物等浸害罪（119条），汽車等転覆致死罪（126条3項），従来危険汽車等転覆致死罪（127条），水道毒物等混入致死罪（146条），殺人罪（199条），尊属殺人罪（200条），強盗致死罪（240条後段），強盗強姦致死罪（241条後段）の13であり，特別法犯として，爆発物取締

罰則（1884〈明治17年〉太政官布告32号）1条（爆発物使用罪），決闘罪ニ関スル件（1889〈明治22〉年）3条（決闘殺人罪），航空機の強取等の処罰に関する法律（1970〈昭和45〉年法律58号）2条（航空機強取等致死罪），航空の危険を生じさせる行為等の処罰に関する法律（1974〈昭和49〉法律87号）2条（航空機墜落等致死罪），人質による強要行為等の処罰に関する法律（1978〈昭和53〉法律48号）4条（人質殺害罪）の5つである。

　このうち問題となりうるものは，第1に外患誘致罪である。これについては死刑のみを規定し（絶対的法定刑），その他の犯罪については選択刑として死刑を規定する。外患罪は政治犯罪であるが，単に政治体制を覆すことを図るもののみならず外国に自国を売り渡すものであり，現在の国家制度の在り方からすればこのような存在を許容するのは相対主義の否定ともいえるのであり，死刑のみが妥当である。たとえ死刑に替えて仮釈放のない無期懲役（終身刑）といえども自国の法的保護を拒絶する者には必要がないと考える。これ以外の政治犯罪については選択的法定刑であっても前述の趣旨からこれを削除すべきであろう。

　第2に，尊属殺人罪は法の下の平等（憲法14条1項）に反するものであり，また恣意的刑罰のおそれがあり，規約に違反するおそれがあると考える。しかし，最高裁は尊属を重く処罰すること自体は法の下の平等に違反し違憲ではないが，それが合理的限度を超えて重く処罰している現行尊属殺人罪の規定は違憲であるとし[14]，その後尊属殺人罪の規定は適用されず，また改正刑法草案（1974〈昭和49〉年，以下，「草案」と略称する）では削除され，平成7年の刑法一部改正（法律91号）により現行刑法からも削除された。

　第3に「生命の損失を伴う故意の犯罪」という前述の標準からすれば，不特定多数の生命に対する抽象的危険犯（公共危険犯）である現住建造物等放火罪，激発物破裂罪，現住建造物等浸害罪に死刑を規定しているのは規約に違反する可能性があり妥当ではないと考える。また同じ公共危険犯である，爆発物使用罪は特定の1人の人の身体を害する目的で爆発物を使用すれば成立するものであり，規約に違反するものと考える。爆発物使用罪については，草案170条は具体的危険犯とし（1項），爆発物爆発致死罪（2項）を設けて選択刑として死刑を規定する。また草案は，現住建造物等放火罪（177条），激発

物破裂罪 (171条1項) 現住建造物浸害罪 (186条), 従来危険汽車等転覆致死罪 (197条1項), 水道毒物等混入致死罪 (206条) については死刑を削除している。なお, 激発物破裂致死罪 (171条2項) には選択刑として死刑を規定している。

第4に強盗致死罪および強盗強姦致死罪は結果的加重犯を処罰するものであり, 前述の標準からすると規約に違反すると考える。もっとも強盗致死罪の規定は結果的加重犯のみならず強盗殺人罪にも適用されるものであり, 実際に死刑が言い渡されているのはすべて強盗殺人の事案である。このため草案は強盗致死罪から死刑を削除し (327条), 強盗殺人罪を別条に規定した上で死刑を選択刑として規定している (328条)。また航空機強取等致死罪および航空機墜落等致死罪も結果的加重犯を処罰するものであり, 規約に違反する可能性が否定できないが, いずれも航行中の航空機に対する強取または墜落によるものであり, その結果の重大性を考慮すると許されると考える。

このようにみてくると, これらの死刑を定める規定は規約に違反しないとの見解[15]もあるが, 規約に違反するか, その可能性があることは否定できないと考える。

(vi) 規約批准の1979年では第1審における死刑の言渡人員数は7人, 執行人員数1人である。それ以後1988 (昭和63) 年までは以下のとおりである[16]。

	死刑の言渡人員数	執行人員数	死刑確定者 (1日平均収容人員)
1980	9	1	
1981	2	1	
1982	11	1	
1983	5	1	
1984	6	1	
1985	9	3	
1986	5	2	
1987	6	2	
1988	10	2	

また1989（平成元）年以降は，以下のとおりである。

	死刑の言渡人員数	執行人員数	死刑確定者（1日平均収容人員）
1989	2（殺人2）	1	38
1990	2（強盗致死1，爆発物使用1）	0	43
1991	3（殺人1，強盗致死2）	0	49
1992	1（強盗致死1）	0	54
1993	4（殺人2，強盗致死2）	7	56
1994	8（殺人2，強盗致死6）	2	58
1995	11（強盗致死11）	6	57
1996	1（強盗致死1）	6	53
1997	3（殺人1，強盗致死2）	4	52
1998	7（殺人5，強盗致死2）	6	51
1999	8（殺人4，強盗致死4）	6	53
2000	14（殺人6，強盗致死8）	3	53

　これによればとくに1989年以降死刑の言い渡された罪名は殺人罪と強盗致死罪（強盗殺人罪）であり，しかも適用にあたっての厳格な基準によれば我が国では事実上・運用上廃止されているに等しいといえる。

　(vii)　死刑適用の基準は，判例によれば「死刑制度を存置する現行法制の下では，犯行の罪質，動機，態様ことに殺害の手段方法の執拗性・残虐性，結果の重大性ことに殺害された被害者の数，遺族の被害感情，社会的影響，犯人の年齢，前科，犯行後の情状等各般の情状を併せ考察したとき，その罪責の均衡の見地からも一般予防の見地からも極刑がやむをえないと認められる場合には，死刑の選択も許される」とされている[17]。したがって，殺人事件の場合被害者の数がとくに問題であるが，「被害者は1人でも，諸般の事情を考慮して，極刑がやむを得ない場合があることは言うまでもない[18]」とされているのは妥当である[19]。

　(viii)　死刑を言い渡された者の特赦または減刑を求める権利については，我が国では，恩赦は内閣がその責任において行う行政権の作用であり，国家の恩恵により刑罰の効果を失わせるものであるので，権利として認めることにはなっていない。したがって，恩赦の出願があっても，その手続きが終了

するまでの期間は前述の6箇月の期間に算入されないのみであり(刑訴法475条2項但書)、死刑執行を停止する事由にはなっていない。その意味で規約6条4項に違反すると考える。死刑を言い渡された者が恩赦の出願をした場合には、その手続きが終了するまでの期間は死刑執行を停止するように刑訴法を改正すべきであろう[20]

3 B人権規約第6条と中国の死刑の状況

(1) 中国においても現行刑法は罪刑法定主義を明文で定め(中国刑法3条)、さらに、遡及処罰の禁止(中国刑法12条1項)を規定している[21]。18歳未満の者が行った罪については、旧刑法44条は、18歳未満の者に対しては死刑を適用しないとしつつ、「16歳以上18歳未満の者でその犯した犯罪が特に重大な場合には、2年の猶予期間付き死刑の判決を下すことができる」としていたが、現行刑法はこれを削除した(中国刑法49条)。また裁判時に懐胎している女子には死刑を適用しないとしている(中国刑法49条)。権限のある裁判所が言い渡した確定判決によってのみ執行することができることについては問題はないが、死刑執行猶予判決の場合を除いて死刑判決は確定後最高人民法院の死刑執行命令を受けてから7日以内に執行されるものとされている(中国刑訴法211条、中国刑訴法司法解釈341条)点は問題である。また死刑の減刑および恩赦制度が存在しないのも規約に抵触する。また死刑に処せられる事件については再度審査の制度(中国刑訴法199条以下)があるが、この権限を高級法院に与えている(1983年人民法院組織法13条)ことにより、この再度審査手続きが高級法院の第2審手続きと合併し、事実上独立した再度審査制度が行われないのが現状であり、通常の犯罪と同じく2審終審制度になっているのは死刑事案の慎重性からも問題である。

さらにB規約6条2項が死刑を存置する場合を前述のごとく「重大な犯罪」に限定することから最も問題であるのは、中国刑法48条は、死刑は、犯行が極めて重い犯人のみに適用されると規定しているが、現行中国刑法の制定の際に社会治安や経済犯罪の厳しい状況の存在から死刑については現状維持の刑事政策が強調され、故意による生命の損失とは無関係の経済犯罪や公務員の職務犯罪にまで死刑が規定されていること(死刑に関する規定は66ヵ条に

(2)　このように中国刑法とＢ規約第6条とには少なからず隔たりがあり，Ｂ規約の批准にとって死刑の問題は大きな障害の1つである。シンポジウムにおいて胡雲騰中国社会科学院法学研究所教授より，Ｂ規約を批准するためには死刑について刑法・刑事訴訟法の改正が必要となるが，現行刑法は1997年3月14日に，現行刑事訴訟法は1996年3月17日にそれぞれ大幅に旧法を改正して成立したものであり，近々重大な改正が行われることが不可能であり，死刑の廃止には可能性がないとの認識が示され，むしろ死刑の制限から死刑の不適用へという漸進的改革という現実的選択が望ましいとされた。そのためには，前述の問題については，適当な時期に経済犯罪などの非暴力的犯罪に対する死刑の適用については暫定的停止を宣言すること，死刑事件に関する統一的な明確な量刑基準を定め，死刑適用基準の統一性を実現し，死刑適用の公正性・的確性を確保すること，死刑事件について死刑再度審査制度を廃止して3審制度を採用することおよびその前提として最高法院が高級法院に行使している死刑許可権限を回収し，死刑適用基準の統一性を実現すること，死刑に処せられる可能性のある被告人に国選弁護制度を設けること，死刑判決の確定者につき減刑または恩赦の制度を設けること，そして減刑や赦免の請求の申し立ての審査や誤判の発見のためにも死刑執行の法定期間を現在死刑判決確定後最高人民法院の死刑執行命令を受けてから7日以内とされているのを，3箇月から6箇月に延ばすことなどが胡教授より指摘されたことが妥当である[22]。

第3節　第4回報告書における死刑問題

　(1)　第4回報告書に対する人権委員会の最終見解の内容は以下のとおりである。
　「7　委員会は，人権の保障と人権の基準は世論調査によって決定されないことを強調する。規約に基づく義務に違反し得る締約国の態度を正当化するために世論の統計を繰り返し使用することは懸念される。」
　「20　委員会は，死刑を科すことのできる犯罪が，日本の第3回報告の検

討の際に代表団から述べられたように削減されていないことについて厳に懸念を有する。委員会は，規約の文言が死刑の廃止を指向するものであり，死刑を廃止していない締約国は最も重大な犯罪についてのみそれを適用しなければならないということを，再度想起する。委員会は，日本が死刑の廃止に向けた措置を講ずること，及び，それまでの間は，規約第6条2に従い，最も重大な犯罪に限定されるべきことを勧告する。

21 委員会は，死刑確定者の拘禁状態について，引き続き深刻な懸念を有する。特に，委員会は，面会及び通信の不当な制限並びに死刑確定者の家族及び弁護士に執行の通知を行わないことは，規約に適合しないと認める。委員会は，死刑確定者の拘禁状態が，規約第7条，第10条1に従い，人道的なものとされることを勧告する。」

「33 委員会は，…特に，規約の選択議定書を批准することを勧告する。」

「35 委員会は，日本の第5回報告の提出日を2002年10月に指定する。」

最終見解の主な勧告事項は，死刑の廃止に向けた措置を講ずることを勧告しつつ，死刑を存置する場合には，①死刑を科す犯罪を限定すること，②死刑確定者の拘禁状態を人道的なものとすること，そして何よりも③死刑廃止条例の批准である。

(2) ①死刑を科す犯罪を限定することは，第1回報告書の審査から指摘されてきたところであり，日本の第3回報告書の検討の際に代表団から述べられた改正刑法草案が立法化できずに現在削除されていないことは事実であるが，前述したように死刑は実際には殺人罪および強盗殺人罪に適用されているのが現状である。②死刑確定者の拘禁状態を人道的なものとすることについてはとくに面会及び通信の不当な制限並びに死刑確定者の家族及び弁護士に執行の通知を行わないことは問題である。前向きな検討が必要とされる。③死刑廃止条約の批准の勧告については，これが採択された後の第3回政府報告書の審査以来要求されてきたものであるが，これに対して中村法務大臣は，死刑制度を維持する考えを明らかにした[23]。また人権の保障と人権の基準は世論調査によって決定されないことが強調されているが，1999年の世論調査によると死刑容認79.3パーセント，死刑廃止8.8パーセントであり，5年前と比べると5.5パーセント死刑容認が増えている[24]のが実情である。

その他死刑確定者について権利として恩赦が認められていないことはこれまでの審査において指摘されたとおりであり、これについては前述したように恩赦の出願があった場合[25]にはその手続きが終了するまで死刑執行を停止する規定を設けるべきである。

第4節　今後の課題

　中国では前述したようにB規約との間に死刑問題について大きな隔たりがあると言わざるをえない。我が国においてもなおB規約第6条に違反する可能性があり、改善すべき点がないでないが、死刑制度は非常に譲抑的に運用されているところである。今後の課題としては死刑廃止条約批准が勧告されたことに率直に前向きに対応すべきである。日本の第5回報告書の提出日を2002年10月と指定されているが法務当局ではこれについて積極的に検討していないとのことである。

　死刑については、その存廃を巡って厳しい議論の対立がある。責任は刑法規範に違反する行為を行ったことに対する規範的応報としての非難であり、その責任の発現形式として刑罰を理解する私見によれば、死刑は、いびつな跛行的な刑罰であり、責任の機能し得ない人格主体を法共同体（社会）の中にその存在を許さないという意味で、排外的な性質を有する保安処分的性格を持つものと考えることにより正当化できると考える[26]。したがって、刑罰としての死刑は否定すべきである。その代替刑はすでに主張されているように仮釈放の認められない無期懲役（終身刑）であろう[27]。死刑を例外的に存置するにしても最大の問題は誤判問題であるので、死刑事件は必ず最高裁で審理することとし、3審併せて11人の裁判官全員一致の合議により言い渡すべきとするなど手続き上の工夫[28]をすべきであろう。

　死刑廃止のための第2選択議定書はB規約第6条に追加されるものとして適用される（6条1項）のであり、第1条1項は、「この選択議定書の締約国の管轄内にある何人も、処刑されない」（処刑の禁止）。同条2項は「各締約国は、その管轄内において死刑を廃止するために必要なあらゆる措置をとる」と規定する。その意味で死刑廃止条約の眼目が処刑の禁止であるので、

我が国においては当面死刑の執行を超法規的に停止する措置を講じて死刑廃止に向けて前向きに取り組むべきであろう[29]。その際にはもとより世論調査によって左右されるべきではないが（前出最終意見7項目），しかしこれも無視しがたい側面であり，理性的な検討を通じて国民の理解を求める努力をする時期に来ていると言えよう。

(1) 2001年2月21日読売新聞朝刊。
(2) 2001年3月1日読売新聞朝刊。A規約の批准を人権状況改善の成果としてアピールするとされる。
(3) これにつき，日本弁護士連合会編『日本の人権21世紀への課題』(1999)，海渡雄一＝外山太士「国際人権（自由権）規約委員会最終見解の意義と今後の課題」自由と正義50巻2号(1999) 92頁以下，菊田幸一「日本の死刑状況と政府報告書審議」法律時報71巻2号(1999) 59頁以下参照。なお，日弁連人権擁護委員会・死刑問題調査研究委員会「死刑問題に関する調査研究中間報告書」自由と正義46巻5号 (1995) 110頁以下（第4資料死刑制度と国際人権条約並びに国際人権基準）参照。
(4) このような拙文を佐藤司教授の古希祝賀として献呈させていただくことに佐藤教授にご寛容をお願いするしだいである。
(5) これにつき，阿部浩己「国際人権法における死刑廃止」法律時報62巻3号 (1990) 78頁以下，同「死刑廃止への挑戦」自由と正義42巻10号 (1990) 5頁以下，同「解説・死刑廃止条約」死刑の現在 (1990) 205頁以下，小林初世子「国際的死刑廃止時代の到来」法学論集（鹿児島大学）27巻2号 (1992) 215頁以下，斎藤敏「いわゆる死刑廃止条約と我が国の立場」自由と正義42巻10号 (1990) 20頁以下，団藤重光『死刑廃止論』（第6版，2000) 345頁以下等参照。
(6) 国連人権委員会死刑廃止決議（1997年4月3日第53会期1997／12決議）決議本文1項。
(7) 渡辺委員・外務委員会議録第24号25頁（昭和53年6月14日）。
(8) 園田外務大臣・外務委員会議録第15号27頁（昭和54年6月5日）【参議院】，大川政府委員・外務委員会議録第24号26頁（昭和53年6月14日）。とくに批准の際に留保事項とされたA規約7条の公の休日に対する報酬問題，8条のスト権の問題，13条の中等・高等教育の漸進的無償化の問題があった。
(9) 園田外務大臣・外務委員会議録第24号42頁（昭和53年6月14日）。
(10) ちなみに，改正刑法草案1，2条は，それぞれ罪刑法定主義および事後法の禁止につき明文で規定する。
(11) 最大判昭和23年3月12日刑集2巻3号191頁。
(12) 最大判昭和30年4月6日刑集9巻4号663頁。
(13) 徳川信治「自由権規約6条と死刑問題(1)」立命館法学239号 (1995) 72頁。
(14) 最大判昭和48年4月4日刑集27巻3号265頁。
(15) 吉川経夫「国際人権規約と刑事法」『平場安治博士還暦祝賀論文集（上）』(1977) 428頁。
(16) 2000について，有罪人員中の比率は殺人は0.8パーセント，強盗致死は1.0パーセントである。2000年の行刑施設の1日平均収容人員は，総平均人員が58,747人，で死刑確定者53人は総平均人員の0.1パーセントである。
犯罪白書（平成13年版，2001)，検察統計年報による。
(17) 最判昭和58年7月8日刑集37巻6号609頁（連続ピストル射殺魔事件上告審判決。犯行当時19歳であった被告人が1968年10月から1969年3月までの間に盗品の拳銃を用いて2つの

殺人事件，2つの強盗殺人事件，事後強盗殺人未遂事件等を行ったという事案）。なお，本判決に言及しつつ死刑適用の基準を論じた最新のものに，日高義博「死刑適用の基準について」現代刑事法3巻5号（2001）35頁以下がある。
(18) 最判平成11年11月29日裁判集（刑）276号595頁（国立市主婦強盗殺人事件）。本件では事前に計画されたものではなく，外に殺害または重大な傷害を伴う犯行はこれまでにないことを指摘し，死刑を求めた検察官の上告を棄却した。
(19) なお，被害者が1人の場合に死刑を肯定した最近の判決に，例えば，最判昭和62年7月9日裁判集（刑）246号65頁（被害者が1人である身の代金目的誘拐，殺人の事案），最判平成10年4月23日判時1638号154頁（殺害された被害者が1人である身の代金目的誘拐，殺人，拐取者身の代金要求，監禁，強姦の事案），最判平成11年12月11日（1999年12月11日読売新聞朝刊〈独居女性強盗殺人事件　被害者は1人でも前件の強盗殺人の仮釈放中に犯したもので，被告人の反社会性，犯罪性には到底軽視することができないものがあり，罪質は誠に重大であって，とくに酌量すべき事情がない限り，死刑を選択するほかないとして無期刑を言い渡した控訴審判決を破棄差し戻した〉），東京高判平成12年2月28日判時1705号173頁〈逆恨み殺人事件〉がある。被害者が複数の場合として，6人（宝石店放火殺人事件・宇都宮地判平成14年3月19日〈2002年3月19日読売新聞夕刊〉），5人（東京高判平成12年1月24日〈2000年1月25日読売新聞朝刊〉），4人（連続リンチ殺人事件・広島地判平成12年2月9日〈2000年2月9日読売新聞夕刊〉，名古屋地判平成13年7月9日〈犯行時19歳の少年に死刑2001年7月10日読売新聞朝刊〉），3人殺害1人殺人未遂（最判平成10年9月13日〈1999年9月13日読売新聞朝刊〉）3人（津地判平成12年3月1日〈2000年3月1日読売新聞夕刊〉，パチンコ店員強盗殺人事件で2人の中国人に死刑判決確定・最判平成14年6月11日〈2002年6月11日読売新聞夕刊〉，2人殺害1人傷害致死（最大判平成10年12月1日裁判集（刑）274号961頁），2人（福岡地判平成11年9月29日判時1697号124頁，最判平成10年9月4日裁判集（刑）273号551頁，最判平成10年9月17日裁判集（刑）273号915頁，最判平成12年2月4日裁判集（刑）278号1頁，3幼児殺傷事件・釧路地裁帯広支判平成14年3月19日〈2002年3月19日読売新聞朝刊〉）がある。なお，池袋通り魔事件（買い物客10人が襲われ主婦2人が刺された事件で死刑を求（2001年8月22日読売新聞夕刊），5人を殺害し10人に重軽傷を与えた下関駅15人殺傷事件において死刑を求〈2002年4月25日読売新聞朝刊〉）。70歳を超す被告人（71歳）に死刑を言い渡したもの（室戸市連続保険金殺人事件・高知地判平成10年7月29日〈1998年7月29日読売新聞朝刊〉）。
なお，最近の最高裁における死刑事例を論じたものに，對馬直紀「最高裁判所における最近の死刑判決の動向について」現代刑事法3巻5号（2001）42頁以下がある。
(20) 伊藤和夫「国際人権規約と日本の刑事法（上）」ジュリスト781号（1983）147頁。
(21) 中国における罪刑法定主義については，野村稔=張凌「中国刑法における罪刑法定主義の現状」現代刑事法3巻11号（2001）58頁以下参照。なお，中国刑法の邦訳として，野村稔・張凌「中華人民共和国新刑法（1997年）について」比較法学32巻2号（1999）189頁以下，中国刑事訴訟法の邦訳として，松尾浩也＝田口守一＝張凌「中華人民共和国刑事訴訟法全訳」ジュリスト1109号（1997）62頁以下，「中華人民共和国刑事訴訟法」を執行する解釈の邦訳として，野村稔=張凌「中国刑事訴訟法の司法解釈」比較法学34巻2号（2001）194頁以下がある。
(22) 最近の議論として，趙秉志主編・新千年刑法熱点問題研究与適用（上）（中国検察出版社・2001）に所載された，張紹謙「国際規約義務の履行および刑法人権保障機能の強化」，高銘宣・李文峰「死刑の観点から見た『国際人権B規約』とわが国刑事立法との接点」，楊春洗・張慶方「世界における死刑存廃の現状および中国の死刑問題」を参照（これらの論文を参照するについては，元日本学術振興会外国人特別研究員張凌氏に協力を願った）。なお，死刑の手続きについては，例えば，張凌「中国刑法における死刑の手続」早稲田法学

会誌48巻（1998）161頁以下参照。
(23)　1998年11月11日読売新聞朝刊。
(24)　1999年11月28日読売新聞朝刊。
(25)　第2回政府報告書の審査において恩赦制度の状況が問題とされた（五十嵐二葉「第2回政府報告書の検討」法学セミナー406号（1988）38頁参照。
(26)　野村稔『刑法総論』（補訂版，1998）466頁。
(27)　土本武司「死刑存置論と廃止論の接近」『松尾浩也先生古稀祝賀論文集上巻』（1998）128頁以下。なお，「死刑廃止を推進する議員連盟」（会長・亀井静香・前自民党政調会長，超党派議員113人で構成）は，死刑制度を存続させたまま，仮出獄を認めない終身刑制度を創設するための刑法改正案を今秋の臨時国会に提出する方向で検討に入った。その内容は現行の無期刑に加えて，仮出獄を認めない「重無期刑」を創設する一方，「服役後20年程度をめどに「恩赦」を認める制度を導入するというものである。政治生命をかけて死刑制度の廃止に取り組んでいる亀井氏（2002年4月14日読売新聞朝刊）が，最初から死刑廃止は困難であるが，死刑廃止の一里塚として終身刑の導入は可能との判断によるものである（2002年6月3日読売新聞夕刊）。妥当な方向であると考える。
(28)　土本・前掲注（27）131頁以下参照。
(29)　国連人権委員会死刑廃止決議（前掲注（6））は，決議本文5項で，死刑を完全に廃止するという見通しのもとに，死刑執行の停止を考慮するよう求めている。

第28章　西原教授の犯罪論体系について

第1節　はじめに

　西原春夫教授は，多くの実務上解決を必要とする問題につき多数の刑法学上の業績[1]を残される一方で，これらの業績を踏まえつつ，その刑法学の体系的内容を叙述されている。すなわち，昭和52年刊行の体系書である刑法総論[2]において，犯罪論の全体像が詳細に提示された。もっともすでに犯罪論の個別的重要な問題点につき教授自身の見解が示され[3]，さらに刑法総論講義案[4]において概要ながら体系的見解も示されていた。これら両者を踏まえられつつ，その後の思索の成果を取り入れて完成されたのが，その刑法総論である。講義案と体系書では，細かいところでは相違点[5]があるが，体系的順序は同じである。

　西原教授は，「たしかに私の刑法学は，恩師齊藤金作先生をはじめとする内外の多数の先達に導かれ，20数年にわたり研鑽を重ねているあいだに形成されてきたもので」あり，「齊藤先生はその師である大審院判事草野豹一郎先生の学説を忠実に祖述し，発展させた方であり，したがって私は学生時代から，草野・齊藤理論の中で刑法学の勉強をはじめ，その影響を受けてきた者である。草野・齊藤理論は，たしかに今でも私の刑法学の骨格をなしていると思う。しかし，自分の研究が進むにつれて，行為者の主観にかなり比重をかけるその体系論の大筋から，私はいつのまにか1本離れざるをえないことになった。そして，それに伴い，いくつかの問題点について異なる見解をとらざるをえないことになった。それは，いかに苦渋に満ちた一時期であったことであろう。しかし，それは，研究者の良心にかけて乗り越えなければならぬ一時期だったのである。仮に同じ世代の人間であったとしても，人間はそれぞれ別個な人生観を持ち，それがそれぞれの刑法学に反映するのは必

然のことであるばかりでなく，すでに戦前に体系を築かれた草野・齊藤両先生と，戦後現行憲法のもとで法律学を学びはじめた私とでは，法律観の根本に相違が生ずるのは，むしろ当然といわなければならないであろう。ただ私としては，深い人生観と鋭い法的感覚の持主であられた両先生が，もし私と同じ世代に生き，現在の問題に直面したらどのような理論を展開されたであろうかをつねに考えることによって，依然として草野・齊藤両先生の学統を継受しているつもりであることを，ここに明らかにしておきたいと思う。」と，体系書の執筆に際してもっとも悩んだ恩師・齊藤金作先生の学説との関係につき率直に述べられている[6]。

　筆者も恩師である西原先生の教えを受けつつ，犯罪論の体系構成の作業を自己の客観化のそれであるとして，拙いながらも思索を重ねつつ，西原犯罪論を継承し，一方で刑法規範の動態論により，他方で刑法規範の目的は法益の保護にありとしつつ，判断形式としての違法二元論を基礎にして，犯罪の実体的構造および刑法規範の動態論に基づくこととも関連して犯罪の実現過程に応じた動的な犯罪論を構成し，それを提示している[7]。現在は刑法の平易化に対応すべく補訂中であるが，幸いにもこの度，西原先生の古稀祝賀論文に執筆の機会を与えられたことを利用して，改めて西原教授の犯罪論を，草野・齊藤犯罪論との継承点と差異を中心として俯瞰しつつ，さらに私見が西原刑法学と異なるにいたった主な問題点を再検討して，本格的改訂のための基本的視座を確認したいと考える。

第2節　西原教授の犯罪論体系

1　犯罪論の様相

　刑法各則の刑罰法規には，前段に，例えば，殺人罪，窃盗罪，収賄罪，放火罪などの個別的な犯罪類型が，後段に法定刑がそれぞれ規定されている。このような個別的な犯罪類型は法効果としての刑罰（法定刑）の前提となるものであり，この犯罪類型[8]が特別構成要件（以下，単に「構成要件」という。）に該当する違法・有責な行為である。したがって，構成要件は犯罪類型の中で違法と責任という犯罪成立要素（・要件）を除いたもので，刑法規範の違

法評価および責任評価の対象となるものである。

　しかし，この犯罪類型の成否をどのような順序で吟味し，犯罪の成立する場合と成立しない場合とを明らかにして行くかについては，大きく2つの点で対立がある。すなわち，行為論の立場と構成要件論のそれである[9]。両者の差異は，まず，犯罪成立の第1要件を行為とするか，構成要件該当性とするかである。行為論は，いわば構成要件該当性という着物を着ていない「裸の行為」を独立の犯罪成立要件とするのに対して，構成要件論においては，行為は構成要件の1つの要素に過ぎず，それは構成要件該当性の判断の中で論じれば足りるとされるのである[10]。

　次に，構成要件該当性は違法性とは独立の要件であるかどうか，という点である。すなわち，構成要件該当性の判断は，形式的・類型的な判断であり，実質的・非類型的な判断である違法性の判断を持ち出すことなく，行うことができる[11]かどうか，である。

2　西原教授の犯罪論体系

　西原教授は犯罪論体系について，犯罪成立の第1要件として行為を据え，基本的に行為・違法・責任という齊藤教授の行為論の体系を継承される[12]。しかし，齊藤教授は，「刑法各論で主として説くのは犯罪の特別成立要件であるが，その場合，犯罪の一般的成立要件に該当することを当然のこととして予定し，とくに説明しないのであるから，刑法総論においても，犯罪の特別成立要件に該当すること又は構成要件該当性ということは，これを説かないのである[13]」と述べて，構成要件についてはとくに論じられていないのである。これに対して西原教授が構成要件を論じられる点は，齊藤教授の所説と異なるところである。この点の差異は，西原教授によれば，「犯罪論の課題を『犯罪とは何か』という観念的な犯罪本質論に比重をおいて考えるか，『この態度は犯罪か』という実践的な犯罪認定論に重点をおいて考えるか」，ということであり，齊藤教授が構成要件論を否定し，一般的違法性の線に止まっておられるのは，犯罪論の任務を犯罪の実体論に限定しようとする努力のあらわれとみることができるのであり，これに反して犯罪の認定論に立つときは，「判断の対象が個別化しているだけに一般的な違法性を説く

だけでは足りず，特殊的違法性，つまり構成要件該当性を重要な犯罪要素としなければならない。構成要件論は，まさにこのような実践的な犯罪論に奉仕するものであ」るとされる[14]。

もっとも西原教授は，構成要件該当性の判断をするに際しては，構成要件要素によっては形式的・類型的なものに留まらず，違法性という実質的観点を考慮せずには判断出来ないものがあり，またとりわけ過失犯，不真正不作為犯においては，それぞれ注意義務，作為義務という違法要素を確定しなければそれぞれの構成要件該当性は確定されないのであって，構成要件該当性の判断が違法性という価値的性格を払拭しえない以上，これを違法性から独立した判断とするのは妥当ではなく，構成要件該当性の判断と違法性阻却事由との判断は同じく違法性のところで判断されるべきであるとされる[15]。

このように西原教授は構成要件を違法行為の類型（違法類型）とされ，これを違法論に解消するのであるが，鈴木教授は，これにつき，「そこでは構成要件論は，すでに『犯罪』それ自体の要件論ではなく，犯罪の要素である『違法性』の（認定論的）要件論に変質しているとされ，さらに，行為，違法，責任の三分説では，罪刑法定主義の充足を示す犯罪類型該当性の観点が，犯罪論の体系したがって犯罪の基本的要件から全く姿を消してしまっていること」が最大の問題であるとし，罪刑法定主義の観点からすると立法者は，単に違法行為の類型を示せば足りるものではなく，責任の類型，さらには当罰性の観点からの類型性を示す必要があり，したがって犯罪類型は当罰的行為の類型であるから，犯罪類型該当性についても犯罪論体系上犯罪成立の最終要件として論じるべきであるとされる[16]。

しかし，罪刑法定主義の本質的機能は，国民の自由の保障，すなわち国民一般に行動の自由についての予測可能性を保障することである。そのためには本来裁判官の法的価値判断によって決定されるべき犯罪類型該当性を示す必要はないのである。それは一般人に向けられた刑法規範的非難である違法評価の客体ないしは素材を明確に提示することで十分であると考える。そもそも当罰的かつ可罰的な観点からの評価は犯罪成立要件である違法や責任の有無・程度の判断の中で行われるべきものであり，犯罪の類型論を行為論や違法論，責任論に解消することはなんら不都合をもたらすものでなはいと考

える。まずもって刑法は，倫理の立場（内部性）とは異なり，法の立場（外部性）から人の外部的行為を問題にするということが要請される。次いで，刑法（規範）の目的は，個人の人格的発展のために必要かつ重要な生活利益の保護にあると解するべきであるから，刑法という実定法の背後にある刑法規範は，法益を侵害しあるいは危殆化する行為に関心を寄せ，それがその目的に反するもの，すなわち無価値なものとして違法と評価するのである。この違法評価は一般人に向けられた刑法規範的非難であり，具体的行為者に向けられた刑法規範的非難が責任である。したがって，罪刑法定主義の観点からは，刑法規範が無価値と判断する素材ないし対象が明示される必要がある。これにより国民は自己の行動の予測可能性が保障されるのである。その意味で，犯罪論の体系としては，まず行為，さらには違法性のなかで，刑法規範の違法評価の対象を明示する必要がある。したがって，あえて構成要件を犯罪成立の第1要件として位置づける必要はなく，また犯罪類型該当性を犯罪成立要件の中に入れる必要はないのである。その意味で，西原教授の犯罪論体系は基本的に是認できる。

3 筆者の犯罪論体系

(1) 犯罪は構成要件に該当する違法・有責な行為である。犯罪論の体系構成に際しては犯罪の成立自体に論理的整合性を持たせ，またその成立範囲そのものが刑法の法益保護機能の目的上必要にして十分なものとするものでなければならない[17]。

そのためには，第1に，犯罪は刑法が刑罰をもってその侵害または危殆化を処罰することにより保護しようとする重要な生活利益，すなわち，法益を侵害し，または危殆化する人間の主観的・客観的部分の統一体からなる行為であるという，犯罪の本質的構造を直截に把握するものでなければならない。したがって，いたずらに行為の主観的部分を責任に，客観的部分を違法性に振り分けるという伝来的な客観的違法論に立脚するのではなく，責任においても違法性においてもともに主観的・客観的部分の統一体としての行為が全体として判断の対象となると考える。

第2に，実際の実務における犯罪の認定過程を念頭に置いたものでなけれ

ばならない。ここでは犯罪の成立を基礎付ける事実が原則的に証明の対象とされているのであり、これに対して例外として犯罪の成立を阻却する事実が考えられているのである。つまり、原則—例外という関係のもとに犯罪論の体系を組み立てることを意味する[18]。

第3に、犯罪論の体系は犯罪の実現過程を反映するものでなければならない。犯罪の動的な実現過程に対応して刑法規範もまた法益を保護するために動的に機能し、刑法的評価を行うものと考えられる。まさにこのような動的性格が犯罪論の体系にも反映されなければならない[19]。

このような観点を考慮して、行為、違法、責任という行為論に立脚する西原教授の犯罪論体系を継承する。すなわち、第1に、法益の侵害または危殆化をもたらした事象が人間の行為であるということである（行為）。第2に、当該行為が刑法規範によって無価値と判断され、違法であるとされることである（違法性）。第3に、当該違法行為を行ったことにつき当該違法行為者を規範的に非難することができることである（責任）。

(2) 法は、道徳とは異なり意思そのものではなく、その外部的発現としての行為を規制するのであり、刑法規範が規制する規範的抑制の対象という観点から意思支配可能なものを対象とする。したがって、行為は、法益の侵害・危殆化をもたらした事象であって、違法・責任評価の対象となるものであり、意思支配可能な人間の外部的態度である狭義の行為とこれと条件関係に立つ結果とからなるものである（広義の行為）。

違法性とは行為が刑法規範に違反することであり、責任とは違法行為を行ったことにつき当該行為者に規範的非難を行うものである。ともに行為に対する刑法規範からの評価である。そして、違法性の段階においても刑法規範に命令機能が認められるのであり、違法性・責任もその本質は規範的応報を内容とする規範的非難であるが、違法非難は法共同体構成員一般に向けられたものであるのに対して、責任非難は個々の行為者に向けられたものである点に両者の違いがあり、前者の規範的な非難は行為者にも一般的に妥当する点で、違法は責任を推定するものであると言える（違法の責任推定機能）。

構成要件は、社会生活上重要な生活利益の保護をその目的とする刑法規範が関心を寄せる行為の類型であり、刑罰法規に記述された生活利益を事実と

して侵害しまたは危殆化する行為の類型である。したがって構成要件それ自体は論理的には刑法的価値評価からは独立しているものであり，構成要件該当の行為の違法・適法を判断するのは刑法規範そのもので[20]ある。構成要件該当性によって違法評価の対象たる行為が確定され，これに違法・責任の評価がなされていくという構造になっている[21]。

4 西原犯罪論の概要

次に西原教授の犯罪論につき，齊藤犯罪論との差異と継承点を中心にしてその概要を見てみよう。

(1) 齊藤教授は，行為とは「意思決定にもとづく身体の運動又は静止[22]」とし，因果的行為論を採用され，因果関係については条件説に立脚される[23]のに対して，西原教授は，行為を「意思による支配可能な，何らかの社会的意味を持つ運動または静止[24]」であるとして社会的行為論を採用され，自己の態度から生ずる成行の予見可能性を前提とする意思支配可能性の観点から因果関係については折衷的相当因果関係説によられる[25]。西原教授は行為論において齊藤教授と異なり，「意思決定」という要件を緩和され「意思支配可能性」とされ，また社会的有意味性を考慮されるのは，いずれも妥当であると考える。前者によりいわゆる忘却犯を行為の範疇に取り込むことができ，また社会的有意味性ということで不作為の行為性をより良く理解できるからである。

しかし，行為はあくまで刑法規範による評価の対象であるので，違法評価を介在させずにそれを客観的に限定するためには因果関係については条件説によるべきであり，行為自体の違法性と結果の違法性を結合し既遂の違法性を認めるための要素として折衷的相当因果関係説を採用すべきであると考える[26]。

(2) 西原教授が違法の本質を規範違反であるとすることは，齊藤教授と同じである[27]が，西原教授はさらに，法益侵害，危険性によって違法性の外枠が画されることを明示される[28]。そして，故意・過失は専ら違法要素であると解している[29]。この点が，一般に故意を違法要素とする見解も同時に責任要素とし，責任の事実的基礎を肯定していること[30]と基本的な違い

である。このように故意を責任評価から切り離している点に西原教授の見解の特徴がある。しかし、このことが同時に責任の行き過ぎた規範化をもたらすものであり、故意は反対動機の形成の基礎としてではなく、結果惹起行為の行為意思の問題とのみ把握されている。故意について反対動機の形成の基礎としての意義を全く考慮しない立場は故意の本質を見誤るものであるとされる[31]。すなわち、故意は違法との関連では、結果惹起行為の行為意思として、責任との関連で反対動機の形成の基礎となるのは、結果の認識であるとされる。

しかし、違法も責任もともに規範的非難であり、前者に事実的基礎があれば後者に不要である。違法非難の事実的基礎は法益を侵害し、危殆化する行為であり、これは実現意思に担われたものであり、実現意思の中で、法益を侵害し、危殆化する行為の表象の部分は行為者に違法性の意識の可能性の基礎になるものである。したがって、もっぱら故意・過失を違法要素として、責任評価から切り離している西原教授の所説は妥当であると考える。しかし、故意を違法要素とする場合、故意は危険性の程度に関係するものと考えるべきであるから、認容説を採用されているのは[32]妥当ではない。認容という情緒的なものは法益侵害の危険性にとっては不要であるので、むしろ実現意思と考えるのが妥当である。

次に、過失も違法要素であるが、藤木教授が結果回避義務として客観的側面のみ捉えるのに対して、故意と対応する主観的違法要素として、西原教授は結果回避義務を尽くすように配慮する義務[33]として主観的側面を捉らえているが、反対に客観的側面が明示されていない。私見によれば客観的側面は結果回避のために必要な行動をなす義務、すなわちその実体は作為義務であると考える[34]。

最後に、事実の錯誤については、後述するように最初は抽象的符合説（草野・齊藤説）にしたがっていたが、その後、罪質符合説に改説された。

(3) 責任は規範的責任であるとされる[35]が、問題は、違法と責任の関係である。齊藤教授は、基本的に客観的なものは違法に、主観的なものは責任に振り分ける[36]。これに反して西原教授は、両者において規範の評価機能と決定機能を認める[37]。したがって、必ずしも明示されていないが、違法

および責任の本質は（刑法）規範的非難であると考えられる。そして，両者の区別は規範的非難が，一般人を名宛人とするか行為者個人を名宛人にするかである。この点は是認できる。

次に，西原教授は，違法性の錯誤の処理は責任説により，誤想防衛も禁止の錯誤とする厳格責任説を採用される[38]。この点は同じく違法性の錯誤とされる齊藤教授の見解を継承されている[39]。この点は筆者も西原教授の所説を基本的に是認できる。しかし，筆者は，西原教授と異なり，前述したように刑法規範の法益保護機能の動的性格を考慮し，犯罪論に動的性格を付与しているために若干見解を異にする。すなわち，刑法規範の動態論に基づく行為自体の違法性と結果の違法性とを区別する判断形式としての違法二元論により，具体的危険説の趣旨から誤想防衛の場合につき，行為自体の違法性は欠けるが，違法事態のみ存在するに過ぎない場合に正当化を認める（正当化的誤想防衛[40]）。これに対して，偶然防衛の場合には行為自体の違法性は存在するが結果の違法性が存在せずに，既遂ではなく未遂処罰規定が準用される[41]。

最後に期待可能性の基準が西原教授においては一般人（平均人）とされているのは[42]，一般人と具体的行為者を標準とする違法と責任の区別の観点から問題であると考える。この点，私見は西原教授と同様の違法と責任の区別基準により，行為者を標準とすべきであると考える[43]。

(4) 違法行為の態様に関して，まず不作為犯については，基本的に西原教授の所説を是認できる。さらに，未遂犯につき，実行の着手は折衷説を採用され，これは齊藤教授も同様であり[44]，不能犯は，最初は抽象的危険説を採用され，齊藤教授の見解を継承されていたが，その後具体的危険説に改説された（後述）。これらはいずれも是認できる。共犯については，西原教授は齊藤教授の見解を基本的に継承され，共謀共同正犯を共同意思主体説によって肯定される。そして，罪名従属性を肯定され，特定の目的の実現のために異心別体の人が，個々人の存在を超えた心理的存在である共同意思主体（一心同体）になり，これが犯罪実行を行ったのであり，行為者はその内部で果たした役割にしたがって処罰されるとして，一部実行の全部責任を根拠づける。したがって，一部実行の全部責任の根拠として「共同意思主体」を媒介

項として介在させるのでこの点に団体の法理が認められることになる。刑法77条の存在からすれば，刑法は個人法理を修正することを予定しているのであるから共犯について団体法理を介在させても不当ではないとも考えられる。

しかし，筆者は実行従属性を前提としつつ，因果的共犯論・行為共犯説を採用し，共同正犯も教唆犯も正犯の一態様であり，他人の行為の結果につき責任を負担するのは当該他人の行為を自己の犯罪目的実現に利用し・帰属させるからであり，また承継的共同正犯および共謀共同正犯はこれを否定する。さらに，従犯については抽象的危険犯と理解する[45]。したがって，共犯論全体につき，西原教授の所説と見解を異にするにいたっている。この問題についてはいずれ本格的に検討したい。

第3節　西原教授の犯罪論の変遷

西原教授が，最初は草野・齊藤説に従っていたが，その後改説された主な部分に，前述したように不能犯と錯誤の問題がある。

1　不能犯

西原教授は，客観的見解としての具体的危険説と主観的見解に属する主観説と抽象的危険説の3説は，それぞれ異質な犯罪論上の基本的思想に深く根ざし，この基本的思想を揺り動かすことなしには批判し尽くすことのできない険しい対立を示しているのである，とした上で，具体的危険説は，客観主義の認める不能犯論であって，未遂犯の可罰性を客観的な，法益侵害に対する具体的危険の中に認め，このような危険を欠くもののみが不能犯であり，これに反して主観説は，主観主義刑法理論から派生する不能犯論であって，未遂犯の可罰性の根拠は犯意の客観化という点に求められるから，不能犯の成立する余地はきわめて限定されることになるが，抽象的危険説はこれらの中間をいくもので，折衷説的刑法理論に根ざし，未遂犯の可罰性の根拠を当該行為の抽象的危険の中に求め，このような危険すら欠くものを不能犯とするものであると，それぞれを位置づけられ[46]，抽象的危険説を採用される

旨明示されていた[47]。

　その理由として，西原教授は，違法性の本質につき規範違反説に立脚することを前提に，規範そのものが法益保護のためにある以上，規範違反性は法益侵害性とまったく無関係であるわけではなく，多くの場合規範違反性は法益の侵害または危害を伴うものであるが，規範はいったん制定されると独り立ちをするのであって，現実には法益侵害または危害を伴わなくても規範違反とされる場合が生じてくるのであり，その一場合が未遂犯であり，法益に対する具体的現実的な危険（事態の無価値）はなくとも，当該行為自体の抽象的危険（態度の無価値）があれば—すなわち行為者の認識したところが現実の事実であったとしたらその行為に結果発生の危険が認められるという場合には—すでに規範違反性すなわち違法性が生ずるという場合が認められる，この点で具体的危険説は採用できないが，他方で行為者の認識したところを現実の事実と考えても一般人の立場から法益侵害の危険を感じない場合には，すでに態度無価値が失われると考える点で主観説も採用できない，と述べられる[48]。

　その後，西原教授は，違法性の本質についてはこれまでと同じく規範違反に求められつつ，「刑法が禁止するのは……一般人の立場からみて法益を侵害すると考えられるような行為だからであり，違法性の外枠は，あくまで行為自体の——一般人の立場からみた—客観的危険性によってひかれるべきもの[49]」とされ，抽象的危険説は，一般人の危険判断を介在させることによって危険性の客観化を目指した点は主観説よりすぐれているが，行為者の認識事情のみを抽象化し，それのみを一般人による危険判断の対象としたことは，行為者の危険性ではなく，行為の危険性を違法性の外枠としようとした趣旨が没却される，と問題点を指摘し，これに対して，具体的危険説ははっきりと行為自体の危険性に着眼し，規範の客観性は危殆化を違法性の外枠としているとして，具体的危険説を採用するにいたったことを明言される[50]。

　抽象的危険説と具体的危険説は前者は主観説に，後者は客観説に分類されるのが通常であり，全く性格が異なるかのように思われるが，双方とも行為の属性としての法益侵害の危険性を問題とするものとの理解も可能であり，ただその一般人による危険性の判断に際して，前者は行為者の認識事実を事

実とした場合に行為の危険性の有無を問い、後者は一般人の認識しえた事実に、とくに行為者の認識事実を加えて判断するところに違いがある。その意味で論理的には双方とも行為の属性としての法益侵害の危険性を問題としているので、抽象的危険説から具体的危険説への変更も困難ではない[51]ともいえる。西原教授は違法性の本質を規範違反に求めることについては変更はないのであるから[52]、この改説は、違法性を画する外枠の理解についての教授の見解の微妙な変更によるものであると言えよう。

　西原教授が、具体的危険説に改説されたことは妥当である。しかし、違法性の本質を規範違反とするのは妥当ではない。刑法規範に違反するというのは違法という評価であり、違法そのものの内容ではない。違法評価の構造は、評価する主体である刑法規範と評価される客体の存在の外に評価の基準・標準からなるものである。違法評価の基準・標準は刑法規範の機能・目的から導かれるものであって、その法益保護機能・目的からすると、行為が法益を侵害し危殆化する属性をもっている点に求められるべきであり、さらに評価の客体は、刑法規範が法益保護の観点から関心を寄せるものである必要があり、その意味で、法益を侵害し危殆化する行為ということになるのである。したがって、規範違反を違法性の本質とするのは論理的のみばかりでなく、実際の結論からも妥当ではない。

2　錯誤論

　西原教授は、錯誤論につき、構成要件を違法類型と解し、かつ、故意・過失を構成要件要素と考えた場合に構成要件的に類型化された故意と、同じく構成要件的に類型化された事実とがどの程度符合することを要するかが問題であるとして、まず、具体的符合説については、方法の錯誤の場合に重大な欠陥をあらわすと批判する。すなわち、刑法は、「人を殺す」ことに意欲・認容という内部的態度を違法としているのであって、「甲を殺す」目的は、「人を殺す」目的という上位概念を通じて「乙を殺す」目的にも転用される。故意は、少なくとも同一の構成要件の範囲内における事実について抽象化することが可能であり、この意味でまず、具体的符合説は体系的に克服しうるとされる[53]。

次いで，同一の構成要件の範囲外にある事実への故意の抽象化は，一般には不可能であるとされ，例外的に犯罪の性質上包摂ないし吸収の関係に立つ2つの故意のあいだに抽象化が認められるに過ぎず，このような思考は罪質同一の範囲内において故意の抽象化を認める法定的符合説と軌を一にするとされつつ，未遂も過失の処罰規定も欠く場合の欠陥は克服されねばならないとする[54]。そこで，抽象的符合説のうち草野説に注目され，「草野説の特色は，基本的には法定的符合説の立場から出発しつつ，認識事実について未遂を処罰する規定がない場合にも常にその未遂を認める点にある。そして，その主張の根拠として，刑法44条は無害な（つまり結果の発生しない）未遂を罰するには明文の規定を要するという趣旨であって，有害な（つまり何らかの法益侵害を伴う）未遂を罰するには明文の規定を要しない，という解釈論を援用する。この解釈論自体は，たしかにやや説得力を欠くうらみがあるが，他の抽象的符合説の行う故意の完全な抽象化，および既遂概念の拡張を避けながら，法定的符合説の欠陥を修正している点で魅力がある。」とされていた[55]が，その後，西原教授は，いかに有害な未遂であっても未遂処罰規定のない場合に未遂の成立を認めるのは罪刑法定主義の精神に反することを考慮して，体系書において草野説を離れ，罪質同一の範囲内において故意の抽象化を認める法定的符合説に改説された[56]。草野説も故意の符合については前述したように法定的符合説と同旨であるので，この点の改説は西原教授にとって困難でなかったと考えられる。さらに，併発事実の事例については，体系書において初めて一故意犯説に立脚する旨明示された[57]。

しかし，西原教授が故意を違法要素と理解するかぎり，それは法益侵害の危険性にかかわるものと理解すべきであり，そうであれば故意は特定の客体に侵害結果を実現する意思と理解すべきである。そして，なによりも刑法は，決して「『人を殺す』」ことの意欲・認容という内部的態度を違法としている」のではなく，特定の客体に侵害結果を実現する外部的行為を法益侵害の危険性のある行為として違法とするのである。したがって，この点で，具体的符合説が方法の錯誤と客体の錯誤とで取り扱いに差異を認めることは積極的に評価すべきである。西原教授が，基本的に法定的符合説によりつつ，故意の方向性を抽象化するのは妥当ではない。しかも，客体の錯誤につき，

例えば，甲の飼い犬であるとして発砲したところ，それは甲であったという場合には，法定的符合説によれば器物損壊罪の未遂は不可罰であり，故意の転用は認められないので，過失致死罪が成立するに過ぎない。しかし，この場合器物損壊という法益侵害結果の実現意思はまさに当該特定の客体に向けられているのであり，あまつさえ，器物損壊よりも重大な生命の侵害結果が発生しているのであるから，少なくとも器物損壊罪の既遂の成立を肯定すべきである。故意を違法要素と把握する限り，錯誤の問題は結局行為自体の違法性すなわち未遂の違法性にとどまるか，それともこれに結果の違法性をも認めて既遂の違法性を肯定できるかという違法性の量的補充関係の判断であり，この場合には故意の類型性は問題とならず，違法性の量の問題，すなわち法益の大小の問題に還元することができるのである[58]。この意味で，筆者は依然として西原教授の所説に与することができないのである。

第4節　西原犯罪論の特徴

1　間接正犯

　西原教授は，間接正犯につき，被利用者の行為は利用者の利用行為の因果的事象であり，したがって実行の着手は利用行為の行われたときに認めるという，いわゆる道具理論[59]に対して，実行の着手につき折衷説を採用される一方で，間接正犯の場合，利用行為につき実行の着手が肯定できる場合もあれば被利用者の行為にこれを認めることもあるとされ，他方で実行の着手は行為者の行為につき，これを肯定すべきであるとの考えから，間接正犯を作為・不作為の複合的構造のものと理解され，利用行為により結果発生の危険を発生させた以上利用者はその結果の発生防止義務があり，この作為義務の違反状態が継続しているのであり，その間の法益侵害の危険が切迫したときにおける当該不作為に実行の着手を肯定すべきであるとした[60]。これはまことに卓抜した見解であり，その後これに賛意を表する見解も存在する[61]。

　筆者もかつてこの見解を採用していた[62]。しかし，教唆犯を他人の行為を利用して自己の犯罪目的を実現するものと解し，他方で被教唆者はこの場

合刑法規範の立場からすると犯罪の実行に出ないことが期待できる者（規範的障害）であるので，被教唆者が現実に実行に着手することにより教唆犯が成立するもの（実行従属性）と考えると，この場合にも作為・不作為の複合的構造を認めることができるのであり，そうであれば客観的には間接正犯と教唆犯とは区別できないことになるとの反省から，作為・不作為複合的構造論から離れざるをえなかった[63]。自己の犯罪目的を実現する意思でそれを実現し，その結果につき責任を負う者を正犯と考えるが，教唆犯も正犯の一態様とする筆者の立場からは，教唆犯と間接正犯の両者を客観的に区別するためには，前者は実行従属性の制約を受ける正犯であり，後者は実行従属性の制約を受けない正犯であると理解するのが妥当ではないかとの見解に達した。さらに，教唆犯は他人の行為を自己の行為に取り込み利用することにより自己の犯罪目的を実現するものであり，実行従属性の制約を受けるものであるから，必ずしも正犯の存在は必要でなく規範的障害の契機となる何らかの意味で違法な行為があれば足りるのであり，この意味で真に利用行為に実行の着手を肯定できる場合のみを間接正犯とし，そうでない場合を教唆犯とすることができるのである[64]。

2 原因において自由な行為

団藤教授は，責任能力は実行行為の時に存在しなければならないのであり，また原因において自由な行為の場合を自己の責任無能力の状態を利用する点で，他人を道具として利用する間接正犯と構造的に類似していることに着眼して，間接正犯において利用行為に実行の着手を認めることとパラレルに，原因設定行為に実行の着手を肯定することにより，責任能力と実行行為の同時存在の原則を維持する一方で，自己を道具として利用するということから，道具といえない自己の限定責任能力状態を利用するに過ぎない場合を除外し，また，実行の着手を客観的立場より理解しようとすることから，定型性の弱い不作為犯や過失犯はともかく，故意の作為犯については原因設定行為を実行の着手とすることは困難であるとされる[65]。

このような通説に対して，佐伯千仭博士は，実行の着手についての罪刑法定主義の要請と責任能力の存在時期について問題提起され，責任能力は非難

可能性という責任判断において機能するものであるから，それは意思決定の際に存在すればたり，実行行為の際になくてもよいとされた[66]。それを受けて西原教授は，佐伯還暦の祝賀論文[67]で，佐伯博士の理論をさらに進めて，違法行為を行う意思を最終的に決定した時に責任能力があれば，当該意思決定に貫かれた実行行為を含む行為全体について責任が問えるとされ，責任能力は実行行為時ではなく，それを行う意思を最終的に決定した時点にあればよいとされ，最終的意思決定の時点に責任能力があれば，その意思の実現過程で，実行行為が，たとえ責任無能力の状態で行われても，また限定責任能力の状態で行われても完全な責任能力のある実行行為として責任を問えるとされたのである。これにより，酒酔い運転の時には心身耗弱の状態であっても，飲酒の際に酒酔い運転の意思がある場合には完全な責任を問えることになり，また改正刑法準備草案16条の規定をも根拠づけることができるとされたのである。この理論もまことに卓抜した見解であり，西原教授が行為論を採用されていることと無関係ではないと考えられる。しかし，これに対しては，事前のコントロールを重視し過ぎとの批判[68]があり，それに対する再批判が西原教授から行われる[69]というように周知のごとくの論争を呼んだのである。

　両者の論争の中心にあったのは，団藤教授においては責任能力の同時的コントロールが問題とされているのに対して，西原教授においては事前のコントロールが考えられていたことであった。責任能力の同時的コントロールというのは，実行に着手してから結果の発生に至る過程において，自己の行為の是非を弁別し，それに従って自己の行為を制御し，これにより実行行為に出ないこと，または結果の発生を回避することを意味し，事前のコントロールというのは，実行行為を行おうとする意思を最終的に決定した際に，当該行為の是非を弁別し，それに従って，実行行為をしないように意思決定を制御することであると考えられる。同時的コントロール説によれば，実行行為について責任を問う場合には，まさに実行行為の時点に責任能力が存在する必要があるということになるが，これに対して事前のコントロール説によれば，責任能力は必ずしも実行行為の時点にある必要はなく，実行行為を行おうとする意思を最終的に決定した（実行行為以前の）時点にあればよいという

ことになる。故意犯の場合や道具といえない，限定責任能力の状態における自己を利用する場合についても原因において自由な行為の法理を認めるべきであるので，結論的には西原教授の所説を妥当と考える。

　しかし，西原教授が事前のコントロールを重視されることには，筆者の刑法規範の動態論の立場からは必ずしも賛同できない。そもそも違法行為に対する反対動機を形成することなく，違法行為に出たことに対して責任非難が向けられるのであり，法益侵害の状況・段階に応じて，当該違法行為が法益の侵害に近い状況・段階にあればあるほど当該違法行為の違法性の程度も重くなり，しかも，違法行為のもつ違法性の程度により，また違法行為がもつ法益侵害に対する近さの程度により責任非難の程度も異なってくるものであると考えられる。したがって，予備行為から実行の着手を経て既遂に至るその段階ごとに，より強い責任非難が向けられることになるのである。このような観点より考えると，事実としては1つの意思決定に従って予備行為が行われ，実行の着手がなされるものであっても，予備行為を行う際のそれに向けられた意思決定と，実行行為を行う際にそれに向けられた意思決定とは，それぞれ別なものであり，別個の責任非難を基礎づけるものであり，その責任評価の基礎となる責任能力はそれぞれの意思決定のときに存在しなければならないのであり，その意味で，同時的コントロールを問題にすべきであると考える[70]。

第5節　おわりに

　筆者が大学院に進学したとき西原先生から与えられたテーマが未遂犯の研究であった。また，当時西原先生は講義案の執筆中であり，校正のお手伝いをさせていただく機会があった。そのころから自己の刑法学の内容を示す体系書の執筆が夢であった。

　未遂犯の研究の過程で，未遂犯は主観的要素と客観的要素との混成物であり，犯意を概念的構成要素とするものであるとの認識を得たことが，行為自体の違法性を判断するに際して故意のみならず，その具体的な形態である所為計画をも判断要素に加え，実行の着手時期の判断につき折衷説を採用する

ことの契機になった。次に，防衛の意思に関する判例評釈の機会に，いわゆる偶然防衛について，行為自体の違法性は肯定できるが，結果の違法性は欠けるので未遂規定を準用すべきであるとの結論を明らかにした。これは江家義男博士の所説に示唆を受けたものであり，違法判断において行為時の事前判断と結果時の事後判断との二元的な判断を行うことからの帰結である。この判断形式としての違法二元論により，犯罪の実現，即ち法益侵害の実現過程に応じて違法判断を行うという動的な判断を刑法規範の観点から説明すべく，中止未遂の性質の分析を通じて刑法規範が行為規範，制裁規範，そして裁判規範として機能し，動的に違法判断を行うものであることを論証した。このような違法論の立場から未遂犯全体を体系的に考察した[71]。

しかし，この段階では違法判断と刑法規範との関係が必ずしも明確でないとの批判を浅田教授から受けることになり[72]，さらにこの点の考察を進め，刑法規範は，法益を保護するために，法益の置かれた状況により，また法益に対する侵害実現の過程に応じて，その様相と機能が動的に変化するという刑法規範の動態論として一応の構想を提示することが出来るようになった段階で，これを骨格の重要な1つとして行為無価値論と結果無価値論との対立を止揚する立場から犯罪論全体を俯瞰し，これに精緻な体系を与えるべくかねて念願であった『刑法総論』を執筆した。

これまでの過程で常に念頭にあったのは西原教授の犯罪論であった。今こうして教授の犯罪論を俯瞰しつつ自己の見解と対比してみると，西原教授の犯罪論という型から入り，その型になりながら少しずつであるが，その型から抜け出ていることに気付くのである。

西原先生の古稀のお祝いに拙き論稿を捧げる次第である。

(1) 例えば，西原春夫『交通事故と信頼の原則』(1969)，同『交通事故と過失の認定』(1975)。
(2) 西原春夫『刑法総論』(1977，以下「体系書」と略称する。)。
(3) 西原春夫『刑法総論〈法学基本問題双書17〉』(1968，以下「双書」と略称する。)。
(4) 西原春夫『刑法総論講義案』(1968，以下「講義案」と略称する。)。
(5) 講義案では適法事由であるが，体系書では正当事由であり，累犯は講義案では罪数論で扱われているが，体系書では刑の適用の刑の加重のところで説明されている。さらに，共犯と身分が講義案では共犯と錯誤の後に扱われているが，体系書ではその順序が逆になっ

（6） 西原・前掲注（2）序文。
（7） 野村稔『刑法総論』（1990）
（8） 国家刑罰権が現実に発生するためにはこの犯罪類型に属すべき要素の外に，客観的処罰条件が必要な場合がある。例えば，事前収賄罪における公務員となったこと（刑法197条2項）。
（9） もっとも，最近はこの点の対立は解消されつつあり，犯罪の存在論的基礎としての行為を重視する観点から，構成要件該当性の前に独立に行為を論じる犯罪論体系が主張されている。例えば，野村稔編著『刑法総論』（改訂版，1997），曽根威彦『刑法総論』（新版補正版，1996），内藤謙『刑法講義総論（上）』（1983），『刑法講義総論（中）』（1986），『刑法講義総論（下）1』（1991），平野龍一『刑法総論Ⅰ』（1972），『刑法総論Ⅱ』（1975），などがある。
（10） 構成要件論による主なものに，小野清一郎『新訂刑法講義総論』（1948），木村亀二『刑法総論』（1959），団藤重光『刑法綱要総論』（第3版，1990），福田平『刑法総論』（全訂版，1996），大塚仁『刑法概説（総論）』（第3版，1997），大谷實『刑法講義総論』（第4版補訂版，1996），などがある。
（11） 団藤・前掲注（10）98，196頁。
（12） 草野の体系（草野豹一郎『刑法要論』（1956））は基本的には結果無価値論的違法構成要件論に属するとする（鈴木茂嗣「犯罪論の体系(2)」法学論叢138巻4・5・6号〈1996〉77頁注7）。
（13） 斉藤金作『刑法総論』（改訂版，1955）
（14） 西原春夫「犯罪論における定型的思考の限界」『斉藤金作博士還暦祝賀論文集』（1964）161頁。
（15） 西原「構成要件の価値的性格―犯罪論における定型的思考の限界・その2」早稲田法学41巻1号（1965）187-8頁，同・前掲注（3）36頁以下，同・前掲注（2）133頁以下。
（16） 鈴木・前掲注（12）94頁。
（17） 野村・前掲注（7）81頁以下参照。
（18） 鈴木教授によれば，野村は犯罪の実体論とともに認定論をもその体系の基盤として明示的に挙げ，違法性論および責任論でそれぞれ阻却事由が正面から論じられているところに具体的に現れているが，実体論に徹しようとする西原説は，正当防衛等についても正当事由として扱われ，違法性阻却事由という名称が意識的に避けられているのと対照的である，とされる（鈴木・前掲注（12）96頁）。もっとも責任においては責任能力と責任条件が積極的に論じられているが，正当事由については括弧がきで違法阻却事由とされている。
（19） このことが原因において自由な行為において，事前のコントロールを重視される西原教授と異なり，同時的コントロールを支持する所以である。
（20） 刑法規範は，法益の置かれた状況により禁止規範として，または許容規範として顕現し，前者が，当該法益を侵害・危殆化する行為（構成要件該当行為）の違法性の判断を，後者がそれの適法性（許容性）の判断をそれぞれ行うものであり（野村・前掲注（7）153頁以下），この意味で，刑法規範自体が正当事由と構成要件とから構成されている（西原・前掲注（3）52頁以下，同・前掲注（2）140頁）と考える必要はない。
（21） 木村・前掲注（10）135頁参照。福田教授が，「構成要件は，禁止（命令）規範の内容―禁止の素材を対象的，実体的に記述したもの」とする点は（福田・前掲注（10）69頁）妥当である。構成要件該当行為は，刑法規範の評価の対象であり，禁止の素材であるのみにとどまらず，許容の素材でもある。刑法規範により最終的に・究極的に違法・適法の評価を受けるという意味で刑法規範の評価の素材・対象である。しかし，体系論としては構成

要件該当性を独立に論じるべきではなく，刑法規範からの評価すなわち違法性を論じる際に扱えば足りる。この点は基本的に西原教授と共通する発想とみてよいであろう，とされる（鈴木・前掲注（12）96頁）。
(22) 齊藤・前掲注（13）95頁。
(23) 齊藤・前掲注（13）102頁。同旨，岡野光雄『刑法における因果関係の理論』(1977) 13頁以下。
(24) 西原・前掲注（2）75頁。
(25) 西原・前掲注（2）98-9頁。これに対して，相当因果関係とくに折衷的相当因果関係は，一般に刑法的評価に関係するものとして，構成要件該当性において論じられる（例えば，団藤・前掲注（10）176-7頁，福田・前掲注（10）103-4頁）。なお，平野龍一『犯罪論の諸問題（上）』(1981) 38頁は，折衷的相当因果関係は実質的には「過失の代替物」とされる。
(26) 野村・前掲注（7）123頁注（4），125-6頁。
(27) 西原・前掲注（2）109頁以下，齊藤・前掲注（13）124頁。
(28) 西原・前掲注（2）110頁。
(29) 西原・前掲注（2）154-5頁。これに対して，齊藤教授は，責任条件とされる（斎藤・前掲書150頁，167頁以下参照）。
(30) 例えば，藤木英雄『刑法講義総論』(1975) 211頁以下，福田・前掲注（10）84頁以下，193頁以下。
(31) 鈴木・前掲注（12）85頁。
(32) 西原・前掲注（2）161頁。
(33) 西原・前掲注（2）174頁。
(34) 野村・前掲注（7）175頁。
(35) 西原・前掲注（2）389頁以下，齊藤・前掲注（13）157頁以下。
(36) 齊藤・前掲注（13）125-6頁，150頁。
(37) 西原・前掲注（2）112頁以下。
(38) 西原・前掲注（3）148頁，西原・前掲注（2）422-3頁，423-4頁，423頁注6。
(39) 齊藤・前掲注（13）196頁。もっとも，違法性の錯誤の処理は準故意説を採用される（齊藤・前掲注（13）196頁以下）。
(40) 野村・前掲注（7）160頁。同旨，藤木・前掲注（30）172-3，川端博『刑法講義総論』(1995) 377頁。
(41) 野村・前掲注（7）224-5頁。西原教授はこの場合既遂を認められる（西原・前掲注（2）208頁）。
(42) 西原・前掲注（2）431頁以下。
(43) 野村・前掲注（7）312頁以下参照。
(44) 斉藤金作「実行の着手」『刑法講座4巻』(1967) 7頁以下。
(45) 野村・前掲注（7）420頁。
(46) 西原・前掲注（3）220-1頁。
(47) 西原・前掲注（3）221頁。ちなみに，斉藤教授門下の岡野光雄教授はこれを支持されている（岡野「不能犯」下村康正＝八木國之編『刑法総論（法学演習講座⑧）』(1970) 310頁。
(48) 西原・前掲注（3）221-2頁。
(49) 西原・前掲注（2）301頁，115頁以下参照。
(50) 西原・前掲注（2）301頁，302頁注（2）。
(51) ちなみに，大谷實教授はかつて客観的危険説を採用されていたが（大谷「不能犯」中義勝編『論争刑法』(1976) 131頁以下，同「不能犯（再論）」同志社法学153号(1978) 25頁

　　　　　　　　　　　　　　　　　　第28章　西原教授の犯罪論体系について　　285

　　　以下），客観的危険説から具体的危険説に改説された（大谷『刑法講義総論』（1986）387-
　　　8頁，388頁注（1））。この改説は，これは結果としての危険から行為の属性としての危険
　　　性への変更である点で本格的改説であるといえよう。
(52)　西原・前掲注（3）33-4頁，同・前掲注（2）109頁以下参照。
(53)　西原・前掲注（3）139頁，西原・前掲注（2）197頁。
(54)　西原・前掲注（3）140-1頁。
(55)　西原・前掲注（3）141頁。
(56)　西原・前掲注（2）198-9頁。
(57)　西原・前掲注（2）193頁注（1）。
(58)　野村・前掲注（7）210頁以下，野村「事実の錯誤」『下村康正先生古稀祝賀論文集』
　　　（1995）96頁以下。
(59)　例えば，団藤・前掲注（10）155頁以下。
(60)　西原春夫『間接正犯の理論』（1962）190頁以下，同・前掲注（2）259，317頁。
(61)　大塚・前掲注（10）169頁注（16）。
(62)　野村「実行の着手」現代刑法講座3巻（1979）117頁。
(63)　さらにこの作為・不作為複合的構造論には，利用者に途中で作為が不可能な状態が生じ
　　　たときには問題であるとの指摘も行われている（原田保「実行の着手」法学セミナー360号
　　　（1984）42-3頁）。
(64)　したがって，故意ある道具の利用については間接正犯を否定するべきである（野村・前
　　　掲注（7）409頁，410頁注（2））。
(65)　団藤・前掲注（10）161頁以下参照。もっとも，大塚教授は，故意ある身分なき道具を利
　　　用する間接正犯と平行的に理解して，限定責任能力状態を利用する場合にもこれを認めて
　　　いる（大塚・前掲注（10）161-2頁）。
(66)　佐伯千仭「原因において自由なる行為」『刑事法講座　第2巻』（1952）295頁以下。
(67)　西原春夫「責任能力の存在時期」『佐伯千仭先生還暦祝賀論文集』（1968）412頁以下。な
　　　お，西原春夫『刑事法研究　第2巻』（1967）20頁以下参照。
(68)　団藤重光「みずから招いた精神障害」『植松博士還暦祝賀論文集（法律編）』（1971）242
　　　頁以下，福田・前掲注（10）192頁注（4）。なお，平川宗信「原因において自由な行為」
　　　中山研一ほか編『現代刑法講座　第2巻』（1979）283頁。
(69)　西原春夫「原因において自由な行為についての再論」『団藤重光博士古稀祝賀論文集　第
　　　3巻』（1984）29頁以下。
(70)　野村・前掲注（7）293頁以下。同時的コントロールの事前の放棄により説明するのが妥
　　　当であると考える。すなわち，そのためには，実行行為についての故意があるのみならず，
　　　原因行為によって自らが責任無能力あるいは限定責任能力の状態に陥ることについての故
　　　意の二重の故意を必要とする。したがって，飲酒の際に酒酔い運転の意思がない場合には，
　　　刑法39条2項が適用されることになる。
(71)　野村稔『未遂犯の研究』（1984）
(72)　浅田和茂『犯罪と刑罰』2号（1976）121頁以下。

最終講義

第29章　私の未遂犯論[*]

1　はじめに

こんにちは。

今日は29回目の講義で，本来であれば刑罰論の2回目あたりになります。しかし，法務研究科の方から最終講義の問い合わせがありました。この刑法の講義は法学部設置の科目なのですから，事物管轄から言えば法学部で最終講義のお申し出があれば快く引き受けたのですが，私は去年の四月から法学部と法務研究科との併任を解消されてしまって，法務研究科専任になったということなのです。そこで，人的管轄と事物管轄と間に齟齬が生じました。どうも最終講義というのは定年退職に合わせてやるということなのですが，ただ私の心情としては長らく法学部にいましたので，法務研究科からの最終講義のお申し出は辞退申し上げました。ところが助手の人とか若い人達が「先生それはダメだよ」ということで，最終講義をやるということにしましたが，今日はシラバスで予定していたテーマを変更して，しかも公開講義というかたちで二九回目の授業を最終講義として行います。従来ある儀式めいたことは一切やらないということにしましたので，すべて，司会から何からすべて私がやるということになっていますので，よろしくお願い致します。

最終講義のテーマについては，若い人たちが「刑罰の話は面白くないから未遂論の話をして下さい」ということですが，未遂論につきましてはすでに学部の学生諸君には，16回目から4回にわたって詳細にお話してありますので，本日はその帰結だけをお話し，そしてその基礎となっている刑法規範に関する考え方をお話して，最後に終講の辞ということで，思いのたけを若干述べさせて頂くというかたちにします。

この未遂犯の研究というのは，私が院生の時に修論のテーマは何をやるかということで，西原春夫先生に相談したところ，研究者を目指すのであれば

間口が狭く奥行きが深い，換言すれば犯罪論体系に直接結びつくテーマを選択してそれを研究し続けて博士学位論文にまとめるのがよいのだという話がありまして，そこで未遂犯をやったらどうかねと，いう話になり，未遂犯をやろうということになったわけです。ただ，当時は未遂犯については詳細な研究が，あるいは優れた研究がたくさんありました。ではどういうふうに研究を進めて行ったらいいのかという問題があったわけです。

そこで，「歴史的なところから始めたらどうか」という具合でやっているうちに，日本の刑法制定史における未遂概念のあとを追っている過程で，『日本刑法草案会議筆記』という，いわゆる『鶴田文書』というのですが，これが早稲田大学に所蔵されているということで，「そういうものについての復刻をやろうじゃないか」という話がありました。夏の暑い時に私の所属する研究室の後輩の2つ下の人と一緒に彼の下宿でマイクロフィルムを見ながら早稲田本と最高裁本といろいろ見比べながら作業を行ったり[1]と道草を食ってました。例えば刑事法辞典[2]というのが出ていますが，私には刑法の項目は割り当てられないで，御成敗式目とか武家諸法度とか改定律令とか，そういうものだけが割り当てられたというようなこともあって，しばらくそういったような道草を食っていました。ただ，非常に面白いことがありました。鶴田文書との関係で京大本というのがあるのですが，それを見せてくれと交渉している過程で法制史の人達が資料を独り占めにして，もちろん法制史の性格上資料を独り占めにするという，そのやり方は分らないわけではないのだけれども，刑法学のように資料を公にして，そこでもって議論を戦わせるという体質ではないのですね。そういう体質に嫌気がさして，それと同時に西原先生から「おまえ何を道草食っているのだ」と言われたこともありましたので，そういった旧刑法の研究から足を洗って，また最初の未遂犯の研究に戻ってきたわけです。

そのようなことで，未遂犯について講義では一通りの説明をしたわけですけれども，1年生が対象ですので，あまり私個人の考え方をご説明しますと混乱をするということもありますし，また，私の本はいま絶版にしておりますので，学生諸君の理解を混乱させてはまずいということで，比較的中庸な立場で講義をしてきたのですが，今日はその帰結の部分だけをお話して講義

2　実行の着手の判断―所為計画の考慮（折衷説）

　未遂犯というのはご承知のように実行に着手してから犯罪が完成しない場合をいうわけでありますけれども，殺人罪の場合は殺意をまず決めると，衝動的殺人みたいな場合は別として，普通は人を殺すことには怨恨であるとかいろいろな理由がありますので，人を殺すためのいろいろな準備をするわけです。準備をした上で殺人の実行に着手する。そして，例えばピストルで相手を撃ち殺そうとして撃ったという場合に，ピストルの弾丸が当たってそのまま放っておけば死んでしまうような危険な状態が発生したと，これを私は非本来的結果と言っているのですが，それを経て死という本来の結果が発生することになります。犯罪の実現はこのような過程を経ていくことになるわけです。これを踏まえると，まず実行の着手というのが一つ未遂の論点としてありますし，またその犯罪行為の性質とか客体の性質によって，もともと犯罪が完成することができないのに犯罪が完成すると思って犯罪行為に出たと，いわゆる不能犯の問題もあります。また犯罪行為に出たけれども，反省してその後の行為を取りやめるなり，あるいは被害者を病院に収容して適切な医療措置を施して一命を取り留める，といった中止犯の問題もあります。

　そういったような問題についてはこれまでの講義では各1回ずつ時間を使って説明してきました。未遂というものを犯罪の実現段階に応じて，その途中で法的な事前の規制をかけることによって，最終的な法益侵害という結果を防止するというのが未遂を処罰する制度だろうと思うのです。

　未遂というのは本来的な結果を目指して実現していく過程の中で，まだ結果が発生していない段階，その中途の段階で，その行為を規制するということですから，当然のこととして犯罪実現の過程に応じて刑法規範が，まるでお天道様が人の行為を見るように，常に人の在り様というかそういうものを見ながら，行為が良くなければ「そういう行為はやめなさい」というような要請をしつつ，最終的に法益侵害という結果が発生しないようにするという構造になっていると考えているわけです。

　そこで，基本的には私は実行の着手ということについては，ここにおられ

る山口（厚）先生のように未遂犯として処罰する結果というふうには考えないのであって，あくまで行為者が行う行為の開始時点，実行行為の開始時点に着手を認めるという，伝来的な考え方に従って実行の着手を考える。そしてその場合には行為者の所為計画によれば，直接的に法益侵害結果が切迫しているかどうかという基準で実行の着手を判断するという，いわゆる折衷説という考え方を採用しているということです。

したがいまして所為計画によって危険の判断が異なってくるということなのです。これは現代刑法講座に実行の着手について執筆の依頼を受けたときにこの折衷説というのを中心にして書いた[3]のですが，その折，中山研一教授に抜き刷りを差し上げたところ，「所為計画によって危険が異なるのは良くない」というお葉書を頂戴致しました。しかし私は所為計画によって危険が異なると言っているので，それが妥当ではないと言われるのは立場の違いであろうということで，中山先生はよく若い人の論文を丁寧に読んで頂いているなあ，という有り難さは思ったのですが，ただ，異なると言っているのに異なるのが妥当ではないと言われてもこれはしょうがないわけです。そういうようなことがありましたが，所為計画によって危険の判断が異なるというのが私の考え方なのです。

どうして折衷説を採るのかというと，やはり先ほど言ったように，未遂というのは殺人の死という結果を実現する途中の過程でその行為の良し悪しを判断して，それに違法評価を加えるということでありますので，その行為の在り様を考えるということであるとすれば，当然のことながら，行為者が何を実現しようとして，どういう計画で法益侵害結果を実現しようとしていたかということが分らなければ何も分らないという，このような発想があるのです。

そこで，「所為計画というのはいったい何んだ」ということということになります。最近は若い先生方の中で所為計画というものを考慮される見解をお採りになる先生方が少しずつ増えてきているようにもうかがえますけれども，それについてどうのこうのという非常に難しい議論が今なされておりますが，私は単純に，行為の客体と方法に関する実現意思としての故意の具体的内容であって，これは訴因の特定に必要とされる程度の具体的事実を所為計

画というふうに考えているわけです。

　したがって，窃盗罪というのは刑法235条に「他人の財物を窃取した」というふうに書いてありますが，「財物を窃取しようと考えて財物を窃取した」という窃盗はないのです。具体的にお金を盗むとか金の茶釜を盗むとか具体的なのです。金の茶釜っていうと最近の学生さんは分らない人がいてね，後で「先生，金の茶釜って何ですか」って聞かれたことがあるのですが。このようにお金を盗むとか，覚せい剤を盗むとか，あるいは仏像を盗むというようなことで客体を特定して盗むということなのです。ですから財物を盗むのではないのです。仏像とかあるいはお金を盗むということなのです。

　つぎに問題なのは，どういうふうにして犯罪を実行するのかということです。例えば，同じ強姦をするのでも，ダンプカーに連れ込んで，ダンプカーの中で強姦するのか，それとももうちょっと静かで落ち着いた場所まで連れて行って強姦するのかということです。単に強姦するというのではないのです。私は基本的に訴因の特定に必要な限度での行為の客体なり方法についての具体的な事実，しかもそれは，私は行為を所為計画の実現因子として考えますから，そういうことによって実現しようとしている具体的な所為計画の内容というか，事情を考慮して危険判断をするという考え方に立っているわけです。

　私の師匠であります西原先生も『間接正犯の理論』(1962年)という著書の中で折衷説を主張され，また齊藤金作先生も刑法講座4巻所収の論文「実行の着手」[4]の中で折衷説を主張されていましたが，どうも齊藤先生の論文だと折衷説の具体的適用が必ずしも具体的には示されていなかったように思われるし，西原先生の折衷説というのは，当時西原先生は不能犯では抽象的危険説を採用され[5]，あるいは錯誤論では抽象的符合説を採用されていた[6]こともあり，おそらくいわゆる主観的折衷説というふうに言われるものなのだろうと思います。要するに木村亀二博士などの考え方[7]と軌を一にするものなのかなあ，というふうにも考えられる。しかも西原先生の見解では折衷説の具体的適用は必ずしも明らかではなかった。ただ，ひとつその折衷説によって間接正犯の着手時期について利用者の行為に求めたり，被利用者の行為に求めたりするという趣旨のことが主張されていたわけでありますけれ

ども、それは間接正犯について果して折衷説でそうなるのかというと必ずしもそうではないのかな、という感じもします。けれども、そういうことで折衷説というのは私にとってはごく必然の流れであって、所為計画によって危険判断が異なるということがごく自然なことであったわけです。

そこで学生の方には学説として説明したわけですが、それでは具体的に折衷説から見ると判例の事案についてどのような判断が導かれるのかということをお話ししたいと思います。

1つは昭和40年の最高裁の判例（最決昭和40年3月9日刑集19巻2号69頁）でありますけれども、これは夜中の午前0時40分ころ懐中電灯を持って住居を兼ねた電気店に泥棒に入り、懐中電灯で照らしたら電気器具類が積んであることが分かったが、現金を取ろうと現金レジスターのあるタバコ売り場の方に行きかけた時に、家の人が戻ってきて逃げるために家の人に暴行したという事案であります。

その判例はタバコ売り場の方へ行きかけた際に現金に対する窃盗の実行の着手があるということで、したがって窃盗の実行に着手した人が逮捕を免れるために家の人に暴行して傷害結果を生ぜしめたということで、判例はこれを事後強盗致傷罪ということで問擬したわけです。これについては財物を窃取するということで、財物が窃取される危険性があるかというふうに問われると、夜中0時40分ぐらいに電気店に侵入して電気器具類が積んであることが分かれば当然財物が盗まれる危険性というのはあるのだろうと思うのです。ですから、その時に着手を認めたって少しもおかしくはないのだろう。しかし、判例はタバコ売り場の方へ行きかけた時点に実行の着手を認めるのですから、財物を盗むのではなくてお金を盗みたいという行為者の所為計画に従って現金が盗まれる危険性の程度を考慮したのだろうと思うのです。もちろんお金が盗まれるということを考えたとしても、厳密に考えれば、現金レジスターの前に行って、そこに手をかけて引出を引っ張り出すということがなお考えられるわけでありますが、距離・時間がそれほど離れているようなことではなく、夜中であって、普通、人に見つかるような状況ではなかったということを想定すると、やはりレジのほうへ行きかけた段階でお金が窃取される危険性が直接的に切迫したと見られるのであろうと思うのです。も

ちろん曽根教授のように，まだ予備だというお考え[8]もありますけれども，私はこの場合，窃盗の着手を認めてもいいのではないかと思うのです。したがって，これは本来ならば実質的客観説によれば実行の着手時期がもっと早く認められるのになるべくお金を取りたいという所為計画を考慮することによって着手時期がむしろ遅れたのではないかと，このように考えているわけであります。

　それから，ダンプカー引きずり込み強姦事件（最決昭和45年7月28日刑集33巻7号1105頁）というのがあります。これは夜間ダンプカーに乗って女性を物色して廻っていた，そこでその女性をダンプカーに引きずり込んだ，引きずり込んだ時に傷害結果を負わせたという事案ですね。引きずり込んでダンプカーの中で強姦するというのであればともかく，彼らはそうではなくて，もうちょっと静かなところに行って強姦しようということで，約5km離れたところに行って，場所はダンプカーの中ですけれども，そこで強姦したということなのです。その判例によるとダンプカーに引きずり込まれた段階で強姦される客観的危険性が発生しているということで，実行の着手を認めているわけです。これについて木村栄作さんという検事の方の評釈[9]などを見ますと，強姦する犯意が強かったという点でこれは折衷説を採ったのだというふうに書いておられたと思うのですが，私はこれはダンプカーの中で強姦するのではなく，数km離れた静かなところで強姦するということですので，もう一つ自己の行為が介在しているということで，まだこの段階では実行の着手は認められないということから，強姦致死傷罪が否定されて，この場合は傷害罪と強姦罪の併合罪になるのではないかと，このように考えているわけです。

　それから，クロロフォルム事件（最決平成16年3月22日刑集58巻3号187頁）です。これはクロロフォルムを嗅がせて失神させて，失神した被害者を車にのせて車ごと海の中へ落としてしまおうとした事件ですが，ところがそのクロロフォルムを嗅がせて失神させようとしたらそれで死んでしまったのか，そのあとに海に転落させられて溺死したものなのか，が事実上証明できなかったという事件です。この場合に疑わしきは被告人の利益にということで，最初のクロロフォルムを嗅がせた段階で死んでしまったということを前提する

ことになります。これは早すぎた結果の実現ということで，いろいろ議論されてもいるわけであります。たくさんの判例評釈・解説などがあるわけでありますけれども，この判例は講義でもお話しましたように，クロロフォルムを嗅がせて失神させる行為と，失神した被害者を車ごと海中に転落させる行為というのは，両者の間に必要不可欠性があるということです。そして失神させて車にのせてしまえばその後は結果発生が確実に行われるという，そういう関係もあり，それから二つの行為が時間的・場所的に近接しているということで，その失神させる行為と海に突き落とす行為というのは，その第一行為は第二の行為，つまり海に突き落とすという行為に密接する行為だというわけですね。

　例えば強盗罪のように特定の手段・方法が法文上規定されている場合には，そういった手段・方法を行わないと着手は認められないわけでありますけれども，必ずしもそういうものが規定されていない場合は，窃盗罪のいわゆる物色行為などに見られるように，密接行為をすれば着手があるといわれるのですね。我が国の殺人罪というのは，非常に包括的な規定で特定の手段・方法によって個別化されているわけではないので，おそらく密接行為というようなことが行われれば着手を認めるという，窃盗罪などに見られる考え方に立った判例なのだろうと思います。

　こういう話は講義の時にはしたのですが，しかしそこで私はこの段階で着手を認めてもいいとは言わなかったのです。私はその第二の行為が介在することが予定されているということになりますと，やはり第一の行為の段階では殺人の実行の着手は認められないと思います。殺人の予備に過ぎないと考えます。ただ失神した被害者を車ごと海中に突き落とす行為は，第一行為の段階で被害者が死亡していたとしても，具体的危険説を採用する私見からは殺人未遂になると思われます。したがって，殺人予備罪が吸収され結論的には殺人未遂罪の責任を負うことになります。もっともおそらくそのクロロフォルムで失神させるということは傷害行為でありますので，傷害致死罪と殺人予備罪の観念的競合とも考えられます。この点は講義の際にはお話しませんでしたので，補充します。

　そういうことで，折衷説というのはやはり所為計画によって危険判断が異

なってくるということです。

3 不能犯—具体的危険説

　それから次に不能犯の問題ですけれども，有力な見解によりますと，構成要件該当性の段階で実行の着手を肯定し，そして違法の段階で不能犯の問題を考える，したがって実行の着手は認められるけれども，違法の段階で不能犯として違法ではないという処理の仕方をされる。

　これは西山富夫教授が前にそういった主張をされたことがあります[10]けれども，曽根教授などもそういうお考えをとってらっしゃるというふうに聞いておるわけでありますが，私はやはりそうではないのであって，実行の着手があるということは不能犯ではないという判断が当然含まれていると，ですから不能犯というのは実行の着手のミクロコスモスであるというふうに考えているわけです。

　つまり，危険というのは当罰的な，刑法で処罰するに値する質的な危険と，量的，程度の危険というのがあるのだろうと思うのです。したがって，当罰的な危険があるかないかというのは不能犯の問題なのであろうと思います。

　したがって，実行の着手があるということは，その当罰的な危険が一定の程度の量の危険段階に達したということで実行の着手が認められるということであろうと思うのです。

　したがって，例の広島高裁の昭和36年の事案（広島高判昭和36年7月10日高刑集14巻5号310頁）のように，死体に対してとどめを刺すということで日本刀で突き刺したというような場合には，当罰的危険が「あるのか」「ないのか」とうことがまず問題になってくるのだろうと思います。

　したがって，広島高裁の事案のように殺すために日本刀を準備して，持って駆け付けるということになると，その段階では殺人の予備罪が成立するのだろうと。そして突き刺すという実行着手の段階で殺人未遂になってくる。したがって，こういった当罰的な性質の危険というのは，予備・実行の着手の対象になってくるものだろうと思います。そういう意味で，やはり不能犯の問題というのは実行の着手の中で考える問題なのだろうと思います。

そういう意味で実行の着手のミクロコスモスと考えているわけですので，構成要件該当性のところで実行の着手を認め，違法のところで不能犯ということを考えるという見解は採用できないというふうに考えます。

それでは，当罰的な危険ということをどのように考えるのかということについては，私は刑法規範というのは犯罪の実現段階に応じて法益保護の観点から行為者の遂行する行為の無価値性を判断し，無価値と評価する場合には行為規範がその都度必要な措置を義務付ける，そういうふうに考えるわけです。

したがって，例えば殺人行為をする時には，刑法規範というのは行為をまず対象にするわけですね，そうしてさらに成し遂げた結果をも評価の対象にすると，これは後でお話する判断形式としての違法二元論という考え方に立っておるわけですけれど，ですから行為そのものの価値・無価値を判断するという，この価値・無価値をどういう標準でもって判断するのかということが問題になるわけです。

そこで，私はやはり法益を保護するというのは刑法規範の目的だというふうに思いますので，やはり行為当時一般人が危険を感ずること，逆に言えば行為の属性として「危険な」という形容詞で行為が規定される，そういう場合に刑法規範は法益保護の目的にかなっていないわけですので，無価値と評価するのだと思います。

したがいまして，よく言われます事前の判断というのは，その行為の行われる時点で判断をするという意味で私は考えているわけであります。あくまでもその行為の時点で判断されるわけです。その時点で行為が危険だというふうに感ずるということ，したがってそれは危険なという形容詞で行為が規定される場合，それは法益保護という目的にかなっておりませんので，それは無価値であるというわけですね。

なお，こういう無価値ということの標準としてはこれ以外に社会倫理に違反するとか，あるいは死という無価値な結果の実現を志向するという，いわゆる志向無価値といったような考え方もあるわけでありますけれども，これはおそらく社会倫理を刑法規範が保護するのであれば，社会倫理違反という標準によって行為の無価値性を判断してもいいのだろうと思いますが，しか

し，やはり社会倫理というのは人によっても，時代によっても，国によっても違いますので，やはりこれは刑法規範の目的としては妥当ではないであろうと。また，志向無価値というのは社会倫理とは切断するにしても，やはりその志向の内容は無価値な結果を実現しようとすることですから，結局故意があれば無価値だということになってくるわけです。こういう考え方もやはり法益保護という観点とは距離があるだろうということで，法益侵害の危険な行為，あるいは一般人が危険だというふうに感ずるということ，これが無価値と判断する標準なのだろうと思います。そうであるとすれば当然のことながら，やはり不能犯学説で議論されております具体的危険説という考え方になってくるのだろうと思います。

そういうことで私は不能犯については，修正されない本来的な意味での具体的危険説という考え方を採用しているわけです。

したがいまして，広島高裁の事案，いわゆる死体に対する殺人事例ですね，最初に銃で撃たれたということ，その後ひょっとしたら生きているかもしれないということで，とどめをさすつもりで日本刀で突き刺した。原判決には銃創と刺創によって被害者が死んだという認定でありますけれども，被告人の方から控訴されて，「日本刀で突き刺した時には死んでいたのだからせいぜい死体損壊罪が成立するのではないか」という控訴趣意であったと思うのですけれども，控訴審では鑑定が分れるほど微妙であった。つまり日本刀で突き刺した時には死に一歩踏み入れていた，つまり医学的には死体であったという認定をしたけれども，行為者のみならず一般人も生きているというふうに思うということでありますので，先ほど言いました当罰的な危険を認め，殺人未遂罪の成立を認めたとこういう経緯なわけです。

これは私からするとごく自然な帰結であり，また判旨の中にも一般人が危険を感ずるという表現があるわけでありますけれども，こういった趣旨の具体的危険説は妥当な見解であろうと考えております。

かつて有斐閣が主催した法学教室の講演会があって，そこで平野博士の講演を聴きに行ったわけですが，その時にたまたまどういうわけか知りませんが，私の採用している具体的危険説について「それはアインドルック（Eindruck）ということを考慮すると，結果無価値の中に入れてもいいのだ」

とうふうにおっしゃって頂いたんですけれども[11]、私は行為の違法と結果の違法を両方考えるということなので、別に結果無価値論者ではなくてもいいのですが、こういうようにおっしゃって、それはおそらく一般人が受けるアインドルックというのはやはり一つの結果というふうに見ておっしゃったんだろうと思うんです。

なお、この具体的危険説の考え方というのは、ピース缶爆弾事件（最判昭和51年3月16日刑集30巻2号146頁）などにも見られます。全学連の運動が華やかし頃、ピースの煙草の缶がありますよね、私は煙草を吸わないからよく分らないのだけれども、そのピース缶の中にパチンコ玉を入れて、火薬を入れて、導火線をつけて、火を付けて投げたんですね、そうしたらその導火線を接着している部分が湿っていて導火線の火が途中で消えてしまって爆発しなかった。これは爆発物取締罰則1条違反の爆発物使用罪に問われた事案でありますけれども、危険犯の場合でもやはりこれは当罰的危険というのが問題になるに思いますので、この判例などもやはり具体的危険説的な判断になっているだろうと。

それから、昔、朝鮮を日本が併合していたわけでありますが、それ以来、朝鮮には朝鮮刑事令という勅令によって日本の刑法が適用されていたわけです。そこで朝鮮高等法院という、朝鮮では上告審、日本でいうと下級審の扱いになるのだろうと思いますけれども、そこでは魚汁に苛性ソーダを入れて飲ませようとしたと、そうしたら味が変なので飲まなかったという事件（朝高判昭和8年7月17日朝高録20巻585頁）がありました。この判決[12]などもおそらく典型的な具体的危険説的な考え方になっているのだろうと思います。また、静脈に空気を注射したという事案（最判昭和37年3月23日刑集16巻3号305頁）もそうであります。具体的危険説という考え方を私は採っております。

それに対して、事後的に客観的に判断するという有力な見解がありますが、未遂犯の問題を事後的に客観的に判断すると、ピストルで撃って弾が当たらなかったという場合、よく調べてみたらもともと照準、手元が狂っていた場合は全部不能犯になってしまうのです。極端な事を言うと。その照準は狂っていなかったけれども、ピストルが発射された後一瞬その弾を避けたという場合だけが殺人未遂になってしまうということです。そういうことで、

私は山口先生みたいに客観的に事後的に判断するという見解には与しないのです。

4　中止犯

それから中止未遂というのがあります。刑法の43条ただし書きでは，自己の意思によって犯罪を中止した場合は刑の必要的減免ということになるわけです。それは何故なんだろうかというと，基本的には刑事政策的な観点からの規定だということと同時に，責任が減少するという考え方がおそらく強いのだろうと思うのです。もちろん平場教授など目的的行為論の立場から故意を放棄する[13]，あるいは危険を消滅させることによって，違法性が減少するというお考えを主張されたわけですけれども，わが国ではそういった考え方はおそらく有力にはならなかったのだろうと思います。

中止未遂の問題をどう考えるかということですが，私はやはり犯罪の実現段階において，予備行為なり犯罪に着手しようとする場合には，法益保護の観点から，そういうことをするなという犯罪避止義務というのがあるのだというふうに考えます。それにもかかわらず，実行に着手してしまった場合には，「そういう行為をやめなさい」という，犯罪中止義務を課すのでしょう。そして先ほど言ったように，非本来的結果が発生してしまった場合には，「結果発生の実現を防止しなさい」という，結果発生防止義務が生ずるのだろうと思います。しがたって中止未遂というのは，そういう義務を履行するということによって認められるのだと思います。

そういうように考えていくと，障害未遂というのは，違法構造は「危険犯＋義務違反」ということになるのです。これに対して，中止未遂というのは危険犯で義務を履行しているわけですから，義務違反という色彩がなくなるのだろうと思います。

だからといって，私はすべての犯罪を「義務違反＋法益侵害」（既遂犯の場合），「義務違反＋危険」（障害未遂の場合）というふうには言わないので，ただ，中止未遂が何故障害未遂に比べて寛大な取扱いがなされるのかということの説明概念としてこのような義務違反を考えているわけです。中止未遂が真正危険犯であるのに対して，障害未遂というのは不真正危険犯だという言

い方も可能なのかと思います。そういう意味で中止犯と障害未遂では違法性の構造が違うのだということで，障害未遂に比べて中止未遂は違法評価が低いのだと，そう考えるわけです。私の見解は違法減少説の中に区分されているようでありますけれども，私は違法性が減少するとは考えていないのです。違法性というのはある行為に対する歴史的一回限りの評価なのであって，したがって減少するのではなくて，違法の構造そのものが違うのだというふうに説明しているわけです。違法減少なのではないかと言われればそうかもしれませんけれども，中止犯と障害未遂ではそもそも違法性の構造が違うと思います。

したがって中止未遂というのは，こういう犯罪避止義務，犯罪中止義務とか結果防止義務を履行するということが大事なのです。したがってその動機は問わない。広い意味の後悔とか，倫理的な動機が無くたっていいと思うのです。つまり法益が保護されれば刑法規範としてはそれで十分だと，もちろん倫理的な動機に基づいて，そういう義務を履行してくれればそれに越したことはないにしても，そこまでは求めないでいいのだろうと思います。

そういう意味で，私は中止犯の任意性については，判例などは一般的に限定的主観説，つまり，広い意味の後悔を必要とするというふうに理解されていますが，これは，やや狭きに失するのだろうと。「自己の意思により」というのは，あくまでも中止行為，結果防止行為が被告人に帰属するという，ただそれだけの意味であって，どういう動機で義務を履行したかということは，私は関係ないのではないかと思っているのです。そうすることによって，もう少しいま判例が認めているよりも広い範囲で中止未遂の成立を認めていいのではないかと，こう思っています。

そういうことでありますので，基本的には任意性ということを，外部的事情の表象がないのに突然犯罪を止めようと思った場合が自己の意思によったということは当然でありますが，普通はなんらかの外部的障害を表象して，それが動機に影響を与えてある行為をさせるわけですね。したがって行為者に外部的事実の表象が動機になった場合に，行為者がそれでもなおかつ犯罪が遂行できるのにあえて止めたということであれば，動機の如何を問わず任意性を認めてもいいのではないかと思うのです。もちろん，そのことが本人

の供述によって認定していくということになってしまうという，そういう批判はあろうかと思います。ですが，その場合には，一般人ならばそういう事実を表象した場合に犯罪を止めるだろうかということを基準にしながら，行為者としてはどういうふうに考えたかということを立証し，供述を求めていけば，それほど立証は難しくないのではないかと思っているわけです。まだ私は刑事弁護の件数は少ないので，中止未遂を主張するという事件に当たったことがないので，具体的にどういうふうにして自己の意思によったということを主張するのか，まだ具体的に体験したことがないので，一度体験してみたいなと思っていますが，基本的な考え方としては，比較的広く中止未遂というのを認めてもいいのではないかと思います。

　このように未遂犯について研究してきたのは，結局，私は「行為」「違法」「責任」という，齊藤―西原刑法学の犯罪論体系の中で勉強してきましたので，やはりその「行為」「違法」「責任」ということで，未遂というものを違法というところで，包括的に扱うということが自然な考え方なのです。

　したがって，いままでの個々の優れた研究を参考にしながら，違法というところで実行の着手，不能犯，中止未遂，すべてそこで，解決しようということでやってきたというのが一つの帰結であったわけです。もちろん『未遂犯の研究』を書いた[14]時に，これも中山研一先生に差し上げたところ，また葉書が来まして，「君の本は何ら通説にインパクトを与えるものではない」と，こうあったのです。しかしインパクトは与えなくてもいいのです。私はもともと具体的危険説が正しいというところから出発して来て，それをどうしたらうまく説明できるのだろうか，ということでやってきた訳ですから。そういう意味で「インパクトを与えない」というのは「インパクトを与えないってことを分かってくれた」ということが，私の本をよく読んでいただいたという証拠になるのではないかと思っています。

5　判断形式としての違法二元論

　未遂犯については講義の際に話せなかったことについて，若干補足しておきます。それは判断形式としての違法二元論ということです。

　そういう事を考えた背景には，やはり人間を評価する場合に「人間が何を

為しつつあるか」という事です。結果はともあれ「何を為しつつあるか」「どういう事をしているか」という事と，それからその人が「何を為したか」という二つの視点があると思います。

　私は兄貴に言わせると，小さいころは幼稚園に行くのが嫌で，柱にしがみついて泣いていたという事です。そういう幼稚園の頃というのはおそらく，楽しく通っているだけでよかったのです，勉強して成果を得るのじゃなくて。ところがこの講義というのは，平生皆さん方がどれだけ一所懸命勉強をしていたか，というのは私には分からないのです。ですから26日の試験で，答案として何を書くかというこれで成績を判断しなければならないのです。これを私は起訴状一本主義と言っているんですけれども，その起訴状についてどういうふうに評価するかということですね。そうするとやはり人間を評価するには，行為そのものの在り様を見てその人を評価する場合と，そういうものではなくて成し遂げた成果によって評価するという，二つの視点があるのだと思います。

　刑法というのは恐らく，その両方の視点を考慮しているのだろうと思います。それが行為自体を判断するというのと，それとは別個に結果を判断するという判断形式としての違法二元論というのはそういうところから来ているわけです。

　昔，私の学位論文との関係で須々木主一先生，去年残念ながらお亡くなりになってしまいましたけれども，須々木先生にある時ばったり会ったときに質問された事があるのです。「お前の判断形式としての違法二元論の哲学的基礎は何なのだ」と言われたときに，あの先生はそういう質問の仕方をされるのですね，「私の生きざまそのものなんですよ」というふうに答えたことがあるのです。恐らく皆さん方の中にもそういった，人の価値を評価する二つの視点があるのだろうということは，ごく普通の社会の在り方としてあるんだろうと思うんです。

　ラートブルッフによると，法規範というのは価値関係的存在だと言うのです。彼がいうには法の価値というのは正義でありますから，正義に関係した存在であるという事です。ですから法規範というのは，規範的な基礎と事実的基礎がある訳ですけれども，やはり私はその正義の具体的な内容は，やは

り憲法的な価値基準に従った法益を保護するというのが，やはりその刑法規範の価値なのだろうと思うのです。ですから刑法規範というのは法益を保護すべきという，当為の命題がそこに存在するであろうと。そして刑法199条の人を殺したる者は死刑または無期もしくは5年以上の懲役に処するという刑罰法規の背後に，生命を保護するという刑法規範が存在するのだと考える訳です。

したがって，例えば生命が保護されている状態の場合には，「生命を侵害するような行為をするな」という禁止規範として働くし，または子供が池に溺れて死にそうになっている場合には，「子供を救助しなさい」という命令規範として機能するという側面があるのだろうと。

本来，法益を保護するという刑法規範というのは，一方では禁止規範として機能し，他方では命令規範として機能する訳です。それがおそらく本来の刑法規範の在り方ですから，刑罰法規もそういう規定形式にするのが本来なのでしょうけれども，例えば刑法130条の住居侵入罪と不退去罪というのは，共に私は住居内の私生活の平穏を保護するのだと。それと「住居に侵入するな」という禁止規範というのは，元々私生活の平穏が保たれている場合に，そこに侵入する行為は私生活の平穏を害する行為でありますから，「侵入するな」という禁止規範として働くのだと。

ところが，昨日刑務所から出てきたのだけれども，作業報奨金を使い果たしてしまったので，こういうものを買ってくれないかというふうなことで押し売り行為をする場合にはすでに私生活の平穏が害されている訳ですから，その場合には命令規範として，そこから出ていくことによってその害された私生活の平穏を回復する，つまり命令規範として機能する訳です。

そういう意味で刑法130条という刑罰法規は，私生活の平穏を保護するという，法益を保護する刑法規範の二つの側面，つまり禁止規範と命令規範という側面が共に規定されている，一番典型的な規定なのだろうと思います。

ところが同じように殺人罪の場合でも，「溺れそうになっている子供を助けなさい」なんていうような命令規範をいちいち書き分けるというのは煩雑になりますので，今のような刑罰法規の規定ぶりになったのだろうというふうに，私が一人で思っている訳でありますけれど，刑罰法規と刑法規範とい

うのはそういう関係になっているのだろうと。そこで刑法規範というのはその刑法規範の価値と，判断形式とはやっぱり違うのだということを前提にして，刑罰法規の背後にある刑法規範は行為規範として，あるいは制裁規範としてあるいは裁判規範というかたちでもって機能するのだと。

　先ほど言ったように，やはりその行為を評価の対象にするということです。まずその刑法規範は，行為規範として機能するという事です。つまり行為の準則を社会倫理ではなくて，刑法規範が行為の準則を明示する事によって，国民は行為の予測可能性を保障されることによって，自由が保障される訳です。まさにこれが罪刑法定主義の考え方につながって来るのだろうと思います。

　そこで行為規範の場合は行為の価値，無価値を評価し，無価値の行為はそれを禁止させる。そして有価値の行為はそういう行為をするように命令する。従って行為規範というのは，やはりその行為者を名宛人とし，それには評価機能と決定機能というのがあるのだろうと思います。その場合には，判断する時点はあくまでも行為を評価するわけですから行為の時点で判断する。

　したがって，事後的に遡って行為を評価するということではないのだろうと思います。そして，制裁規範というのは，その刑法規範がその自己の存立を主張するということから出てくる訳です。

　刑法規範といってもなかなか分からないので，よく私は風船の例を出します。風船を想定して頂くと，この風船が刑法規範なのですね。刑法規範に違反するっていうことは，風船に指を立てることと同じです。風船がへこむ訳ですね。それが刑法規範に違反した状態で，風船というのは反発力がありますから，その指を外に押しのけようとする力，これが規範的応報なんです。そこで刑法規範というのは，その規範の自律的な存在ということから，規範違反に対してその反作用として規範的応報ということでもって，規範の自律作用がそこに現れてくるということです。

　そこで，その制裁規範の意味ですが，結果の違法性というか，行為者が何を為したかという結果の価値，無価値を評価すると同時に行為の価値，無価値をも評価して，全体として人の広い意味の行為についての規範的応報とし

ての制裁を確定するということです。したがって制裁規範には命令機能はありません。評価機能だけです。しかもこれは結果発生時に機能するというふうに考えていいのではないかと思います。

そして制裁規範というのは，行為規範と裁判規範とを媒介する機能を持つ訳でありまして，裁判規範というのは裁判官，裁判体としての裁判所に科刑を命ずるものですが，このように，刑法規範は違法評価を行っていくのです。これを刑法規範の動的機能と呼んでおります。

そして，さらに刑法規範の動的態様としては，正当防衛というのがあるわけであります。正当防衛というのは，例えば甲が乙を殺害したところ，乙が甲を殺害しようとしていた。甲が乙を殺害する行為は刑法199条の構成要件に該当するけれども，刑法規範はこの行為を許容するわけです。ですから，そういう意味で刑法規範というのはその禁止・命令規範というかたちのみではなくて，許容規範としても機能するというふうに考えていいのではないかと。それから対物防衛です。刑法規範というのは，法共同体の構成員に向けられていると思います。動物は法共同体の構成員の一員にはならないと思います。今はペットも家族の一員だなんていうふうに言いますけれど，やはり法共同体の構成員ではないでしょう。刑法規範は，法共同体の中で妥当するものですから，そのような意味で，対物防衛は否定されると考えています。

刑法規範について考えることを出発として，具体的危険説や今日お話しした未遂犯についてのいろいろな考え方を基礎づけていこうというふうに考えています。このようにして未遂犯の全体を違法性のところで判断しようと，これが私の考え方です。

6　終講の辞

さて，私が先程言ったように法務研究科からの最終講義のお申し出を辞退したのは，やはり形式的には法務研究科の専任教員なのですが，昭和39年，東京オリンピックの年に第一法学部に入学して，昭和48年に法学部助手になり，ずっと法学部ですから，心の故郷としては法学部なんですよ。だからやっぱりこの刑法の最終講義を法務研究科のお申し出でやるっていうのは何となくこう，何かやっぱり変な感じがしましてね。法務研究科の当局の方には

大変申し訳ないと思いましたけども，ご辞退申し上げて，ごくごく普通の講義をするというふうにした訳です。

　私の研究室に来た人はお気づきのように『一期一会』という額が架かっています。これは鎌倉に住んでおられた書道家の平山悟龍という方，私は詳しくは知らないのですが，ある方がその方に書いて頂いて，助手になったときのお祝いに貰ったものです。好きな字を言ってみろということで，それで書いて頂きました。

　一期一会というのは文字通り一生に一度の出会いということですけれども，そんな重大問題ではなくて，これから大学でいろんな出会いがあるだろうということで一期一会という字を書いて頂いて研究室に飾ってあります。

　1964年に第一法学部に入学してから，ずっとこのかた早稲田大学に居るわけですが，そこでいろんな出会いがありました。何といっても西原先生と出会ったというのが一番大きな出会いなのです。西原先生との出会いを作ってくれたのは，やはり私の刑事法研究会という公認サークルの先輩であり，西原研究室の先輩である方です。その方がたまたま高田馬場駅からのスクールバスで乗り合わせた時に刑事法研究会を勧めてくれて，そして当時，西原先生はまだ暇だったという言い方は良くないですけど，まだ行政職をやっておられなかったので，刑事法研究会では刑法講座の論文などを読むゼミをやって頂いていたことがありました。そして2年生のときに西原先生のゼミを取って，そして大学院も西原研究室に進んだので，西原先生との出会いというのも人との出会いから始まったということです。

　ほんのスクールバスで刑事法研究会を紹介されたという，ほんの些細な出会いが西原先生という大きな出会いにつながってきたということがあるわけです。そこで刑法を勉強するということなったわけであります。

　当時私が1年生で，学部に入った時の最初の講義が民法総論で高島平蔵先生がおやりになっていたのですね。高島平蔵先生っていう人は非常に温厚な方で「仏の高島」と言われた方です。私は10号館の109教室で講義を聴いたのですね。「法人というのは」ということを聞いたのです。人っていうのは，私は自分みたいな自然人だけだと思っていたのですけれども，法人も人になるっていうのです。それ以外は物だと。その辺までまだ分かったのです。そ

のあとは「物とは有体物という」なんて話になってきました。それから意思表示なんていう話が出てきて，だんだん分かんなくなってきましてね。高島先生は「今は分かんなくてもいいのだ」と，「そのうち分かるようになるから」というようなことで，大変優しく講義をして下さいました。

　そんなことで，最初に大学で講義を聴いたのが民法の高島先生の民法総論で，その後も，高島先生の物権法の講義も聴きました。一番印象的だったのは，その1年生の試験が「何を書いていいか分からん」というふうに我々が思っていたのを悟ったんでしょうね，「ともかく君ら何でもいいから書いてみなさい」と，「採点してあげるのは私の方だから私の方で見てあげるから」ということで，ずいぶん早稲田の先生って優しいなというふうに思った記憶があります。

　それから，当時早稲田では法学の授業があって，社会科学の中の科目である法学でありますけれども，それは当時その一つは学部長がやることになっていました。当時の学部長は齊藤金作先生でありましたけれども，齊藤先生が体調を崩されて，その時は担当されていなくて，中村英郎先生が代講されていました。そんなことで齊藤金作先生という名前を初めてそこで知ったのです。

　私は1年生の時からどういうわけだか刑法に関心がありまして，4月1日の入学式の当日，昔の古い成文堂の本屋さんですよ，小便横丁っていうところを通っていったところにあったのです。あそこで，パッと目についたのが団藤刑法綱要，昭和32年の初版なんですね。それを1日に買って帰って読みました。読んだって分からないのですが，しかしながら，定型説だとか，人格形成責任，構成要件なんていう言葉が，受験勉強などをしていた頭からすると新鮮に感じました。

　当時は正門の右側に昔の法学部があったのですが，その地下に法職課程教室の読書室というのがありましてね，あそこに籠って大学院の人達と一緒に喧々諤々刑法の議論をしていた記憶があります。そういった楽しい時間を送っていました。おそらくそのような事も刑法との出会いの一つのきっかけになったのではないかと思っております。

　そんなことで大学院に入って勉強をするようになったわけですけれども，

ちょうどその頃からだんだん西原先生が行政職を沢山おやりになるようになって，なかなか研究室でいっしょに議論をしたりすることがあまりなくなってきてしまいました。そんな折りに丁度中野次雄先生が私の研究室の隣にいらっしゃいました。中野先生は戦後，齊藤先生に呼ばれて大学院の非常勤講師をやって，長く早稲田では授業を持っていただいた先生でありますけれども，大阪高裁の長官をされた後，中野先生は客員教授になられた。私は当時，9号館608号室という研究室に居たんですけれども，中野先生が609号室という部屋に入られた。私の隣なんですね。

中野先生は，コーヒーが大好きなのですね。毎年，金曜日に犯罪特論という授業を担当されていて，私は金曜日には何もないのですけれども，中野先生が講義を終わって研究室に戻る頃合いに，コーヒーメーカーでコーヒーをたてて，そして中野先生が来る頃を見計らってドアを開けておく。そうするとコーヒーの香りが廊下に流れていくわけです。そうすると，中野先生は拉致されるんですね，コーヒーによって。そして2時間ほどいつもお話を伺って，そこで牧野英一博士とか小野清一郎博士とか，団藤博士とかそういった先生たちのいろんなお話をお聞きしたということが非常に懐かしく思われます。

中野先生は，非常に議論がお好きでした。私が判断形式としての違法二元論が妥当かどうかということを検証すべく，刑法230条の2という規定の中に違法性阻却事由と処罰阻却事由があるのだという，そういう解釈論を考えていたときも，中野先生としょっちゅうやり取りをしていました。本当に中野先生は青年のごとく議論がお好きなのです。最初のうちは中野先生が私の議論に納得していただいたかのように思われたんですけど，後日に「やはりね，夕べ考えたんだけどおかしいよ」と言われたこともありました。「技巧的すぎる」とおっしゃられたんですけれども，でも私はそれにもかかわらず，行為時に存在する事情で違法性阻却事由を判断するということで，事実の公共性と目的の公益性と事実の真実性の合理的根拠の存在があれば，違法性阻却を認めるべきであろう，と。そして公判廷でその真実の証明がなされたということが処罰阻却事由だと，それが刑法230条の2の中に入っているのだということを書いて，やはり判断形式としての違法二元論は妥当なんだ

なあというふうに思ったんです。

　もう一つ中野先生との思い出があります。私はそれほど食道楽ではないですけれども，美味しいものと美味しいお酒を飲むのが大好きなのです。あるとき立命館大学での学会だったのですが，私は昼ごはんに弁当を頼まないで，長岡天神にある錦水亭という筍料理屋さんに立命館からタクシーを飛ばして行ったのです。筍を食べて帰ってきて，どういうわけだか，私が昼の弁当を買ってないでどこかに行ったというのがばれちゃって，中野先生に「どこに行っていたのだ」って言われてね，長岡の錦水亭に筍を食べに行ったと答えましたら，「なんで俺誘わないのか」って怒られました。

　それ以来，中野先生には京都などの学会の折には私を誘って頂きました。中野先生は粋なんです。カウンターにスッと座ると，女将さんがサッとこうおしぼりとお酒とをパッと持ってくるのです。注文しなくても料理がスッと出てきて。ああやっぱりこういう食べ方が粋なのだと思って，随分刑法の議論以外にそういった物の食べ方というか，こういった食事の作法などを教わりました。中野先生にいろんな教えを受けたというのも一つの大きな，出会いだったと思います。

　1年生の皆さんはこの早稲田大学の法学部に入られまして，まだやっと1年ですね。なかなかここまで来るのは長かったろうと思いますけれども，いろんな出会いがあろうと思いますので，一つの出会いが後でこんなに大きな影響を与えるとは思わなかったという出会いがいっぱいあるだろうと思います。一つの出会い，あるいは本との出会い等々いろんな出会いを，小さくてもそういうものを大事にして行って欲しいと思います。

　私が刑法総論の講義を受けていた時に齊藤金作先生は，「高邁なる精神，豊かなる情操，精緻なる論理」といつもおっしゃっていましたね。「高邁なる精神を持たなきゃいけないんだよ」と，「豊かなる情操と，そして何よりも法学部で精緻な論理を身に付けなきゃいかん」とこういうことをいつもおっしゃっていました。そうしていつもニコニコとされながら学生に接して頂いたわけです。齊藤先生のこの言葉も最後に，1年生の皆さんに，贈りたいと思います。

　皆さん方，これから試験が終わって2年生になろうと思いますけど，今ま

でもいろんな出会いがあったと思いますが，これからもいろんな出会いを大事にされて，大きく羽ばたくためには今法学部で法律にどっぷり浸かってください。最近ゆとり教育とか，あるいは法律科目を軽くしようなんて事をやっていますが，昔我々は156単位，法律科目が19科目76単位無選択必修だったのですよ。4年で法哲学，国際法，労働法が必修で，法哲学の単位が取れないから新聞社の内定が取り消されたなんていう話があって教務主任が泣きつかれたこともありますけれども，そういう時代だったのです。やはり法学部に入った以上，どっぷり法律を勉強しなきゃ駄目ですよ。

　昔がいいというわけじゃありませんけれども，やはりじっくりと体系書を読んで頂くと良いと思います。最近は非常に分かり易い，理解しやすい参考書とか沢山あるけども，それがかえって皆さん方の勉学を阻害している面があるのです。やはりちゃんとした学界で定評のある体系書に食らいついて勉強するということです。齊藤先生は「端書から奥付まで何べんも読め」と，こうおっしゃっていましたね。あまりその安易な書物に取り掛からないで，頼らないで，骨のある書物に従ってじっくり勉強してもらいたいな。もう大学生の4年間のうち，1年が終わるわけですね。そしてもう3年なれば就職戦線が始まるということにもなるわけです。やはりじっくり腰を据えて，1年生はこの早稲田に居る間にじっくり勉強して，将来その活躍されるその元手をいま仕入れておかないと駄目ですね。そういう意味で皆さん方が近くは試験で，ちゃんとした答案を書いて単位を取って頂くと同時に，これから後残された3年間，有意義に勉強されてそれぞれの所期の目的を実現されるように頑張って頂ければと思います。

　今年の今学期の1年生は，最初に紳士協定を結んだとおり非常に静かに講義を聴いて頂いて，大変私も話しやすい学期でした。本当にそれについては学生諸君に大変感謝申し上げます。これで今年度の講義は終わりといたします。

　ご清聴ありがとうございました。
　（拍手）

第29章　私の未遂犯論　*311*

（＊）　本稿は2015年 1 月22日，早稲田大学早稲田キャンパス 8 号館106教室にて行われた最終講義を元に加筆・修正を行ったものである。
（ 1 ）　この成果は，早稲田大学鶴田文書研究会編『日本刑法草案会議筆記 第Ⅰ分冊』（1976），『同 第Ⅱ分冊』（1977），『同 第Ⅲ分冊』（同），『同 第Ⅳ分冊』（同），『同 別冊』（1976），『『日本刑法草案会議筆記』校異表─早大本・京大本・最高裁本─』（1977）にまとめられている。
（ 2 ）　三井誠ほか編『刑事法辞典』（2003，信山社）
（ 3 ）　野村稔「実行の着手─折衷説の検討を中心として─」中山研一ほか編『現代刑法講座 第 3 巻』（1979）113頁以下（同『未遂犯の研究』（1984）285頁以下に所収）。
（ 4 ）　齊藤金作「実行の着手」日本刑法学会編『刑法講座 4 』（1963） 1 頁以下。
（ 5 ）　西原春夫『刑法総論』（1968）221-222頁。
（ 6 ）　西原・前掲注（ 5 ）141頁。
（ 7 ）　木村龜二（阿部純二補訂）『刑法総論』（増補版，1978）345頁。
（ 8 ）　曽根威彦『刑法総論』（第 4 版，2008）215頁。
（ 9 ）　木村栄作「判批」警察学論集23巻11号（1970）161頁以下。
（10）　西山富夫「未遂犯の違法性と責任性」井上正治博士還暦『刑事法学の諸相（上）』（1981）73頁以下。
（11）　講演の様子は，平野龍一「結果無価値と行為無価値」『刑法の機能的考察』（1984）15頁以下に加筆・修正の上，収められている。
（12）　同判決は「或行為カ法益侵害ノ結果ヲ生スヘキ可能性ヲ有スルヤ否ヤハ斯ル結果ヲ生スヘキ危険性ヲ有スルヤ否ヤヲ標準トシテ決スヘク其ノ危険性ノ有無ハ方法ニ関シテハ行為当時ニ於ケル具体的事情ヲ基礎トシ社会観念ニヨリ評価セラレタル一般的性質ニ依リテ決スヘキモノトス」と判示する。
（13）　平場安治『刑法総論講義』（1961）140-141頁。
（14）　野村稔『未遂犯の研究』（1984）。

著者紹介

野村　稔（のむら　みのる）
- 昭和19年　埼玉県に生まれる
- 昭和43年　早稲田大学第一法学部卒業
- 昭和48年　早稲田大学法学部助手、その後専任講師、助教授を経て早稲田大学法学部・大学院法務研究科教授
- 平成27年　早稲田大学名誉教授
- 昭和58年　マックス・プランク外国国際刑法研究所（西ドイツ・フライブルク）に留学（昭和60年まで）
- 昭和60年　法学博士（早稲田大学）

主要著書

未遂犯の研究（昭和59年・成文堂）
刑法総論（平成2年、補訂版 平成10年・成文堂）
刑法演習教材［改訂版］（平成19年・成文堂）

刑法研究　上巻［総論］
2016年3月1日　初版第1刷発行

著　者	野　村　　稔
発行者	阿　部　成　一

〒162-0041　東京都新宿区早稲田鶴巻町514番地
発行所　株式会社　成文堂
電話 03(3203)9201(代)　Fax 03(3203)9206
http://www.seibundoh.co.jp

製版・印刷　藤原印刷　　　　　製本　弘伸製本
☆乱丁・落丁本はおとりかえいたします☆　検印省略
©2016 M. Nomura　Printed in Japan
ISBN 978-4-7923-5170-0 C3032

定価（本体8000円＋税）